数学发展历程与数学教育

孙庆括　潘　腾　徐向阳◎著

江西高校出版社
JIANGXI UNIVERSITIES AND COLLEGES PRESS

图书在版编目（ＣＩＰ）数据

数学发展历程与数学教育/孙庆括,潘腾,徐向阳著
.--南昌:江西高校出版社,2023.1（2024.9重印）
ISBN 978 - 7 - 5762 - 3570 - 8

Ⅰ.①数… Ⅱ.①孙… ②潘… ③徐… Ⅲ.
①数学课—教学研究—中小学 Ⅳ.①G633.602

中国国家版本馆 CIP 数据核字（2023）第 006692 号

出 版 发 行	江西高校出版社
社　　　址	江西省南昌市洪都北大道96号
总编室电话	(0791)88504319
销 售 电 话	(0791)88522516
网　　　址	www.juacp.com
印　　　刷	三河市京兰印务有限公司
经　　　销	全国新华书店
开　　　本	700mm×1000mm　1/16
印　　　张	15.5
字　　　数	254 千字
版　　　次	2023 年 1 月第 1 版 2024 年 9 月第 3 次印刷
书　　　号	ISBN 978 - 7 - 5762 - 3570 - 8
定　　　价	68.00 元

赣版权登字 -07 - 2023 - 15
版权所有　侵权必究

图书若有印装问题,请随时向本社印制部(0791 - 88513257)退换

前　言

　　众所周知,数学是一门抽象性很强的学科。与物理、生物、化学等自然科学相比,数学的定义、符号和规则都是人类发明创造的产物,是自然界中以前不存在的事物。从研究方法上看,自然科学的结论可以通过测量和实验来获得,而数学的结论只能通过逻辑推理获得。因此,从这个程度上讲,数学又是一门建立在逻辑基础之上的科学。事实上,正是由于数学知识表达逻辑性的需要,导致数学教材知识点的叙述顺序与数学发展历史的真实过程并不一致,有时可能正好相反。正如著名数学教育家弗赖登塔尔所说:"没有一种数学的思想,以它被发现时的那个样子公开发表出来。一个问题被解决后,相应地发展为一种形式化技巧,结果把求解过程丢在一边,使得火热的发明变成冰冷的美丽。"由此,给数学教育工作者带来了不小的困难。

　　《义务教育数学课程标准(2022 年版)》在"教材编写建议"中明确提出,教材正文的呈现要注重来龙去脉,新知识的学习要注重展现"知识背景—知识形成—揭示联系"的过程;《普通高中数学课程标准(2017 年版 2020 年修订)》也明确提出,教材不能只是数学结论的简单表述,应该体现结论产生的背景和形成发展过程,引导学生在背景和过程中主动探究、认识建构、理解结论；并在教学建议中强调，教师要有意识地结合相应的教学内容，将数学文化渗透在日常教学中，引导学生了解数学的发展历程。基于上述背景，我们出版该书，以期为数学与应用数学（师范类）专业本科生、数学教育专业硕士研究生及中小学数学教师开展数学史与数学教育研究及基于数学知识发生发展过程的数学教学提供理论依据和教学参考。

本书主要是介绍数学发展历程与数学教育的相关知识。全书共分为五章：

第一章是古代数学发展历程及成就概述。本章讲述数学的起源与早期发展，包括古代埃及、巴比伦、希腊、中国、印度以及阿拉伯数学发展历程及成就；详细介绍了与基础教育阶段密切联系的初等数学时期的数学成就，以便读者对数学的早期起源与发展在宏观上有清晰的把握，更好地服务于中小学教学。

第二章是数学史与数学教育的发展历程及基本理论。本章包括数学史融入数学教育的内涵、历程、理论基础，以及数学史融入数学教育的意义、原则与方式，使得研究者对数学史融入数学教育的价值、实施策略有整体上的认知。

第三章是数学课程标准与教材中的数学史。本章包括课程标准中的数学史和教材中的数学史两部分，以供读者可以更好地解读课程标准对数学史的定位与要求，以及对教材中的数学史内容进行识别与教学处理。

第四章是中小学数学史教学素材与案例。本章包括数学史教学素材和教学设计两部分。一部分呈现与中小学数学密切相关的数学史教学素材；另一部分精选呈现小、初、高三个学段部分数学史教学设计案例，以供读者感悟和体会。

第五章是数学史与数学教育研究。本章包括数学史与数学教育研究的选题、基本方法、论文类型及写作步骤等，以便日后为研究者提供该方向论文选题及研究方法上的参考。

本书由南昌师范学院孙庆括拟定基本框架和撰写提纲。第一章由孙庆括、潘腾撰写，第二章由孙庆括、徐向阳撰写，第三章和第五章由孙庆括撰写，第四章由潘腾撰写。全书由孙庆括统稿、审稿和定稿。

本书的撰写受到南昌师范学院教育硕士点建设项目经费的资助。该书是江西省一流本科课程"数学课程与教学论"（赣教高字〔2021〕8 号）项目建设成果之一，也是南昌师范学院 2020 年课程思政示范课程"数学史与数学教育"（KCSZ－20－02）、江西省基础教育研究项目"文化自信视阈下数学史融入初中数学教育的理论与实践研究"（NCNUSX2022－1074）、江西省高等学校教学改革重点课题"《数学史与数学教育》课程思政教育改革的研究与实践"（JXJG－19－23－3）的最终成果。在本书撰写的过程中，吸收和引用了很多专家学者的著作和研究成果，在此深表感谢！同时，也感谢江西高校出版社编辑为本书付出的辛勤劳动！

由于作者水平有限，时间仓促，书中难免有不当之处和错误，敬请各位读者批评指正！

孙庆括

二〇二二年十一月

目录 CONTENTS

第一章 古代数学发展历程及成就概述

数学作为人类文明的重要组成部分,有着悠久的历史。无论从远古屈指计数到现代高速电子计算机的发明,还是从量地测天到抽象严密的公理化体系,在五千多年的历史长河中,数学的发展充满了艰难曲折,甚至面临多次危机。因此,不了解数学创造的真实过程和发展历史,就不能全面地了解数学科学,更不能做好数学教育工作。本章从数学的起源出发,详细介绍了古代埃及、巴比伦、希腊、中国、印度以及阿拉伯的数学产生背景和发展成就,以期为初等数学研究者和数学教育工作者提供理论依据。

第一节 数学的起源

一、数概念的产生

数学是抽象的科学。即便是一个非常简单的概念——数,在大自然中间也看不到。抽象的数的发展其实是非常缓慢的,人类在原始时期就已朦胧地产生了"有"和"无"的概念,具有识别事物多寡的能力。但从这种原始的"数觉"到抽象的"数"概念的形成,是一个缓慢的、渐进的过程。开始的时候,原始人对数的观念是与具体的物品联系在一起的,比如抽象的数"1",开始时经常说一棵树、一块石头、一个人、一条鱼等等。逐渐地,人们发现了一棵树、一块石头、一条鱼、一朵云等具体物体之间存在着某种共通的东西,即它们的单位性。同样,人们会注意到其他特定的物群,例如成双的事物,相互间也可以构成一一对应。这种从具体物体中抽象出来的性质,就是数。数的抽象概念就这样形成了。

随着对数的认识逐渐明确,加上人类生产活动的实际需要,就有必要以某种方式来表达事物这一共有的属性——记数。记数是伴随着计数的发展而发展的。最早可能是手指计数,一只手上的五个指头可以被现成地用来表示五个以内事物的集合。两只手上的指头合在一起,不超过 10 个元素的集合就有办法表示。现如今被普遍采用的十进制,或许是一种自然而然选择的结果。正如亚里士多德所说的那样,十进制只不过是我们绝大多数人生来具有十个手指这样一个解剖学事实的结果。因此,在历史上,虽然手指计数即用 5 或 10 的计数实践比用 2 或 3 的计数出现要晚,但五进制和十进制几乎立刻取代了其他进制。

随着生产的发展,当手指头不够使用时,就出现了石子记数,以便同更多的集合元素相对应。但记数的石子堆很难长久保存信息,于是又有了结绳记数和刻痕记数。中国古代文献《周易·系辞下》有"上古结绳而治,后世圣人易之以书契"之说。"结绳而治"即结绳记事或结绳记数,"书契"就是刻画符号。结绳这一方法不仅在中国而且在世界其他许多地方都曾使用过,有些结绳实物甚至保存下来了。比如,美国自然史博物馆(纽约)就藏有古秘鲁印加部落(印第安人的一支)用来记事的被当时人称为"基普"(quipus)的绳结:在一根较粗的绳子上系涂有颜色的细绳,再在细绳上打各种各样的结,不同的颜色和结的位置、形状表示不同的事物和数目。图 1-1 是 1972 年秘鲁发行的纪念结绳记数的邮票。这种记事方法在秘鲁高原一直盛行到 19 世纪,直到 20 世纪中期在我国云南的少数民族地区也一直延续着。

迄今发现的人类刻痕记数的最早证据,是 1937 年在捷克斯洛伐克的摩拉维亚(Moravia)出土的一块有刻痕的幼狼胫骨(图 1-2,据考证,狼骨的年代大约为 3 万年以前)。人们发现同一根狼骨的两个侧面上一共有 55 道刻痕,共分成两组:第一组 25 道痕,第二组 30 道痕,每 5 道刻痕又为一小组。事实上,这类刻痕记数的遗迹也在其他地方先后被发现过。

图 1-1　结绳记数

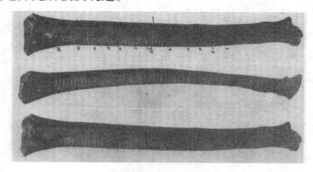

图 1-2　刻痕记数

又经历了数万年的发展,直到距今五千多年前,终于出现了书写记数以及相应的记数系统。比如,公元前 3400 年左右的古埃及象形文字记数、公元前

2400 年左右的古巴比伦楔形文字记数、公元前 1600 年左右的甲骨文记数、公元前 500 年左右的希腊阿提卡文字记数和中国筹算数码记数、公元前 300 年左右的印度婆罗门数字记数及出现时间未知的玛雅数字记数等。其中,除了古巴比伦楔形数字采用六十进制、玛雅数字采用二十进制外,其他均属十进制数系。记数系统的出现使数与数之间的书写运算成为可能,在此基础上初等算术便在几个古老的文明地区发展起来。下面按照时间先后顺序列举几种早期的记数系统:

1. 古埃及象形文字记数(公元前 3400 年左右):

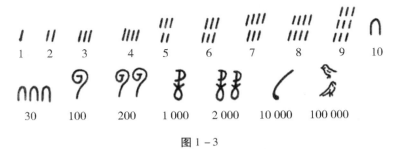

图 1-3

2. 古巴比伦楔形文字记数(公元前 2400 年左右):

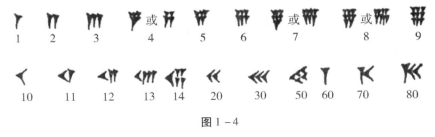

图 1-4

3. 中国甲骨文记数(公元前 1600 年左右):

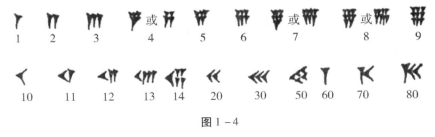

图 1-5

4. 希腊阿提卡文字记数（公元前 500 年左右）：

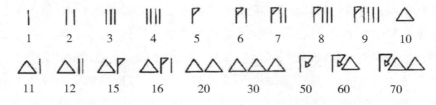

图 1-6

5. 中国筹算数码记数（公元前 500 年左右）：

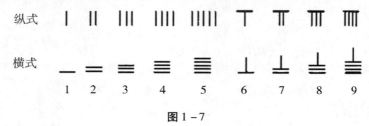

图 1-7

6. 玛雅数字记数：

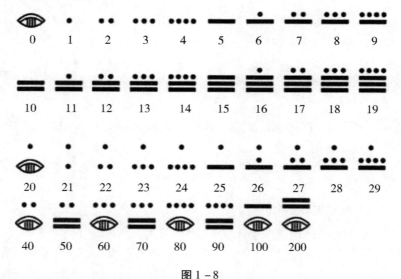

图 1-8

二、形概念的产生

与算术的产生相仿，最初的几何知识则是从人们对形的直觉中萌发出来的。史前人类大概首先是从自然界本身提取几何形式（比如他们注意到圆月与挺松在形象上的区别），并且在器皿制作、建筑设计及绘画装饰中加以表现。类似的概念包括线段、直线、三角形、圆等也是一样的。图 1-9 西安半坡遗址鱼纹彩陶和图 1 - 10 埃及史前彩陶中就蕴含着早期人类对几何图形的认识。

图 1 - 9 西安半坡遗址鱼纹彩陶　　　　图 1 - 10 埃及史前彩陶

　　另外,角的概念想必是观察到人的大小腿(股)或上下臂之间形成的角而产生的,因为在大多数语言中,角的边经常是用股字或臂字来代表的。例如:在汉语中,直角三角形的一条直角边叫股;在英文中,直角三角形的两边叫两臂。在这些原始文明中,数学的应用只限于简单交易,如田地面积的粗略计算、陶器上的几何图案、织在布上的花格和计时等方面。

　　总的来看,在公元前 3000 年左右古巴比伦和古埃及的数学出现以前,人类在数学上没有取得更多的进展。由于原始人早在公元前一万年就开始定居在一个地区,建立家园,靠农牧业生活,可见最初等的数学迈出头几步是多么费时。与此同时,许许多多古代文明社会竟然没有什么数学可言,足见能培育出这门科学的文明是多么稀少。

第二节　古代埃及数学发展成就概述

一、古代埃及数学产生的背景

　　古代埃及位于尼罗河两岸,曾经分为两个王国:一个夹在两个高原中间的狭长谷地,叫作上埃及;一个处于尼罗河三角洲的地带,叫作下埃及。这两个王国经过长期的斗争,在公元前 3200 年实现了统一,并建都于下游的孟斐斯。埃及是世界上文化发达最早的几个地区之一。

　　当时尼罗河会定期泛滥,淹没全部谷地,水退后,要重新丈量居民的耕地面积。出于这种需要,多年积累起来的测地知识便逐渐发展成为几何学。公元前 2900 年以后,埃及人建造了许多金字塔作为法老的坟墓。从金字塔的结构可知当时埃及人已懂得不少天文和几何的知识。如基底直角的误差与底面正方形两边同正北的偏差都非常小(底边长度的误差仅仅是 1.6 cm,是全长的 $\frac{1}{14600}$;基底直角的误差只有 12″,是直角的 $\frac{1}{27000}$)。总体上看,古埃及数学的产生源于社会生产、生活的实际需要。

现存的古埃及数学文献并不多,目前对埃及古代数学的认识主要来自中王国时代(约前 2133—前 1786)的两部用僧侣文(由埃及最古老的象形文字演变成的一种较简单的书写体)写成的纸草书:一部藏在莫斯科,叫作《莫斯科纸草书》(图 1-11);一部藏在伦敦,叫作《莱因德纸草书》(图 1-12)。除了这两卷纸草书外,还有一些写在羊皮上或用象形文字刻在石碑上和木头上的史料,藏于世界各地。两卷纸草书的年代在公元前 1850 年至公元前 1650 年之间,相当于中国的夏朝。

图 1-11 《莫斯科纸草书》　　　　图 1-12 《莱因德纸草书》

《莫斯科纸草书》成书于公元前 1850 年前后,它是埃及最古老的一部数学纸草书。这部纸草书于 1893 年为俄国学者郭列尼舍夫所获,他对其做过认真的研究。1912 年这部纸草书归莫斯科的普希金博物馆所有,故称《莫斯科纸草书》。它长 544 厘米,宽 8 厘米,至今保存完好,内容主要是数学问题和解答,共收有 25 道题。《莫斯科纸草书》的一些算题中,有一道是计算正方形底边截头角锥体的体积(即截头金字塔体积),这样的算题在其他古代数学文献中是没有的。

《莱因德纸草书》是公元前 1700 年左右希克索斯人(约公元前 1700 年由亚洲进入埃及的游牧部落,以尼罗河三角洲上的阿瓦里斯为中心建立了"牧人王朝",约公元前 1580 年被埃及人逐出)统治时期的纸草书,1858 年为英国人亨利·莱因德所发现,现存于大英博物馆。《莱因德纸草书》的篇幅和《莫斯科纸草书》相差无几,是一部 544 厘米的长条纸草书,作者是古埃及的一个名叫阿赫美斯的书吏。它收有 85 个数学问题和解答,内容涉及财政支出等问题,并带有标题,在标题中作者把数学评论为"获得一切奥秘的指南"。由此可见,古埃及人对数学是很重视的。《莱因德纸草书》的算题是从分数开始的,在全部例题中都采用了分数,因此,它可能是一部关于分数的论著。

二、古代埃及数学的主要成就

目前研究古埃及的数学成就主要是依据上述两部纸草书,包括算术、代数和几何三个方面。

(一)算术方面

1. 发明了十进位的象形文字记数法

公元前 3500 年,埃及人发明了由图画发展而来的象形文字,如画一圆圈中加一点表示"太阳";画三条波浪线表示"水",这就是表意符号。在用象形文字书写数字的系统中(图 1 - 13),从 1 至 10,以及 100、1 000、10 000、100 000、1 000 000 均有不同的象形文符号,唯独没有表示 0 的符号。1 到 9 依次用垂直的竖线来记,用一个倒写的"U"的符号代表 10,100 则以卷曲的绳索表示,1 000 以莲花表示,10 000 以手指表示,100 000 以青蛙或蝌蚪表示,10^6 以头顶武器的神表示,10^7 以初升的太阳表示。根据史料记载,埃及象形文字只限于表示10^7以前的数。

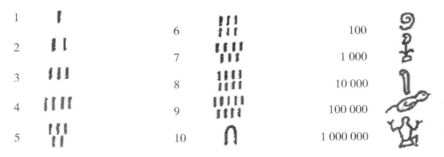

图 1 - 13　埃及象形文字记数

与众不同的长度单位是埃及数学形式的显著特色。这些单位有手指、手掌、脚掌和肘，埃及数学家在这些单位之间规定了一定的相互关系。1 至 1 000 000 之间的数，是根据排在一起的上述基本数学符号相加的原则组成。这种记数的方法缺乏位置计数的意义，这使得这种记数法很是麻烦，为了表示一个较大的数，就必须把相应的数学符号多次重复加在一起。如表示 5120 这个数（图 1 - 14），需要将 1000 这个千数位的莲花符号重复写 5 次，100 这个百位数的卷绳符号写 1 次，十位数上的 10 这个倒写的"U"的符号重复写 2 次。再如表示 375 这个数，需要将一卷绳子的形象符号（百位数）重复写 3 次，倒写"∪"的符号（十位数）重复写 7 次，一竖的符号（个位数）重复写 5 次。可见，埃及人的象形文字记号是一种以十进制为基础的，但没有位值概念的记数系统。

图 1 - 14 埃及象形文字数位记数

2. 创立了叠加的四则运算法则

在算术的四则运算中，古埃及人最基本的运算是加法，减法是倒数，乘法则是化成加法后通过迭代步骤来进行运算的。在做乘法运算时，只是把乘数和被乘数一次次地相加，直到约数为止。任何自然数都可由 2 的各次幂的和组成。比如，计算 27×31：由于 $27 = 2^0 + 2^1 + 2^3 + 2^4 = 1 + 2 + 8 + 16$，然后只需要把对应的 31 的倍数相加即可，故 $27 \times 31 = 31 + 62 + 248 + 496 = 837$。

3. 创立了埃及分数及运算法则

埃及人表示分数的符号是相当复杂的。用类似一个椭圆符号 ⬭（读作 ro）表示分数线，将 ⬭ 或点的记号放在数的上方用来表示分数，如 ⫴̄ 表示 $\frac{1}{5}$，⫫̄ 表示 $\frac{1}{10}$，⫴̄ 表示 $\frac{1}{15}$。少数几个分数用特殊符号表示，如 ⊂⊃ 表示 $\frac{1}{2}$，⊕ 表示 $\frac{2}{3}$，× 表示 $\frac{1}{4}$。在僧侣文中把卵形改成点，如 $\frac{1}{20}$ 记作 ⟨。值得注意的是，由于古埃及文字自右向左书写，因此数字排列也自右向左书写，先写大单位的数，再写小单位的数，分数符号只标在大单位的数上。图 1 - 15 就是埃及分数 $\frac{1}{249}$ 的表示方法。

图 1-15 埃及分数

单位分数的广泛使用成为埃及数学的一个重要而有趣的特色,埃及人将所有的真分数($\frac{2}{3}$ 除外)都表示为一些分子为 1 的单位分数的和的形式,后人把这种"单位分数"称为埃及分数。埃及的单位分数有 $\frac{1}{2}$、$\frac{1}{4}$、$\frac{1}{8}$、$\frac{1}{16}$、$\frac{1}{32}$、$\frac{1}{64}$ 等。比如我们今天用 $\frac{3}{4}$ 和 $\frac{7}{8}$ 表达的分数,古埃及人则分别写作 $\frac{1}{2}+\frac{1}{4}$ 和 $\frac{1}{2}+\frac{1}{4}+\frac{1}{8}$。另外,每个单位分数都有自己的名称,它们的分数符号来源于荷鲁斯和塞特的神话传说。根据这则神话,荷鲁斯是远古时代埃及国王奥西里斯的儿子。奥西里斯在位时,教人民耕种使人民幸福,因而受到人民的爱戴。但他的兄弟塞特对他产生嫉妒之心,设毒计将他杀死并碎尸。其妻伊西斯历经千辛万苦,收拢奥西里斯的碎尸并在其侧感应怀孕,生子荷鲁斯。他长大后为父报仇,打败塞特。最后,经过孟斐斯城的普塔神召集九神进行裁决,使奥西里斯复活,成为阴间国王,主持审判死者灵魂;荷鲁斯则被加冕为上下埃及之王。传说荷鲁斯的形象为鹰头人身,他的左眼是月亮,右眼是太阳。荷鲁斯与塞特之间曾发生过一场激烈而残酷的搏斗,在混战中,荷鲁斯曾被塞特挖掉了左眼,撕成许多碎片,因此月亮有盈亏。上述分数的名称就是用荷鲁斯眼睛的各个部分表示的,如眼眉表示 $\frac{1}{8}$,眼珠表示 $\frac{1}{4}$,左右眼睛的一部分各自代表 $\frac{1}{2}$ 和 $\frac{1}{16}$。有趣的是,这些碎片加起来只有 $\frac{63}{64}$,被撕碎的 $\frac{1}{64}$ 部分是由埃及智慧之神托特施展魔法后填补的。

当然,这种"单位分数"起源的神话传说不值得相信,它的产生可能是由埃及数学的实用背景决定的。给士兵们分发面包、渔民之间分鱼等等,类似的问题很多,为了解决这种涉及均分的问题可能很自然地引进了单位分数。比如,有两片面包,要分给 5 个人。每人分得 $\frac{1}{2}$ 片的话不够分,若每人得 $\frac{1}{3}$,又有面包剩余,埃及人是这样分的:将每个面包分成 3 等份,每人得一份,再将剩下的 $\frac{1}{3}$

份 5 等分，每人再得一份，也就是每人得 $\frac{1}{3}+\frac{1}{15}$ 份面包，达到了均分。现代人可能认为这个问题很简单，是个算术问题，每个人得 $\frac{2}{5}$ 即可，但是从实用的角度考虑，要想切得平均，用单位分数可能更为方便易行。

　　古埃及人很早就有计算分数的方法，但比较复杂。在除法运算中，如果被除数除不尽，就得使用分数，分数的运算也是利用加选法进行的。埃及人的乘法运算部分都是通过加倍和减半来完成的。对于分母为偶数的单位分数在加倍后很容易再化为单位分数，只需将分母减半即可，但对于分母为奇数的单位分数加倍后，再化成单位分数之和就不那么容易了。《莱因德纸草书》的开始部分给出了一张形如 $\frac{2}{k}$（k 是 3 到 101 的奇数）分数的单位分解表（见表 1-1）。其实每个分数的分解式都有多种形式，表中所选的分解式一般来说是最简单的。

表 1-1　《莱因德纸草书》单位分数分解表

k	$2/k$ 的分解式				k	$2/k$ 的分解式			
3	2/3				53	1/30	1/318	1/795	
5	1/3	1/15			55	1/30	1/330		
7	1/4	1/28			57	1/38	1/114		
9	1/6	1/18			59	1/36	1/236	1/531	
11	1/6	1/66			61	1/40	1/244	1/488	1/610
13	1/8	1/52	1/104		63	1/42	1/126		
15	1/10	1/30			65	1/39	1/195		
17	1/12	1/51	1/68		67	1/40	1/335	1/536	
19	1/12	1/76	1/114		69	1/46	1/138		
21	1/14	1/42			71	1/40	1/568	1/710	
23	1/12	1/276			73	1/60	1/219	1/292	1/365
25	1/15	1/75			75	1/50	1/150		
27	1/18	1/54			77	1/44	1/308		
29	1/24	1/58	1/174	1/232	79	1/60	1/237	1/316	1/790
31	1/20	1/124	1/155		81	1/54	1/162		
33	1/22	1/66			83	1/60	1/332	1/415	1/498
35	1/30	1/42			85	1/51	1/255		
37	1/24	1/111	1/296		87	1/58	1/174		
39	1/26	1/78			89	1/60	1/356	1/534	1/890
41	1/24	1/246	1/328		91	1/70	1/130		
43	1/42	1/86	1/129	1/301	93	1/62	1/186		
45	1/30	1/90			95	1/60	1/380	1/570	
47	1/30	1/141	1/470		97	1/56	1/679	1/776	
49	1/28	1/196			99	1/66	1/198		
51	1/34	1/102			101	1/101	1/202	1/303	1/606

利用此表可进行分数计算。比如,$5 \div 21$ 可写成单位分数之和,运算过程如下:

$$\frac{5}{21} = \frac{1}{21} + \frac{2}{21} + \frac{2}{21}$$

$$= \frac{1}{21} + \frac{1}{14} + \frac{1}{42} + \frac{1}{14} + \frac{1}{42}$$

$$= \frac{1}{21} + \frac{2}{14} + \frac{2}{42}$$

$$= \frac{1}{21} + \frac{1}{7} + \frac{1}{21}$$

$$= \frac{1}{7} + \frac{2}{21}$$

$$= \frac{1}{7} + \frac{1}{14} + \frac{1}{42}$$

事实上,古埃及人运用加倍程序和单位分数概念掌握了熟练的计算技巧。如《莱因德纸草书》第 70 题是求 $100 \div \left(7 + \frac{1}{2} + \frac{1}{4} + \frac{1}{8}\right)$ 的商,答案是 $12 + \frac{2}{3} + \frac{1}{42} + \frac{1}{126}$。这个结果是这样获得的:一方面,将除数逐渐加倍,得 $15 + \frac{1}{2} + \frac{1}{4} \rightarrow 31 + \frac{1}{2} \rightarrow 63$,即 63 是除数 $7 + \frac{1}{2} + \frac{1}{4} + \frac{1}{8}$ 的 8 倍;另一方面,除数 $7 + \frac{1}{2} + \frac{1}{4} + \frac{1}{8}$ 与 $8 + 4 + \frac{2}{3}$ 相乘得 $99\frac{3}{4}$,比被除数 100 小 $\frac{1}{4}$。此时注意到因除数 $7 + \frac{1}{2} + \frac{1}{4} + \frac{1}{8}$ 的 8 倍是 63,故 $\left(7 + \frac{1}{2} + \frac{1}{4} + \frac{1}{8}\right) \times \frac{2}{63} = \frac{1}{4}$。

由 $\frac{2}{k}$ 数表查得 $\frac{2}{63} = \frac{1}{42} + \frac{1}{126}$。

故 $100 \div \left(7 + \frac{1}{2} + \frac{1}{4} + \frac{1}{8}\right) = 8 + 4 + \frac{2}{3} + \frac{2}{63} = 12 + \frac{2}{3} + \frac{1}{42} + \frac{1}{126}$。

(二)代数方面

《莱因德纸草书》中包括一元一次方程、等差及等比数列、比例分配和三角函数等题目。虽然用的都是纯算术解法,但是现今看来可归结为代数学范畴。

《莱因德纸草书》中 24 至 38 题都是已知乘数和积,求被乘数。乘数是一个分数表达,可看作是形如 $x + ax = b$ 或 $x + ax + bx = c$ 的一元一次方程题。解决的方法有两种：一是将给定的乘数看作是被乘数，所求的结果作为乘数，相当于把所给的"量"仅仅看成"数"，交换被乘数和乘数；二是使用假设法。问题 30 至 34 使用的是方法一，其他的使用了方法二。如《莱因德纸草书》第 29 题：一个量加上它的 $\frac{2}{3}$，所得的和加上这个和的 $\frac{1}{3}$，再从所得的这个和中减去它的 $\frac{2}{3}$，剩下 10，问这个量是多少？解法如下：

（1）假设这个量为 27（三个分数分母的乘积），按题目要求进行计算；

*1	27
* 2/3	18
和	45
1/3	15
和	60
2/3	40
剩	20

图 1 – 16

（2）用所得结果做除法 $\frac{10}{20}$，很明显结果是 $\frac{1}{2}$；

（3）所求的量为 $27 \times \frac{1}{2} = 13\frac{1}{2}$。

可见，古代埃及数学虽然有了渐进的代数，但叙述方式仍处于文辞代数阶段，很少引用符号。

（三）几何方面

根据保存下来的演算习题的数学纸草书我们可以知道，古代埃及已经有了代数的萌芽，具备了线性方程组的思想。比如《莱因德纸草书》中有一道题为：一个数，它的 $\frac{2}{3}$、$\frac{1}{2}$ 和 $\frac{1}{7}$ 及其全部，共为 33，求这个数。这道题相当于现在的一个简单的一元一次方程，古埃及人通常用算术就可以解出。

上述例题中的未知数，古埃及人称为"堆"，就是"一堆"的意思，显然跟计算粮食有关。从这一点可以看出，他们习惯于进行具体思维，如他们表示"未知数量的谷物"，就用"一堆谷物"来代表。这说明古埃及人在代数方面已掌握了某些基本知识,同时他们知道如何计算土地的面积。从保存下来的其他数学纸草书文献中,我们还可以了解到,古埃及人还会解一元二次方程。不过,他们是用纯粹算术方法求解的,只用文字说出解题步骤,说明其理由。

埃及很早就用十进制记数法,但却不知道位值制,每一个较高的单位都是用特殊的符号来表示的。例如111,象形文字写成三个不同的字符,而不是将1重复三次。埃及算术主要是加法,而乘法是加法的重复。

他们能解决一些一元一次方程的问题,并有等差、等比数列的初步知识。占特别重要地位的是分数算法,即把所有分数都化成单位分数的和。莱因德纸草书用很大的篇幅来记载 $\frac{2}{k}$(k 为从 3 到 101 的奇数)型的分数分解成单位分数的结果。为什么要这样分解以及用什么方法去分解,到现在还是一个谜。这种繁杂的分数算法实际上阻碍了算术的进一步发展。

纸草书还给出了圆面积的计算方法:将直径减去它的 $\frac{1}{9}$ 之后再平方。计算的结果相当于用 3.1605 作为圆周率,不过他们并没有圆周率这个概念。根据《莫斯科纸草书》推测,他们也许知道正四棱台体积的计算方法。总之,古代埃及人积累了一定的实践经验,但还没有上升为系统的理论。

第三节 古代巴比伦数学发展成就概述

一、古代巴比伦数学产生的背景

亚洲西部的底格里斯河和幼发拉底河之间的地带,通常称为"两河"流域,是人类早期文明的发祥地之一,这块地域古代称为美索不达米亚。与尼罗河谷不同的是,两河流域曾经先后经历了多个不同民族的统治。最早在公元前4000年左右,苏美尔人就在这里建立了城邦国家并创造了文字,而后公元前24世纪中叶阿卡德人第一次入侵并建立阿卡德王国,以后又有阿摩利人、加喜特人、依兰人、赫梯人、亚述人、伽勒底人、赫波斯人相继进行统治。公元前19世纪,这里建立了巴比伦王国。这个王国的政权几经更迭,统治者变换频繁。一般称公元前19世纪至公元前6世纪间该地区的文明为美索不达米亚文明,相应的数学称为美索不达米亚数学,有时也称为巴比伦数学。

生活在两河流域的人们已经创造出文字,他们用芦苇秆削成斜尖的"笔",把文字压刻在黏土制成的软泥板上,再经晒干、烘烤,制成泥板书。这种用芦苇秆做成的"笔"刻写文字的方法很特别:落笔时用力大而速度缓,刻痕宽而深;提笔时用力小而速度快,刻印窄而浅,所以形成一头粗一头细的笔画,形似楔子或钉子,因此叫作"楔形文字"或"钉头文字"。

一部泥板书是由若干块刻有楔形文字的泥板按一定顺序排列组合而成的。这些泥板通常被放在木架上,供人们阅读使用。现从两河流域出土的文献泥板已有 50 多万块,其中有 300 多块是纯数学内容的"数学泥板"。对这些数学泥版文献的释读工作在 1926—1950 年才取得重要突破,主要是靠法国人娣罗－丹金夫人和美籍德国学者诺依格·鲍尔的开创性工作。但对这些楔形文字书写的泥版文献解读工作到 19 世纪 70 年代才有重大进展,当时发现的贝希斯敦石崖上面用波斯文、埃及文、巴比伦文三种文字记载着波斯王大流士一世的战功,随着人们对波斯文字的逐步掌握,终于解开了巴比伦文字的奥秘。

这些数学泥板记载着两类数学:一是表格数学,记载着各种数学用表,如乘法表、倒数表、平方表、立方表、指数表、勾股数表等;二是问题数学,即记载着很多具体求解的数学题目。

两河流域自古以来就是西亚的重要通道,是各民族交会之地。巴比伦成为当时西亚的商业贸易中心,商业和贸易的繁荣促进了巴比伦数学的发展,巴比伦人创造了具有自己鲜明民族特色的数学成果。

二、古代巴比伦数学的主要成就

1. 创立了六十进制记数制

古巴比伦人创造了一套以六十进制为主的楔形文字记数系统(见图 1－17)。对于小于 60 的整数采用简单十进累记法,用 1(▼)和 10(◀)两种记号来表示,如 36 就记作 ◀◀◀▼▼▼。

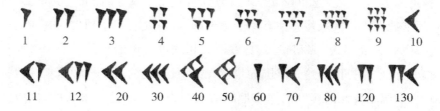

图 1－17　古巴比伦 60 进制记数法

对于大于 60 的整数,则采用以 60 为基数的位值制记法来表示。如 **𒐖𒐏𒐋𒐏𒐖𒐏𒐏𒐖** 这一记号,最左边的 **𒐖** 表示基数(60)的立方的 2 倍,然后依次是 **𒐏𒐋** 表示基数(60)的平方的 25 倍,**𒐋𒐖** 表示基数(60)的 42 倍,**𒐖𒐖** 表示 31 个单位,整体可以表示成 $2 \times 60^3 + 25 \times 60^2 + 42 \times 60 + 31$,用十进制表示的数就是 524 551。但在早期的记数中这种位值制表示是不彻底的,位置的区分靠在不同楔形记号组之间留空。由于没有零号,不知道空位表示位值还是零号,这种记数容易引起混淆。如 **𒐖𒐖 𒐖 𒐖𒐖** 表示为 7322 和 122 都可以:若这里两个空位表示的是位值,则有 $2 \times 60^2 + 2 \times 60 + 2 = 7322$;若把最左边的第一个空位看成是零号,则有 $2 \times 60 + 2 = 122$。故在泥版中只能根据上文的意思来消除歧义。到了公元前 3 世纪的泥版文书中,开始出现一个专门的由两个斜置的小楔形组成的记号来表示空位,这样就能把这种记数的混乱性相对区分开来。但由于现存的泥版中没有发现这种小楔形的"准"零号置于末端的情形,因此,一个楔形的记数符号仍有可能表示无限多个数中的任何一个,故巴比伦人从未实施过绝对的位值制。

巴比伦人还将位值原理应用到整数以外的分数中。通常使用在以 60 为分母的分数中,如 **𒐖 𒐖** 不仅可以表示为 $2 \times 60 + 2 = 122$,也可以表示为 $2 + 2 \times 60^{-1}$,$2 \times 60^{-1} + 2 \times 60^{-2}$ 以及其他相似形式的分数。但也有少数几个常用的分数采用特定的记号:$\frac{1}{2} =$ **𒑚**,$\frac{1}{3} =$ **𒑛**,$\frac{2}{3} =$ **𒑜**。可见,古巴比伦人的分数系统是不成熟的。值得一提的是,古巴比伦人最初以 360 天作为一年,将圆周定义为 360°,1 小时等于 60 分,1 分等于 60 秒。这些 60 进位制一直沿用至今。

2. 求得了 $\sqrt{2}$ 的近似值

古巴比伦人对无理数 $\sqrt{2}$ 的近似值计算表现出极高的水平,在一块公元前 1600 年的泥板(现收藏于美国耶鲁大学图书馆)上,刻写着 $\sqrt{2}$ 的近似值:$\sqrt{2} = 1 + \frac{24}{60} + \frac{51}{60^2} + \frac{10}{60^3}$。这一数值已是相当精确了!需要说明的是,巴比伦人只求得了 $\sqrt{2}$ 的近似值,而那时尚未形成无理数这一概念。

3. 计算几何图形的面积与体积

考证公元前 15 世纪泥板上所刻写的数学题就可知道,巴比伦人能计算矩形、直角三角形、梯形、圆等几何图形的面积,还掌握了平行六面体与柱体的体积计算方法。

4. 代数开始萌芽

公元前 18 世纪的一块泥板上记载着这样一个问题："两个正方形的面积之和是 1000，其中一个正方形的边长是另一个正方形边长的 $\frac{2}{3}$ 少 10，问这两个正方形的边长各是多少？"现在用方程组求解这个问题，当然十分便捷。而当时的巴比伦数学中尚未出现字母，还没有系统的数学符号，所以主要用长、宽、面积等文字表示未知量。然而从泥板可以看出，当时的巴比伦已经由算术开始向代数过渡，代数开始萌芽了。

5. 会复利计算与数列求和

巴比伦是西亚的经济贸易中心，商贸的发展与货币制度的建立，直接导致产生了复利的计算。泥板中有记载复利计算的问题："设年利率为 20%，问经多少年能使本利之和是本金的 2 倍？"这就产生了指数方程 $(1 + 20\%)^x = 2$。

巴比伦人还经常利用各种数表来进行计算，使计算更加简捷。例如，他们做除法采用了将被除数乘以除数的倒数这一途径，倒数可通过查表求得。美索不达米亚人与生俱来就是制表能手。在现有的 30 多块数学泥板文书中，就有 20 多块是各种精密复杂的数学用表，包括乘法表、倒数表、平方表、立方表、平方根表、立方根表。

第四节　古代希腊数学发展成就概述

希腊数学一般是在公元前 600 年至公元 600 年间，由希腊半岛、爱琴海区域、小亚细亚西部地区（亚历山大帝国）的人民积累、应用和创造的数学。因地处两大河谷毗邻地带，大批的商人、学者在游历了埃及、美索不达米亚后，带回了从那里搜集来的数学知识。自此，由河谷文明所创造的经验的算数、几何开始在崇尚理性思维的古希腊逐步走向具有初步逻辑结构的论证数学。

古代希腊数学发展大体上可以分为三个阶段：发展初期——古典时期（前600—前400）；黄金时代——亚历山大前期（前400—前146）；衰落时期——亚历山大后期（前146—641）。

一、古典时期

古典时期约从公元前 600 年到公元前 400 年。这一时期的代表人物或学派有泰勒斯、毕达哥拉斯、伊利亚学派（以芝诺和德谟克利特为代表）、诡辩学派（成员有希比阿斯、安提丰、布里松等，以安提丰为代表）、柏拉图学派（成员有柏拉图、梅内赫莫斯、狄诺斯特拉托斯、蒂奥泰德、欧多克斯等，以柏拉图和欧多克斯为代表）、亚里士多德等。

（一）泰勒斯

泰勒斯（Thales，约前 624—前 546），出生于小亚细亚的港口城市米利都城。他是希腊最早的哲学学派——米利都学派（也称爱奥尼亚学派）的创始人，是西方思想史上第一个有名字记载的思想家，被称为"科学和哲学之祖"，主张从自然现象中寻求真理，以水为万物之本。同时，他也是古希腊及西方第一个数学家。泰勒斯继承了巴比伦、埃及的数学知识，积极倡导演绎推理，是古希腊论证数学的开创者，为其后毕达哥拉斯创立理性的数学奠定了基础。因此，他被称为"理性数学之父"。据说泰勒斯发现了不少平面几何学的定理：（1）直径平分圆周；（2）三角形两等边对等角；（3）两条直线相交，对顶角相等；（4）三角形两角及其夹边已知，此三角形完全确定；（5）在圆的直径上的内接三角形一定是直角三角形；（6）半圆所对的圆周角是直角。这些定理或许不是泰勒斯所创，而是从埃及或巴比伦学来的，但这并不重要。重要的是，在泰勒斯之前，这些定理只是埃及人或巴比伦人在长期的生产实践中积累起来的一些具体知识，并不具备理论上的一般意义，而泰勒斯把它们整理成一般性的命题，论证了它们的严格性，并在实践中广泛应用。

（二）毕达哥拉斯

毕达哥拉斯（Pythagoras，约前 572—约前 497），生于米利都城附近爱琴海中的萨摩斯岛。青年时期他想拜泰勒斯为师，泰勒斯因年事已高拒绝了他，并推荐其在门徒阿那克西曼德门下学习几何和哲学。后来他又在知识渊博的费雷居德门下学习自然科学，并曾在古埃及、巴比伦和印度游历了约 20 年，广泛接受了古代的数学和天文学知识。最后他在意大利南部的克罗顿（Croton，古希腊城邦）定居下来，创办学园，招收门徒，传授数学及宣传他的哲学思想，形成了毕达哥拉斯学派。他将数学从古埃及和巴比伦时代那种形而下的形态上升为形而上的形态，数学从此开始逐步成为一门独立的学科，这在数学发展史上具有

划时代意义。毕达哥拉斯学派对数学的主要贡献是:

1. 万物皆数

毕达哥拉斯学派认为数是万物的本源(这里的数仅指整数或整数之比),世界就是一个由数和数的关系构成的和谐系统,每一种事物都是一种数的和谐,数是构成事物千差万别的原因。比如,他们认为 1 代表理性,为万数之源;2 代表见解;3 代表力量;4 代表正义;5 代表婚姻(因为它是阳数 3 与阴数 2 的结合)且蕴含颜色的秘密;6 存在冷热原因;7 包含健康的奥秘;8 蕴藏爱的真谛(它是力量 3 与婚姻 5 的合成)等。他们认为 10 包含点、线、面、体各种类型的数:1 是点,2 是线,3 是三角形,4 是四面体。故 10 被称为“四象数”(见图 1 - 18),是一个完美的数,是神圣的象征,毕达哥拉斯学派以它作为宣誓的誓词。

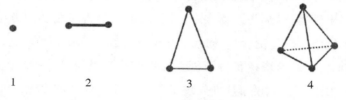

图 1 - 18　四象数

据说毕达哥拉斯学派又发现了完全数和亲和数。若一个数等于它的所有因数(包括 1 但不包括该数本身)之和,称为完全数。如 6,28,496 等。$6 = 1 + 2 + 3$,$28 = 1 + 2 + 4 + 7 + 14$,$496 = 1 + 2 + 4 + 8 + 16 + 31 + 62 + 124 + 248$。若两个数彼此等于另一数的所有因数之和(除去数本身),称为亲和数。如 284 和 220。284 的所有因数(除去自身)为 1,2,4,71,142,和为 220。220 的所有因数(除去自身)为 1,2,4,5,10,11,20,22,44,55,110,和为 284。

毕达哥拉斯学派关于“形数”的研究,强烈地反映了他们将数作为几何思维元素的精神。比如对 1,3,6,10,15 之类的数,他们称之为三角形数(见图 1 - 19),并且有 $1 + 2 + 3 + \cdots + n = \dfrac{n(n+1)}{2}$。

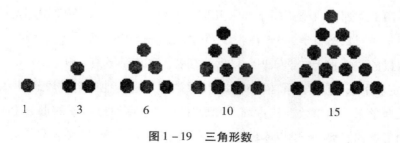

1　　　3　　　6　　　10　　　15

图 1 - 19　三角形数

对 1,4,9,16 之类的数,称之为正方形数(见图 1 - 20),并且有 $1 + 3 + 5 + \cdots + (2n - 1) = n^2$。

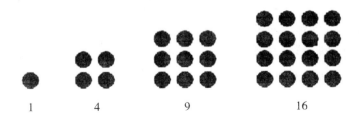

图 1 - 20　正方形数

相应地,2,4,6,8 之类的数,被称为长方形数,并且有 $2 + 4 + 6 + \cdots + 2n = n(n + 1)$。

对 1,5,12,22 之类的数,称之为五边形数(见图 1 - 21),并且有 $1 + 4 + 7 + \cdots + (3n - 2) = \dfrac{n(3n - 2)}{2}$。

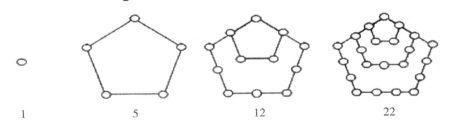

图 1 - 21　五边形数

对 1,6,15,28,45 之类的数,称之为六边形数(见图 1 - 22)。

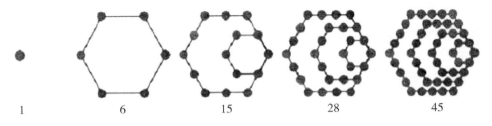

图 1 - 22　六边形数

2. 发现勾股定理

在一个直角三角形中,若两直角边和斜边分别表示为 a,b,c,毕达哥拉斯发现:$a^2 + b^2 = c^2$。西方数学界称之为毕达哥拉斯定理,在中国则称为勾股定理。毕达哥拉斯学派晚期的成员还证明了这个定理。

勾股定理是数学中的一个重要定理,对数学的发展产生了不可小觑的影响。勾股定理告诉我们可以用代数的思想来解决几何问题,这正是"数形结合"思想的体现。同时,勾股定理的发现推动了人类对几何更深的探索。通过勾股定理,我们可以推导出许多其他真命题与定理,这大大地方便了我们对几何问题的解决,也使数学的发展迈出了一大步。此外,毕达哥拉斯定理的发现也直接导致了无理数的发现。

3. 发现无理数

公元前 500 年的一天,正当毕达哥拉斯学派的弟子们还沉浸在发现毕达哥拉斯定理的喜悦之中时,其中的一个弟子希伯索斯(Hippasus)在欣赏这个定理时却意外发现了一个令他诧异的事实:边长为 1 的正方形的对角线不是一个数——整数或整数之比。这一惊人发现与学派"万物皆数"的信条大相径庭,引起了极大的恐慌,据说希伯索斯因此惨遭沉船。这就是数学史上的第一次数学危机。希伯索斯的发现,第一次向人们揭示了有理数系的缺陷,证明了它不能同连续的无限直线等同看待,有理数并没有布满数轴上的点,在数轴上存在着不能用有理数表示的"孔隙"。而这种"孔隙"经后人证明简直"不可胜数"。于是,古希腊人把有理数视为连续衔接的那种算术连续系统的设想彻底破灭了。无理数的发现对以后 2000 多年数学的发展产生了深远的影响,促使人们从依靠直觉、经验而转向依靠证明,推动了公理几何学和逻辑学的发展,并且孕育了微积分思想萌芽。

关于无理数的本质是什么,长期以来众说纷纭,得不到正确的解释。无理数一直被认为是不可理喻的数。15 世纪意大利著名画家达·芬奇称之为"无理的数",17 世纪德国天文学家开普勒称之为"不可名状"的数。然而真理毕竟是淹没不了的,毕氏学派抹杀真理才是"无理"。人们为了纪念希伯索斯这位为真理而献身的可敬学者,就把他发现的数(当时称为不可通约的量)取名"无理数",无理数的名称由此诞生。由无理数引发的数学危机一直延续到 19 世纪下半叶,直到 1872 年,德国数学家戴德金从连续性的要求出发,用有理数的"分割"来定义无理数,并把实数理论建立在严格的科学基础上,才结束了无理数被认为"无理"的时代,也结束了持续 2000 多年的数学史上的第一次大危机。

4. 发现了归谬法

恐慌也罢,愤怒也罢,$\sqrt{2}$ 毕竟是真实存在的,而且还是用毕达哥拉斯定理算出来的。毕达哥拉斯学派还算有些胸怀,最终证明了$\sqrt{2}$不是他们心目中的数,或者说,$\sqrt{2}$不是一个有理数。他们所用的证明方法就是今天仍在沿用的归谬法——间接证明法或反证法,这对数学的发展起了极大的推动作用。这里不妨重温一下2500多年前毕达哥拉斯学派所引入的这种漂亮的证明方法。

证明:设$\sqrt{2}=\dfrac{p}{q}$,且这个比是最小整数之比,即为既约的。

于是$p^2=2q^2$。由于p^2为偶数,故p为偶数。

这是因为任一奇数$2n+1$的平方$(2n+1)^2=4(n^2+n)+1$必为奇数。

由于$\dfrac{p}{q}$是既约的,故q必然是奇数。

由p为偶数可设$p=2r$,于是$p^2=4r^2$,

进而$2q^2=4r^2$,$q^2=2r^2$,

这样q^2就是偶数,因此q必为偶数。

于是得到结论:q既是奇数又是偶数,这就产生了矛盾。

这个矛盾说明$\sqrt{2}$不是个有理数。

可以看出,这个证明与今天教科书上的证明完全一样。因此,我们没有理由不对2500多年前的毕达哥拉斯学派表示由衷的敬佩!

古希腊诸城邦的富庶引起了邻邦波斯帝国的羡慕与嫉妒。公元前546年,波斯帝国开始入侵位于小亚细亚的米利都等希腊城邦,拉开了波希战争的序幕。这个战争前前后后打了近百年,直到公元前449年,以波斯帝国失败而告终。在波希战争中,雅典城邦为希腊城邦联盟的最终胜利立下头功。因此,从公元前480年以后,雅典便逐渐成为希腊城邦联盟中的商业、贸易、政治、文化中心。古希腊从此步入雅典时期。在雅典时期,各种学术思想在雅典争奇斗艳,演说和辩论时有所见。原来散居在希腊诸城邦的学者,特别是米利都学派和毕达哥拉斯学派的一些学者纷纷来到雅典,探讨哲学和数学问题。他们研究的重点是抽象推理,研讨的宗旨是使理性统治遍及整个自然界和人类。这一时期学派林立,主要有伊利亚学派(几何三大问题)、诡辩学派(芝诺悖论)、雅典学院(柏拉图学园)、亚里士多德学派。雅典时期领导数学活动的是柏拉图学派。

(三)柏拉图

柏拉图学派的先辈是北非昔勒尼地方的西奥多罗斯(Theodorus,生于公元前470年左右）和意大利南部塔伦特姆的阿尔希塔斯（Archytas，前428—前347），他们都是毕达哥拉斯学派的成员，而且教过柏拉图。所以柏拉图学派一定受到了毕达哥拉斯学派的影响。柏拉图（Plato，约前427—前347），古希腊伟大的哲学家。他和老师苏格拉底、学生亚里士多德并称为"希腊三贤"。柏拉图出生在一个较为富裕的雅典贵族家庭，20岁开始跟随苏格拉底学习，28岁那年，其老师苏格拉底受审并被处死。次年，他离开雅典到外地避风，在西西里岛、南意大利、埃及和昔勒尼等地游学十余年。也就是在这期间，他向西奥多罗斯学习了数学。他直到40岁才回到雅典，建立了一个学园，史称柏拉图学园，开始了个人讲学。柏拉图学园在欧洲文化史上有着特别的地位，它是欧洲第一所综合性学校，教授哲学和自然科学；同时，它也是一所研究机构，许多学者慕名来到这里从事哲学和科学研究，学园渐渐变成了一座颇具盛名的研究院。此外，它还有一点最特别的功能——提供政治咨询，许多周边的城邦在建国、立法、组建政府时遇到麻烦，都会来这里求助。由于学园的独特功能使其具有了一种特别的生命力，学园一直持续了900多年，直到公元529年被罗马帝国皇帝查士丁尼查封。拉斐尔的名画《雅典学院》就是以柏拉图学园为素材而创作的。柏拉图虽然不是数学家，却对古希腊数学做出了突出的贡献。

1. 数学宇宙观

柏拉图的宇宙观基本上是一种数学的宇宙观。他设想宇宙开头有两种直角三角形，一种是正方形的一半，另一种是等边三角形的一半。从这些三角形就合理地产生出四种正多面体，这就组成四种元素的微粒。火微粒是正四面体，气微粒是正八面体，水微粒是正二十面体，土微粒是立方体。第五种正多面体是由正五边形形成的十二面体，这是组成天上物质的第五种元素，叫作以太。世间万物都可以用一个数目来定名，这个数目就是表现它们所含元素的比例。

柏拉图的宇宙观清楚地表明，数学是宇宙的灵魂，数学是解开宇宙奥妙的钥匙，研究数学是探索宇宙的前提。这就是柏拉图学园大门标牌上"不懂几何学者不得入内"的真正含义。他的宇宙观首先在他开办的学园内传播，再由学园的学生们向外界广为传播，最后传遍整个古希腊。由于柏拉图学园存在了900多年，所以柏拉图的数学宇宙观在古希腊产生了巨大影响。古希腊的哲学家无一例外都是以探索宇宙的本原为己任的，而柏拉图是当时最顶尖的哲学家，他的宇宙观当然影响着其他哲学家。人们为了向柏拉图学习，或者说为了探索宇宙,就主动先去研究数学,所以柏拉图的宇宙观推动了古希腊的数学发展。

2. 数学哲学观

柏拉图的"理念论"哲学观是以数学为中心的。这对数学的重要意义在于极大地激励了他的同时代人和后人积极地去从事数学研究,对古希腊数学的发展起到了巨大的推动作用。在柏拉图学园里就产生了好几位有影响的数学家,泰特托斯是第一个给出所有 5 种正多面体作图理论的人,欧多克索斯是数学天文学的奠基人,门奈赫莫斯是圆锥曲线的发现者。

柏拉图的数学哲学思想与毕达哥拉斯是一脉相承的,而且朝着更加彻底的唯心主义方向发展。柏拉图认为,世界是按照数学来设计的,"神永远按几何规律办事",数学是构造世界的基石。他的哲学思想的核心是"理念论"。所谓理念,就是把事物的永恒的属性从具体事物中分离出来,使之独立存在。他确信存在一个由形式和概念组成的世界,这个世界是客观的、可靠的、永恒不变的理念世界。他把理念世界与实物世界严格区分开来。在他的哲学中,实物世界的关系是不断变化的,依靠感官所认识的物质世界是混乱的、迷离的,只有理念世界永恒不变的关系才是绝对真理,值得去进一步研究。

柏拉图的数学哲学思想具有重要理论价值。一是强调把概念作为认识和思维的起点。这是柏拉图理念论的一个基本而重要的准则。柏拉图是第一个鲜明地揭示概念本质,并举起概念独立和概念思维的旗帜的人。二是提出确立概念的手段——定义、结合与划分的逻辑方法。三是采用公理方法构建数学演绎理论体系。

3. 数学公理演绎体系

柏拉图重视演绎推理,并提出了合理的思维原则。他在《理想国》中说:"研究几何、算术这类学问的人,首先要假定奇数、偶数、三种类型的角以及诸如此类的东西是已知的。……从已知的假设出发,以前后一致的方式向下推,直至得到所要的结论。"这段话表明柏拉图首先提出了从一些自明的假设出发进行证明的观点,而这正是公理演绎法的构想。M. 克莱因认为,柏拉图是第一个把严密推理法则系统化的人。柏拉图唤起了古希腊数学家的一种强烈信念,一个完备的、科学的理论结构,应该是一个演绎陈述系统。因此,从柏拉图那个时代开始,数学上要求根据一些公认的原理做出演绎证明。正是在柏拉图的影响下,他的学生亚里士多德,创立了形式逻辑和完善的公理方法。在这些工作的基础上,后来的数学家欧几里得在其名著《几何原本》中建立了第一个数学公理演绎体系。

当时柏拉图虽然没有明确提出推理的逻辑规律(如同一律、矛盾论、排中律及充足理由律),但却论述了合乎逻辑的思维原则:(1)统一性原则,如"思维必须和它自身一致","所有的确信必须彼此一致"(《裴多篇》);(2)充足理由原则,如"我们的判断,必须由理由产生","它们的根据仅仅是已知的,这样的知识才是科学的"(《蒂迈欧篇》);(3)不矛盾原则,如"矛盾的判断不能在统一时间适应于同一事物"。在柏拉图的众多弟子中,最有天才、成就最大的当数亚里士多德。

(四)亚里士多德

亚里士多德(Aristotle,前384—前322),生于马其顿的斯塔基拉,17岁进入柏拉图学园学习,学习了20年,是柏拉图最有科学天才的学生。公元前343年至公元前340年,他受聘担任年仅13岁的亚历山大大帝的老师。公元前335年,他在雅典办了一所叫吕克昂的学校,被称为逍遥学派。作为一位百科全书式的科学家,他几乎对每个学科都做出了贡献。他的写作涉及逻辑学、伦理学、形而上学、心理学、经济学、神学、政治学、修辞学、自然科学、教育学、诗歌、风俗、法律等等。

亚里士多德的著作构建了西方哲学的第一个广泛系统,包含道德、美学、逻辑、科学、政治和玄学。马克思曾称亚里士多德是古希腊哲学家中最博学的人物,恩格斯称他是"古代的黑格尔"。亚里士多德没有写过专门的数学书,但对数学是比较重视的。他研究过数学的本质,探讨过定义、公理、公设的含义及其区别;考察了点、线、连续性、无穷大等许多基本概念;证明过若干重要的几何学定理,如"多边形的外角之和等于四直角","在包围给定面积的所有平面图形中,以圆的周长为最小"等等;给出了欧几里得《几何原本》中一部分定理的新的证法;讨论了立方体、球体、圆锥体、圆柱体、螺线等几何形体的性质。

亚里士多德对数学的最大贡献是创立了逻辑学,提出了逻辑推理的三段论学说,一个三段论就是一个包括有大前提、小前提和结论三个部分的论证;建立了逻辑推理的基本原则——矛盾律和排中律。另外,他还研究了科学证明。他要求证明的前提必须是真实的,是必然的;证明的最初始的命题必须是直接的。他还讨论了直接证明和间接证明,并认为直接证明比间接证明优越。同时,他还研究了各种谬误以及驳斥谬误的方法。

二、亚历山大前期

约从公元前4世纪马其顿控制希腊建立亚历山大城开始到公元前146年罗马人攻陷该城,是希腊数学的全盛时期。这一时期的著名数学家有欧几里得、阿基米德、阿波罗尼斯等。

(一)欧几里得

欧几里得(Euclid,前330—前275),生于雅典,早年受教于柏拉图学园,熟知柏拉图的几何学。公元前300年左右,他受托勒密王之邀,来到亚历山大城从事数学教学工作,并潜心研究几何学。最早的几何学兴起于公元前7世纪的古埃及,后经泰勒斯等人传到古希腊的城邦,经毕达哥拉斯学派、柏拉图学派陆续研究,在欧几里得以前,人们已经积累了许多几何学的知识。然而,这些知识存在一个很大的不足,就是缺乏系统性,大多数是片断、零碎的知识,公理与公理之间、证明与证明之间并没有什么很强的联系,更不要说对公式和定理进行严格地逻辑论证和说明。

因此,随着经济的发展,特别是航海、农林畜牧业的发展,把这些几何学知识加以条理化和系统化,成为一整套前后贯通的知识体系,已是刻不容缓。欧几里得通过早期对柏拉图数学思想、亚里士多德逻辑学以及几何知识系统进行的周详的研究,已敏锐地察觉到了几何学理论的发展趋势。

他下定决心,要在有生之年完成这一工作,成为几何第一人。为了完成这一重任,欧几里得在无数个日日夜夜里,一边收集以往的数学专著和手稿,向有关学者请教;一边试着著书立说,用公理方法整理几何学,阐明自己对几何学的理解。经过不懈努力,终于在公元前300年,欧几里得写成13卷《几何原本》。

《几何原本》是一部划时代的著作。其伟大的历史意义在于它是用公理化方法建立起演绎体系的最早典范。过去所积累下来的数学知识,是零碎的、片断的,可以比作砖瓦木石;只有借助于逻辑方法,把这些知识组织起来,加以分类、比较,揭示彼此间的内在联系,整理在一个严密的系统之中,才能建成宏伟的大厦。《几何原本》体现了这种精神,它对整个数学的发展产生了深远的影响。这部书的历史意义还在于它一举确立了我们现代意义上的数学,而且今天还在学,而时光已逝2300多年。在全世界范围内,能与之媲美的只有中国的《论语》。

《几何原本》在第一卷中首先给出一个定义,然后给出了 5 条公理:

(1)等于同量的量彼此相等;

(2)等量加等量,其和相等;

(3)等量减等量,其差相等;

(4)彼此能重合的物体是全等的;

(5)整体大于部分。

书中还给出了 5 个公设:

(1)过两点能作且只能作一直线;

(2)线段(有限直线)可以无限地延长;

(3)以任一点为圆心,任意长为半径,可作一圆;

(4)凡是直角都相等;

(5)同平面内一条直线和另外两条直线相交,若在直线同侧的两个内角之和小于 180°,则这两条直线经无限延长后在这一侧一定相交。

最后一条公设就是著名的平行公设,或者叫作第五公设。它引发了几何史上最著名的长达两千多年的关于"平行线理论"的讨论,并最终诞生了非欧几何。

《几何原本》共有十三卷,各卷主要内容如下:

第一卷为"几何基础"。重点内容有三角形全等的条件(全等三角形判定定理),三角形边和角的大小关系,平行线理论,三角形和多角形等积(面积相等)的条件。第一卷最后两个命题是毕达哥拉斯定理的正逆定理。

第二卷为"几何与代数",阐述如何把三角形变成等积的正方形,其中 12、13 命题相当于余弦定理。

第三卷为"圆与角",阐述圆、弦、切线、割线、圆心角、圆周角的一些定理。

第四卷为"圆与正多边形",讨论圆内接四边形和外切多边形的尺规作图法和性质。

第五卷为"比例",讨论比例理论。

第六卷为"相似",阐述相似多边形理论,并以此阐述了比例的性质。

第七、八、九、十卷为"初等几何数论",阐述算术理论。

第十卷是篇幅最大的一卷,主要讨论无理量(与给定的量不可通约的量),其中第一命题是极限思想的雏形。

第十一卷为"立体几何"。

第十二卷"立体的测量"。

第十三卷"正多面体"。

1607 年,中国学者徐光启和意大利传教士利玛窦合作翻译出版了前 6 卷,定名为《几何原本》。1852 年,中国学者李善兰与英国传教士伟烈亚力合作,翻译出版了余下的 7 卷。

如果说欧几里得主要是整理、传承已有的数学成果,那么,接下来的另一位数学家阿基米德则是创造了丰富的数学成果。

(二)阿基米德

阿基米德(Archimedes,前 287—前 212),诞生于古希腊西西里岛叙拉古(Syracuse,今属意大利)的一个贵族家庭。其父是天文学家兼数学家,学识渊博,为人谦逊。受家庭的影响,阿基米德从小就对数学、天文学,特别是古希腊的几何学产生了浓厚的兴趣。

公元前 267 年,阿基米德被父亲送到亚历山大城读书。他跟随过许多著名的数学家学习,包括有名的几何学大师欧几里得。阿基米德在这里学习和生活了许多年,他兼收并蓄了东方和古希腊的优秀文化遗产,奠定了日后从事科学研究的基础。阿基米德是古希腊百科全书式的科学家,对哲学、数学、物理学、理学、静态力学和流体静力学都做出了重大贡献。他和高斯、牛顿并列为世界三大数学家。阿基米德对数学的主要贡献为:

1. 杠杆模型

一般来说,把数学应用于解决物理问题的一个困难往往在于物理状态的复杂性。这就需要把这个状态理想化,这种理想化过程就是建立数学模型。阿基米德的杠杆模型是有史可循的第一个数学模型。从那时起,数学建模的过程就被固定下来:发现问题、提出问题、提出基本假设、建立模型、求解模型、检验模型和应用模型。

2. 穷竭法

穷竭法最初是由古希腊的安提丰(Antiphon,前 480—前 403)提出的,他在研究"化圆为方"问题时,提出了使用圆内接正多边形面积"穷竭"圆面积的思想。后来,古希腊数学家欧多克斯(Eudoxus,前 408—前 355)改进了安提丰的穷竭法。阿基米德进一步完善了"穷竭法",将其广泛应用于求解曲面面积和旋转体体积。

穷竭法被后人称为阿基米德原理。下面结合具体实例介绍一下穷竭法。如图 1 - 23,计算抛物线 $y = x^2$ 与 x 轴在 $x = 0$ 和 $x = 1$ 之间围成的曲边三角形的面积 S。

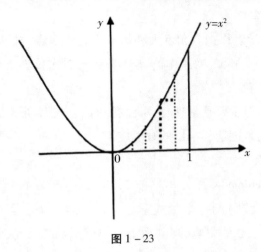

图 1 - 23

首先,把底边 $[0,1]$ 分成 n 等分,分点分别是 $\dfrac{1}{n}, \dfrac{2}{n}, \cdots, \dfrac{n-1}{n}$,然后在每个分点处作底边的垂线,这样曲边三角形被分成了 n 个窄条,对每个窄条,近似用矩形条代替。每个矩形的长为 $\dfrac{1}{n}$,高为 $\left(\dfrac{i}{n}\right)^2$,$i = 0, 1, 2, \cdots, n-1$,把这些矩形条加起来,得到 S 的近似值。

$$S_n = 0 \cdot \frac{1}{n} + \left(\frac{1}{n}\right)^2 \cdot \frac{1}{n} + \left(\frac{2}{n}\right)^2 \cdot \frac{1}{n} + \cdots + \left(\frac{n-1}{n}\right)^2 \cdot \frac{1}{n}$$

$$= \left[1^2 + 2^2 + \cdots + (n-1)^2\right] \frac{1}{n^3}$$

$$= \frac{1}{6n^3} n(n+1)(2n+1)$$

$$= \frac{1}{6}\left(1 + \frac{1}{n}\right)\left(2 + \frac{1}{n}\right)$$

对每个 n 都可以算出相应 S_n 的值。一方面,随着 n 的增大,S_n 的值越来越接近 S。但另一方面,所得的 S_n 始终都是 S 的近似值。为了得到 S 的精确值,要使 n 无限制地增大。从几何上看,面积为 S_n 的那个多边形越来越贴近曲边三角形,即阿基米德所说的穷竭曲边三角形。从数值上看,S_n 无限接近一个确定的数,这个数就是曲边三角形的面积 S。当年,阿基米德就是通过这个方法求得结果的。

可以看出,阿基米德的穷竭法十分接近定积分的思想,只是缺乏极限。从数学发展的历史进程来看,阿基米德的穷竭法是对数学学科的最大贡献,因为这为后来的定积分奠定了坚实的数学思想基础。

3. 圆周率

阿基米德在其著作《圆的度量》中,利用圆的外切与内接九十六边形,求得圆周率 π 的范围为 $\frac{223}{71} < \pi < \frac{22}{7}$,并取它们的平均值 3.141851 作为圆周率的近似值。阿基米德用到了迭代法和两侧数值逼近的概念,称得上是"计算数学"的鼻祖。他还使用穷竭法证明了圆面积等于以圆周长为底、半径为高的正三角形的面积。

4. 球的表面积和体积

阿基米德在其著作《球与圆柱》中,熟练地运用穷竭法证明了球的表面积等于球大圆面积的四倍;球的体积是一个圆锥体积的四倍,这个圆锥的底等于球的大圆,高等于球的半径。阿基米德还指出,如果圆柱中有一个内切球(球的直径等于圆柱的高),则圆柱的全面积和它的体积,分别为球表面积和体积的 $\frac{3}{2}$。这个结果被刻在阿基米德的墓碑上。

5. 曲线图形求积

阿基米德在其著作《抛物线求积法》中,研究了曲线图形求积的问题,并用穷竭法建立了这样的结论(见图 1-24):设有抛物弓形 ABCD,其中 D 是抛物线之弦 AC 的中点,过 D 作直线平行于抛物线的轴(即 y 轴),交抛物线于点 B,则抛物弓形 ABCD 的面积等于三角形 ABC 的面积的三分之四。

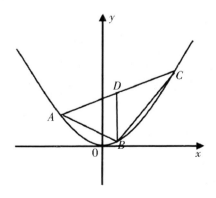

图 1-24　阿基米德抛物线求积法

6. 螺线

阿基米德在其著作《论螺线》中明确了螺线的定义：当一点 P 沿动射线 OP 以等速率运动的同时，该射线又以等角速度绕点 O 旋转，点 P 的轨迹称为"阿基米德螺线"（图 1−25）。他还给出了求螺线面积的计算方法。在同一著作中，阿基米德还导出几何级数和算术级数求和的几何方法。

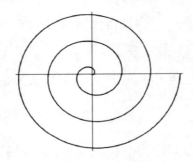

图 1−25　阿基米德螺线

7. 旋转体体积

阿基米德在其著作《论锥型体与球型体》中，计算了由抛物线、双曲线、椭圆绕其轴旋转而成的旋转抛物面、单叶双曲面、双叶双曲面、椭球的体积。

阿基米德的数学著作是希腊数学的顶峰。他把欧几里得严格的推理方法与柏拉图鲜艳的丰富想象和谐地结合在一起，达到了至善至美的境界。比阿基米德稍晚，阿波罗尼奥斯也对古希腊数学做出了突出贡献。

（三）阿波罗尼奥斯

阿波罗尼奥斯，与欧几里得、阿基米德齐名。阿波罗尼奥斯生于小亚细亚西北部的城市佩尔格，这个地方紧挨地中海，今属土耳其的安塔利亚省。阿波罗尼奥斯青年时代去亚历山大城，师从欧几里得的门人学习数学，后来长期居住在这里从事教学和研究。他的著作《圆锥曲线论》是古代世界光辉的科学成果。它将圆锥曲线的性质网罗殆尽，几乎使后人没有插足的余地。早在阿波罗尼奥斯时代以前，就有人研究圆锥曲线了，特别是亚里士多德、欧几里得和阿基米德都写过这方面的书。阿波罗尼奥斯的《圆锥曲线论》不仅把原有的圆锥曲线知识去粗取精并予以严格系统化，而且创造了许多新的成果。这本书是一部经典巨著，可以说是代表了希腊几何的最高水平。自此以后，希腊几何便没有实质性的进步，直到 17 世纪的帕斯卡和笛卡儿才有新的突破。

《圆锥曲线论》分 8 篇共含 487 个命题，集前人之大成，且提出了很多新的性质。他推广了梅内克缪斯(公元前4世纪中,最早系统研究圆锥曲线的希腊数学家)的方法,证明三种圆锥曲线都可以由同一个圆锥体截取而得(见图1-26),并给出抛物线、椭圆、双曲线、正焦弦等名称。书中已有坐标制思想。他以圆锥体底面直径作为横坐标,过顶点的垂线作为纵坐标,这给后世坐标几何的建立以很大的启发。

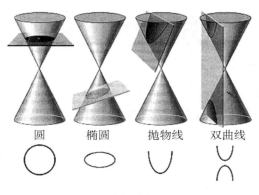

圆　　　椭圆　　　抛物线　　　双曲线

图 1-26

阿波罗尼奥斯以后,亚历山大城中的数学家虽说还在继续研究,然而已没有前期那样的波澜壮阔了。值得一提的数学家有海伦、托勒密、丢番图和帕波斯。之后,希腊数学处于停滞状态。

三、亚历山大后期

基督教被罗马奉为国教后,将希腊学术视为异端邪说。公元415年,人类第一个有记载的女数学家希帕蒂娅在她的故乡亚历山大被一群暴徒残杀,预示希腊文明难以避免最后衰败的结局。

公元529年,东罗马帝国皇帝查士丁尼下令关闭雅典的学校,严禁研究和传播数学,数学发展再次受到致命的打击。公元641年,阿拉伯人攻占亚历山大城,图书馆再度被焚(第一次是在公元前46年),希腊数学悠久灿烂的历史,至此终结。

第五节　古代中国数学发展成就概述

中国古代数学发展成就高潮期大致可以分为两汉时期、魏晋南北朝时期、宋元时期三个阶段,先后出现了《周髀算经》《九章算术》《孙子算经》《五曹算经》《夏侯阳算经》《张丘建算经》《海岛算经》《五经算术》《缉古算经》《缀术》等十部算经著作,简称"算经十书"。

一、两汉时期

从公元前2世纪到公元3世纪中叶,中国数学发展成就以《九章算术》为代表。它确立了中国古代数学著作以应用题的形式,以算法为中心的特点,以理论联系实际的风格,构筑了中国数学的基本框架,在中国和东方影响深远。此后,中国数学著作基本采取两种基本形式:一是以《九章算术》为楷模编纂新的数学著作;二是为《九章算术》作注。这两方面都取得了重大成就。

(一)《周髀算经》

《周髀算经》是中国流传至今最早的一部数学著作,约成书于公元前1世纪,原名《周髀》。它也是我国最古老的天文学著作,主要阐明当时的盖天说和四分历法。《周髀》的正文开头是周公、商高问答部分,提出了著名的"勾三股四弦五"这个勾股定理的一个特例。接下去的荣方、陈子问答部分,是《周髀》的续文,陈子教给荣方学习和研究数学的方法,并且记载了陈子测日法所用的"勾股各自乘,并而开方除之"的话。唐朝李淳风等选定数学课本时,认为它是最可贵的数学遗产之一,将它作为"算经十书"的第一种书,并给了它一个《周髀算经》的名称。

《周髀算经》构建了古代中国唯一的一个几何宇宙模型。这个盖天宇宙的几何模型有明确的结构,有具体的、绝大部分能够自洽的数理。《周髀算经》的作者使用了公理化方法,他引入了一些公理,并能在此基础上从他的几何模型出发进行有效的演绎推理,去描述各种天象。尽管这些描述与实际天象并不十分吻合,然而确实是应用公理化方法的一次认真尝试。

《周髀算经》在数学上的主要成就是介绍了勾股定理及其在测量上的应用。原书没有对勾股定理进行证明,其证明是三国时东吴人赵爽在《周髀注》一书的

《勾股圆方图注》中给出的。从《周髀算经》所包含的数学内容来看，主要讲述了学习数学的方法、用勾股定理来计算高深远近和进行比较复杂的分数计算等。书中有矩(一种量直角、画矩形的工具)的用途、勾股定理及其在测量上的应用、相似直角三角形对应边成比例定理等数学内容。

《周髀算经》中还有开平方的问题、等差级数的问题，使用了相当繁复的分数算法和开平方法，以及应用于古代的"四分历"计算的相当复杂的分数运算，还有相当繁杂的数字计算和勾股定理的应用。

(二)《九章算术》

《九章算术》是一部问题集形式的算书，共有 246 个问题，按不同算法类型分为九章。每章所含问题数目不相等，大致按照由简到繁的次序排列，给出了上百个一般性公式或算法。

第一章"方田"，共 38 题。本章主要涉及平面几何图形面积(土地面积)的计算方法，包括长方形(直田)、等腰三角形(圭田)、直角梯形(斜田)、等腰梯形(箕田)、圆(圆田)及圆环(环田)等的面积公式。"方田"章从第五题开始就系统讲述分数的运算。其中包括约分、通分、分数的四则运算，比较分数的大小，以及求几个分数的算术平均数等。

第二章"粟米"，共 46 题。本章主要涉及各种粮食折算的比例问题，在成比例的四个数中，根据三个已知数求第四个数，所用方法称为"今有术"。

第三章"衰分"，共 20 题。衰分是按比例递减分配的意思。本章主要讲按比例分配物资或按一定比例摊派税收的比例分配问题。其中含有用比例方法解决的等差数列、等比数列问题。

第四章"少广"，共 24 题。本章主要涉及已知正方形面积或长方体体积求边长，即开平方或开立方的方法，还给出了由圆面积求周长，由球体积求直径的近似公式。由于取圆周率为 3，所以精确度较差。

第五章"商功"，共 28 题。本章主要讲各种形体的体积计算公式，涉及的几何体有长方体、棱柱、棱锥、棱台、圆柱、圆锥、圆台、楔形体等。问题大都来源于营造城垣、开凿沟渠、修造仓窖等实际工程。

第六章"均输"，共 28 题。均输意为按人口多少、路途远近和谷物贵贱合理摊派税收和劳役等。本章主要讲以赋税计算和其他应用问题为中心的较为复杂的比例问题的计算方法。

第七章"盈不足",共 20 题。本章主要讲以盈亏问题为中心的计算方法。

第八章"方程",共 18 题。本章主要讲一次方程组问题的解法,并提出了关于正、负数加减运算的"正负术"。

第九章"勾股",共 24 题。本章主要讲勾股定理的应用和测量问题,以及勾股容方和容圆问题的解法。

二、魏晋南北朝时期

从公元 3 世纪中叶至公元 7 世纪初,这一时期数学上的主要成就以刘徽《九章算术注》和祖冲之父子的成就为代表,以李淳风编纂《算经十书》完成为标志。刘徽提出了若干定义,全面证明了《九章算术》的公式、算法,将无穷小分割思想引入数学证明,奠定了中国数学的理论基础。《孙子算经》《张丘建算经》等著作又补充了新的课题。这一阶段标志着中国古代数学体系的完成。

(一)刘徽

刘徽(约 225—295),三国时期魏国人,是中国数学史上杰出的数学家。作为中国乃至世界历史上最杰出的数学家之一,刘徽的数学成就已得到国际的认可,他的杰作《九章算术注》和《海岛算经》是我国宝贵的数学遗产。刘徽取得的令人瞩目的成就历来是学者们研究兴趣之所在。刘徽的主要成就反映在《九章算术注》中,他以演绎逻辑为主,全面论证了《九章算术》算法,奠定了我国古代数学的理论基础。其主要成就有:割圆术、刘徽原理、方程的定义及其应用、正负数定义及其有关运算法则、十进分数理论、体积公理等。这些成就不仅在中国数学史上具有很高的地位,在世界数学史上也具有一定的地位。

1. 割圆术

东汉时期的张衡、三国时的王蕃在圆周率的研究上都取得过突出成就。张衡推算的圆周率是 3.162,王蕃推算的是 3.155,比古代粗略的确定大大前进了一步。但他们得出的结果,不是通过严格科学的理论计算出的,没有提出有价值的理论计算方法,直到魏晋时代杰出的数学家刘徽的出现,才改变了这种状况。他创立了割圆术,为计算圆周率和圆面积建立了相当严密的理论和完善的算法。刘徽的"割圆术"包含着中国数学家对无限问题的独特认识和处理方式。

刘徽在为《九章算术》"方田"章"圆田术"作注的过程中,提出割圆术是计算圆的周长、面积以及圆周率的基础。割圆术的核心思想是用圆内接正多边形去逐步逼近圆。刘徽从圆内接正六边形出发,将边数逐次加倍,并计算逐次得到正多边形的周长和面积。他断言："割之弥细，所失弥少，割之又割，以至于不可割，则与圆合体而无所失矣。"其思想与古希腊穷竭法不谋而合。刘徽把圆内接正多边形的面积一直算到了正三千零七十二边形，并由此得出了圆周率精确到小数点后二位的近似值 $\pi \approx 3.14$，化成分数为 $\dfrac{157}{50}$，这就是"徽率"。这个结果是当时世界上圆周率计算最精确的数据。刘徽对自己创造的这个"割圆术"新方法非常自信，把它推广到有关圆形计算的各个方面，从而使汉代以来的数学发展大大向前推进了一步。刘徽一再声明"此率尚微少"，需要的话，可以继续算下去，得出更精密的近似值来。

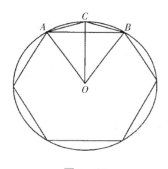

图 1-27

割圆术共分为三步：

首先，刘徽从圆内接正六边形开始割圆，依次得到圆内接正 $6 \times 2, 6 \times 2^2, \cdots$ 边形（见图 1-27）。设圆内接正 6×2^n 边形的面积为 $S_n, n = 0, 1, 2, 3 \cdots$，则有

$$S_n < S$$

而随着分割次数越来越多，$S - S_n$ 越来越小，到不可再割时，S_n 与 S 重合，即

$$\lim_{n \to \infty} S_n = S$$

其次，圆内接正 6×2^n 边形的每边与圆周之间有一段距离 r_n，称为余径。将 6×2^n 边形的每边 a_n 乘余径 r_n，其总和是 $2(S_{n+1} - S_n)$。将它加到 S_n 上，则有

$$S < S_n + 2(S_{n+1} - S_n),$$

然而当 n 无限大，6×2^n 边形与圆周合体时，则

$$\lim_{n \to \infty} r_n = 0$$

因此

$$\lim_{n \to \infty} [S_n + 2(S_{n+1} - S_n)] = S$$

这就证明了圆的上界序列与下界序列的极限都是圆面积。

最后，刘徽把圆周合体的正多边形分割成无穷多个以圆心为顶点，以每边长为底的小等腰三角形，以圆半径乘这个多边形的边长是每个小等腰三角形面积的 2 倍，所谓"觚而裁之，每辄自倍"。显然，所有这些小等腰三角形的底边之和就是圆周长，并且所有这些小等腰三角形面积的总和，就是圆的面积。那么，圆半径乘圆周长，就是圆面积的 2 倍，即 $L_r = 2S$，反求出就完成了上式证明。

2. 阳马术

阳马的体积公式在《九章算术》的"开圆术"中就有记载："今有阳马，广五尺，袤七尺，高八尺。问：积几何？答曰：九十三尺、少半尺。术曰：广袤相乘，以高乘之，三而一。"刘徽在《九章算术注》中写道："邪解立方得两堑堵，邪解堑堵，其一为阳马，一为鳖臑。"并指出"阳马居二，鳖臑居一，不易之率也"。意思是说：把一个长方体分解成相同的两块，这两块叫作堑堵，再把堑堵分解成两块，大的叫阳马，小的叫鳖臑，两者体积比是 2：1，这个比率是不会改变的。其实际上使用极限的方法证明了阳马的体积公式，下面用现代语言，将刘徽的证明过程进行表述（见图 1－28）：

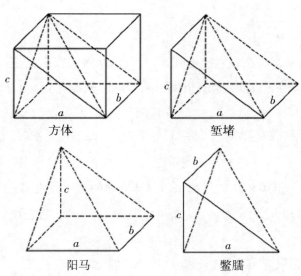

方体　　　　　堑堵

阳马　　　　　鳖臑

图 1－28

将 1 个长方体斜着剖开，得到 2 个堑堵；将 1 个堑堵斜着剖开，其中 1 个是阳马，1 个是鳖臑。刘徽欲证阳马体积 Y：鳖臑体积 B＝2：1。由此，推出阳马

体积 $Y = \dfrac{1}{3}abc$（a,b,c 是长方体的三边之长）。

记阳马中除去 2 个小阳马的体积为 $Y_1{}'$，记鳖臑中除去 2 个小鳖臑的体积为 $B_1{}'$，分别用 Y_1，B_1 记每个小阳马、小鳖臑的体积。对每个小阳马、小鳖臑又可进行同样的剖分，对第 n 次剖分，有：$Y = \displaystyle\sum_{i=1}^{n} 2^{i-1}Y_i{}' + 2^n Y_n$；$B = \displaystyle\sum_{i=1}^{n} 2^{i-1}B_i{}' + 2^n B_n$。因对每个 i，可以无限剖分，则 $Y : B = 2 : 1$。

3. 球体积

球体积的公式在《九章算术》的"开圆术"中就有记载，它是 $V = \dfrac{9}{16}\pi d^3$，但刘徽为《九章算术》作注解时发现了这个公式的推导错误。为了得到正确的球体体积计算公式，刘徽创造了几何模型"牟合方盖"，巧妙地给出了球体体积计算的新思路。这种计算球体体积的方法，在数学史上得到了很高的评价。具体说来就是："取立方棋八枚，皆令立方一寸，积之为立方二寸。规之为圆困，径二寸，高二寸。又复横因之，则其形有似牟合方盖矣。"

用现代语言描述，即：以棱长为一寸的立方体八枚，合之则是棱长为二寸的立方体。又以过立方体中之二正圆柱垂直相贯并内切于立方体之相应侧面（如图 1 - 29），则二内切于立方体的两垂直相贯的正圆柱的共同部分，即刘徽所指之"牟合方盖"（见图 1 - 30），也就是两个半径相等的圆柱垂直相交的公共部分（见图 1 - 31）。另外，从语言角度来说，"牟"即相等，"盖"即伞；从外形看，其像上下相合的两把伞，故取名为"牟合方盖"。

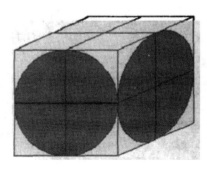

图 1 - 29

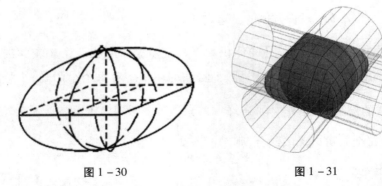

图 1－30   图 1－31

根据"刘徽原理"(即同高的二立体,在等高处各作一与底平行的截面,其截面面积之比为一常数,则此二立体体积之比也等于这一常数),可以导出"牟合方盖"和内切于其中的球体的体积之比。用平面去截"牟合方盖","牟合方盖"的截面是一个正方形,而与内切球的截面则是正方形的内切圆(见图 1－32)。

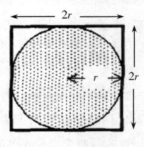

图 1－32

设圆的半径为 r,则正方形与其内切圆面积之比为 $4:\pi$,进而由"刘徽原理"可知:"牟合方盖"与其内切球的体积之比为 $4:\pi$,即 V牟$: V$球 $=4:\pi$。从而,如果能够计算出"牟合方盖"的体积就能得到球体的体积计算公式。但是到此,刘徽说:"欲陋形措意,惧失正理。敢不阙疑,以俟能言者。"刘徽没有给出"牟合方盖"的计算方法,而是希望能有后来人解决这个问题。

(二)祖冲之父子的数学成就

祖冲之和他的儿子祖暅在数学方面继承了刘徽的思想,通过研究《九章算术》及刘徽注提高了数学理论水平。他们在数学、天文、机械制造等方面都曾做出过巨大贡献,尤其是在数学方面曾经取得领先于世界的成就,最突出的应当是对圆周率和圆球体积的推算。

祖冲之(429—500),字文远,中国南北朝时杰出的数学家和天文学家。祖籍范阳遒县(今河北沫源),后迁居江南。其祖父曾任刘宋朝的大匠卿(负责土木工程的官员),父亲则任"奉朝请",学识渊博,受人敬重。祖冲之受到良好的家教,并有机会进入当时朝廷开设的专门研究学术的"华林学省"学习和工作。他在刘宋朝和随后的南齐朝担任过一些官职,如南徐州(今江苏镇江)从事史、公府参军、娄县令(今江苏昆山)、渴者仆射、长水技尉等。祖冲之著有数学著作《缀术》,在唐代长期用作国子监的数学(算学)教科书,但后来失传,我们无法了解其内容。祖冲之的圆周率成果则载于《隋书》等历史著作中得以留传。

祖冲之也是一位著名的天文学家。实际上,在中国古代,数学与天文学有着密切的关系,数学家和天文学家往往是一身二任的。一般来说,天文学是主要工作目标,数学是天文学的工具。祖冲之的天文学成果主要是主持编订了一部著名的历法——《大明历》。另外,祖冲之还是一位通才式科学家,他对各种机械做过深入的研究,设计制造过水碓磨、指南车、千里船以及当时用的计时器——漏壶。他还精通音律,甚至还写过小说(《述异记》十卷),并给多部经书作注。他著作颇丰,但多已失传,留传至今的仅有《大明历》《驳议》等少数几篇。

1. 圆周率

祖冲之关于圆周率的贡献记载在《隋书》中,《隋书·律历志》记载说:"宋末,南徐州从事史祖冲之,更开密法,以圆径一亿为一丈,圆周盈数三丈一尺四寸一分五厘九毫二秒七忽,朒数三丈一尺四寸一分五厘九毫二秒六忽,正数在盈朒二限之间。密率,圆径一百一十三,圆周三百五十五。约率,圆径七,周二十二。"该记录指出,祖冲之关于圆周率有两大贡献:

一是求得圆周率数值的上下限:

3. 1415926(朒数)< π < 3. 1415927(盈数)

二是得到 π 的两个近似分数:密率 $\pi = \dfrac{355}{113}$,约率 $\pi = \dfrac{22}{7}$。

这两项成果都是具有世界历史意义的成就。第一项是具有 8 位准确数字的圆周率近似值,其重要之处还在于他由不足和过剩两个方面做了"逼近"性近似,他的这项成果直到 1427 年才为阿拉伯学者卡西所超越。第二项中的密率是 π 的一个具有独特性质的近似分数:它是所有分母小于 16604 的分数中与 π 值最接近的最佳近似分数! 这一分数在西方是德国人奥托于 1573 年得出的。

可见祖冲之的这两大成果在世界上均保持领先地位 1000 余年。为了纪念他的数学贡献，1913 年日本数学史家三上一夫将祖冲之圆周率的密率数值命名为"祖率"。然而，祖冲之究竟是用什么方法将 π 算到小数点后 7 位，又是怎样找到既精确又方便的密率呢？随着他所著的记录圆周率研究成果《缀术》的失传，这至今仍是困扰数学家的一个谜。不过在现代数论中，如果将圆周率 π 表示成连分数，其渐进分数是：$\dfrac{3}{1}$，$\dfrac{22}{7}$，$\dfrac{333}{106}$，$\dfrac{355}{113}$，$\dfrac{103993}{33102}$，$\dfrac{104348}{33215}$。

2. 祖暅原理与球体积

祖冲之儿子祖暅，字景烁，"少传家业，究极精微，亦有巧思入神之妙"。他继承了祖冲之在数学和天文历法方面的工作，并进一步发扬光大了他父亲的成就。祖暅终生好学不倦，传说他小的时候专心读书，连打雷也没察觉；走路时思考问题，以致曾撞到别人身上。由此看来，祖暅的聪明才智主要来自他的苦学。祖暅的主要工作是修补编辑祖冲之的《缀术》，他推导球体体积公式的方法非常巧妙。祖暅早在公元 5 世纪，就在实践的基础上总结出《祖暅原理》："缘幂势既同，则积不容异。"即如果两个立体的任意等高截面的面积都相等，则它们的体积必相等。在欧洲，到 1635 年才有意大利的卡瓦列里提出这个事实。

祖暅原理也称祖氏原理，是一个涉及几何求积的著名命题。公元 656 年，唐代李淳风注释《九章算术》时提到祖暅的开立圆术。祖暅在求球体积时，使用一个原理："幂势既同，则积不容异。""幂"是截面积，"势"是立体的高。意思是两个同高的立体，如在等高处的截面积相等，则体积相等。翻译为现代数学语言则为：界于两个平行平面之间的两个立体，被任一平行于这两个平面的平面所截，如果两个截面的面积相等，则这两个立体的体积相等。该原理在中国被称为祖暅原理。祖暅主要是沿用了刘徽的思想，利用刘徽"牟合方盖"的理论去进行体积计算，得出"幂势既同，则积不容异"的结论。

祖暅根据"幂势既同，则积不容异"推导出了球的体积公式，简要过程如下：作一个底面边长为 r 的正方形、高为 r 的拟锥体 V_1（图 1-33），同时取一个棱长为 r 的正方形 V_2，挖去上底面相同、高相同的倒棱锥 V_3（图 1-34），在高为 h 处作平行于底面的截面，由截面面积 $a^2 = r^2 - h^2$，根据祖暅原理，则有 $V_1 = V_2 - V_3$ $= r^3 - \dfrac{1}{3}r^3 = \dfrac{2}{3}r^3$。

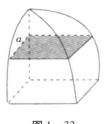
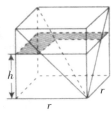
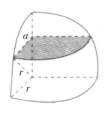

图 1 - 33   图 1 - 34   图 1 - 35

进一步,以 r 为半径的球,取其 $\frac{1}{8}$(第一卦限,如图 1 - 35),设体积为 V_4,与 V_1 比较,在高为 h 处的截面积是以 a 为半径的圆的面积的 $\frac{1}{4}$,面积是 $\frac{\pi}{4}a^2(r^2 - h^2)$,与 V_1 在同高处的截面积 $a^2(r^2 - h^2)$ 之比为 $\frac{\pi}{4}$。

根据"体积之比等于对应截面积之比"得 $V_4 = \frac{\pi}{4}V_1 = \frac{\pi}{4} \cdot \frac{2}{3}r^3 = \frac{1}{6}r^3$,故得整个球的体积是 $\frac{4}{3}\pi r^3$。

三、宋元时期

从唐中叶到元中叶是中国古代数学的全盛时期。以贾宪(11 世纪)、秦九韶(约 1202—1261)、李冶(1192—1279)、杨辉(13 世纪下半叶)、朱世杰(13 世纪下至 14 世纪初)等为代表,他们在高次方程数值解法(增乘开方法)、设未知数列方程(天元术)、多元高次方程组解法(四元术)、一次同余式解法(大衍求一术)、高阶等差级数求和等方面,都取得了杰出成就。

(一)秦九韶

秦九韶(约 1202—1261),南宋人,著有《数书九章》。此书的最大成就便是详细记载了高次方程的数值解法。秦九韶以前的数学家们(如贾宪、刘益等),因为所计算的大都是长度、面积之类的数学题,因而开方式的常数项经常是正数,而求得根的各位得数之后,再由下往上把最后算出的结果从常数项中减去。秦九韶觉得这样不方便,他规定了"实常为负"($a_n < 0$),而把 a_n 和各项系数列在一起,计算时按照增乘开方法累乘累加直到最后。而此之前的数学家们所列方程相当于:

$$a_0 x^n + a_1 x^{n-1} + \cdots + a_{n-1}x = A \quad (A > 0)$$

而秦九韶则列出了:

$$a_0x^n + a_1x^{n-1} + \cdots + a_{n-1}x + a_n = 0 \quad (\text{其中 } a_n = -A, \text{经常为负数})$$

这样,秦九韶所列的方程的各项系数,有时正,有时负,已经不受任何限制了。秦九韶不仅继承了前人的成就,还用增乘开方法"正负开方术",求解任意次高次方程,并且解决了求高次方程的有理数根和无理数根的近似值的问题。

运用方程来求解实际问题,首先要根据问题所给的条件列出一个包含未知数的方程,然后才能求解方程的根。十二三世纪的数学家们不仅创造了求解高次方程的数值解法"正负开方术",而且还找到了一种列方程的一般方法——"天元术"。

(二)李冶

李冶(1192—1279),字敬斋,金真定府栾城(今河北栾城)人,是金末元初著名的学者,中国数学史上宋元四大家之一,他总结并完善了天元术,编著了两部天元术著作——《测圆海镜》和《益古演段》。其中《测圆海镜》是我国现存最早的一部以"天元术"为主要内容的著作,它的成书对我国古代数学发展具有深远的影响。

《测圆海镜》成书于1248年,全书共有12卷,170个问题。它是中国古代论述容圆的一部专著,也是我国现存最早的一部以"天元术"为主要内容的代表作。从整体结构上来说,《测圆海镜》在卷一中给出了各卷问题所需的定义、定理和公式,使该书基本上成为一部演绎体系的著作,也是第一部构造体系的著作。从内容上来说,《测圆海镜》是一部代数著作,它总结并提高了"天元术",使方程理论基本上摆脱了几何思维的束缚,这是数学思想的重大突破。随着这一重大突破,李冶在方程理论上的研究有了很大的进展,明显提高了方程的一般化程度。李冶在《测圆海镜》中改变了传统的把"实"(指方程中的常数项)看作正数的观念,常数项可正可负,不再拘泥于它的几何意义;同时根据题目需要,可以使用天元术列出高次方程,不再受到几何意义的影响;化简方程时能够使用方程两侧同乘一个式子的方法,把分式方程化为整式方程。

从先进的数学符号来说,李冶在这方面做出了重要贡献。在《测圆海镜》成书之前,我国的数码只有一到九,没有零,计算时遇到零,便空位,如果相邻有两个以上零的话,表述是不清楚的,这不利于我国古代数学的发展。在《测圆海镜》中,"〇"的使用有两个作用,一是表示数中的空位,二是表示天元式或多项式中系数为0的项。使用"〇"的记法在当时是比较先进的思想。李冶的另一大成就是负号的发明和使用。由于李冶掌握了一整套数字符号,使得他的方程可以用符号表示,改变了之前人们用文字描述方程的传统做法,使我国的数学进入了半符号化的时代,这对方程理论的发展具有重要的促进作用。

总体上看,《测圆海镜》在数学上的成就有三点:一是开创了"天元术",即列方程解决问题的一种"机械化"程序,相当于现代设 x 为未知数列方程的方法。这是一项具有世界意义的创举。二是勾股形解法,把传统的勾股形研究推进到一个新的层次。三是数学抽象化的新起点。此书虽然在形式上仍采用问题集的表述方式,但问题显然已不是从实际生活中得来的,而是出于数学研究的需要产生的,只是出于传统,披上了"实用"的外衣。这对中国古代数学无疑是一种重要的突破和补充。就内容看,《测圆海镜》给出了一些专门的概念和公式("识别杂记"),采用了演绎推理的方法等,在中国数学思想发展中占有重要的地位。

《益古演段》成书于 1259 年,全书共有 3 卷,64 个问题。与《测圆海镜》不同,它是李冶在封龙书院讲学过程中,发现《测圆海镜》中的内容不易被初学者掌握,为普及天元术而专门撰写的一部著作,是一部由浅入深、简明易懂、非常实用的数学教材。《益古演段》在蒋周所著《益古集》的基础上,以天元术推演条段,利用新术和旧术对比的方法,加深人们对天元术的理解。

《益古演段》主要处理的是平面图形的面积,求所涉及图形的边长、圆径(直径)、周长等问题。内容编排先简后难,逐步加深。书中所涉及问题的解法均采用了新、旧术并列的方法分别进行求解。新术指的是天元术,旧术指的是条段法。书中各题包括"法曰""依条段求之""条段图""义曰"四大部分。其中,"法"是天元术,"依条段求之"是利用人们易懂的几何方法(条段法)对天元术进行解释。条段法是一种通过面积图形的分割、拼补寻找等量关系,以便求得方程各系数的图解法。在当时,条段法是大家比较常用的解题方法。"条段图"是根据条段法所画出的方程各项系数几何关系的图解;"义"是对图中已知量的文字说明。《益古演段》无论是从内容安排上还是在书中具体问题的解答过程中,都充分体现了李冶"晓然示人"的先进的教育理念和优秀的教育方法,对当代无论是中小学教育还是大学教育都具有很好的启示作用。

"天元术"是一种用文字"元"作为未知数符号来列方程的方法。书中"立天元一为某某"相当于现在的设某某为 x。天元术的出现,是我国代数学的重大改革与飞跃,在世界数学史上占有重要的地位。

天元式的表示方法是以未知数为"天元",旁记"元"字;常数项为"太极",旁记"太"字。由于"天上必太,天下必元",故在李冶的著作中,常常出现了"元"字就不出现"太"字,或用"太"不用"元","元"字和"太"字只出现一个。另外,李冶在表示"天元术"的过程中突破了常数项必须为正的思想条框,方程的系数及常数项可正可负,还创造了负系数符号,就是在这个系数的个位数上斜画一杠表示负数,如 $-33 = $ 三卅。比如,现在的一元二次方程表达式 $25x^2 + 280x - 6905 = 0$ 就可以用"天元术"表示成两种形式(见图 1-36):

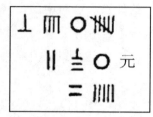 或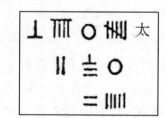

图 1-36

然而,数学并没有给李冶带来功名利禄,在现存的史料和记载中也未能发现他的学生有从事数学研究的,这两本算书都是在他去世后才出版的。祖颐为朱世杰《四元玉鉴》写的序中提到天元术发展的过程,但遗憾的是也未能提到李冶的名字。不可否认的是,就李冶个人的数学研究成果来说,其成就是非常大的。但由于当时的社会环境所致,在承上启下尤其是启下方面,又略显不足,这不能不令人感到惋惜。

(三)朱世杰

朱世杰(1249—1314),汉族人,字汉卿,号松庭,元代燕山(今北京)人,我国元代著名的教育家和大数学家,一直热爱并执着地推进中国数学教育事业的进程,被世人称为"中世纪世界最伟大的数学家",毕生主要著作有《算学启蒙》《四元玉鉴》等。作为一位平民数学家和数学教育家,朱世杰一生中非常注重钻研,尤其是对《九章算术》的研习十分精深,由此对其他各种算法也是触类旁通。经过自己的精心演算和推理之后,朱世杰不仅懂得运用高阶等差数列的求和方法,创造出著名的"垛积法",而且还知道高次内插法,独创出了"招差术"。以天元术为数学基础,朱世杰早在元代就经过自己的精心推算提出了著名的"四元术",即在数学运算过程中如何顺利消元求解和列出四元高次多项式方程的数学演算方法。

《算学启蒙》出版于 1299 年,全书共分为 3 卷 20 门,共有 259 个问题和相应的解答。此书自乘除运算开始,一直讲到当时世界数学发展的最高成就"天元术",全面介绍了当时数学所包含的各方面内容。它体系完整,内容通俗易懂,深入浅出,是当时最通行、最著名的数学启蒙读物。这本著作后来还流传到了朝鲜、日本等国,产生了重要的影响。

《四元玉鉴》出版于 1303 年,共 3 卷 24 门,有 288 个问题。朱世杰在书中详细阐述了"多元高次方程组"的解法——"四元术",高阶等差数列的计算——"垛积术"以及"招差术"等方面的研究成果。朱世杰不仅提出了多元高次联立方程组的算筹方法,而且把《九章算术》等书中四元一次方程解法推广到四元联立方程,在《四元玉鉴》中举例说明了高次联立方程组的求解方法——消元法。而在欧洲,直到 18—19 世纪才开始出现高次联立方程组的求解研究。

朱世杰的"天元术"在《算学启蒙》和《四元玉鉴》中均有出现,是在李冶"天元术"基础上进一步发展的。但他突破了李冶解决面积问题中所列方程不超过二次且仅限于圆城模型的局限,把"天元术"广泛应用于各种面积和体积问题,导出了许多高次方程。如《算学启蒙》"开方释锁门"第 12 题:"今有大小方田二段,只云大方幂内减小方面余一千二百六十八步,又云小方幂内减大方面余七百四十八步,问大小方面各几何?"依题意设小方面为 x,则大方面为 x^2-748,则有 $(x^2-748)^2-x=1268$,即 $x^4-1496x^2-x+558236=0$,解得 $x=28$。再如"开方释锁门"第 31 题:"今有圆锥积三千七十二尺,只云高为实,立方开之,得数不及下周六十一尺,问下周及高各几何?"依题意设开立方数为 x,则 x^3 为高,$x+61$ 为下周,求得五次方程 $x^5+122x^4+3721x^3-110592=0$。

进一步,在《四元玉鉴》中,他不再局限于图形的边长、周长、面积、体积等几何量,而是深入几何图形内部,解决了许多几何方面的新问题。比如,他研究了直角三角形和圆内各元素间的关系,从而发现了两个重要定理——射影定理和弦幂定理。该书"混积问元"第 7 题:"今有三斜田积减中股余七十六步,只云中斜多于中股九步,中股不及小斜二步,问中股几何? 答曰八步。"这里三斜田实际是直角三角形,否则不会得到确定的解。朱世杰大概是为了避免与图中两个小勾股形混淆,才称之为三斜田而不称勾股田。

(四)杨辉

杨辉,字谦光,南宋钱塘(今浙江杭州)人,与秦九韶、李冶、朱世杰并称"宋元数学四大家"。其生卒年月及生平事迹均无从详考。据有关著述中的字句推测,杨辉大约于 13 世纪中叶至末叶生活在现今浙江杭州一带,曾当过地方官,到过苏州、台州等地,是当时有名的数学家和数学教育家,在我国古代数学史和数学教育史上占有十分重要的地位。

现在人们所知道的他编著的数学著作有 5 种 21 卷,分别是《详解九章算法》12 卷(1261 年)、《日用算法》2 卷(1262 年)、《乘除通变本末》3 卷(1274 年)、《田亩比类乘除捷法》2 卷(1275 年)、《续古摘奇算法》2 卷(1275 年)。其中《详解九章算法》和《日用算法》为杨辉前期的著作,而后三种书乃十年后所撰,为杨辉后期著作,一般称为《杨辉算法》。《详解九章算法》现存残本,《日用算法》已佚,后三种 7 卷总称《杨辉算法》,现传本比较完善。

杨辉的数学成就主要有四个方面。一是继承并发展了秦九韶、李冶等人开始的中国筹算数字的简化工作,对中国数学向近代的演化起了重要的推动作用,对珠算的产生也有积极的意义。二是对十进小数的产生和使用做了系统的总结和发展,在化非十进单位为十进单位方面也做了系统性的工作。三是创造性地提出了乘除计算的简捷方法,有力地推动了中国古代计算技术的发展。比如,身前因法(现称为"定身前乘法")、连身加法、定身除法等,直到现在还在应用。四是他对沈括提出的"垛积问题"(高阶等差数列求和)做了创造性的发展,同时提出并研究了"纵横图"问题。此外,他在高次方程解法和以逻辑要求建构数学体系方面也做了一些探索。

《详解九章算法》是杨辉最早完成的数学著作。根据自序可知,此书成于景定辛酉年,即 1261 年,取原《九章算术》246 个问题中的 80 题加以详解。除保留原有的九卷内容之外,本书另增添了三卷:图一卷,乘除算法一卷,纂类一卷。"择八十题以为矜式……凡题、法解白不明者,别图而验之。编乘除诸术,以便入门。纂法问类次,见之章末,总十有二卷。"可惜此书散佚严重,卷首的图和卷一的乘除法已经没有了。其他内容也并不完整。现有的宜稼堂丛书本是清代郁松年于道光壬寅年(1842 年)根据当时毛岳生家藏杨辉《详解九章算法》残本刻印的,并由宋景昌校核。在《详解九章算法》一书中载有二项式 $(a+b)^n$ 展开系数的数字三角形,被称为"杨辉三角"(图 1-37),比国外类似的研究成果至少早 300 年。

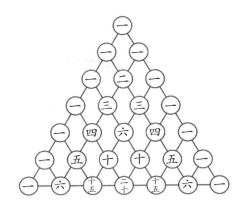

图 1 – 37　杨辉三角

事实上,杨辉三角是当 $k=0,1,2,3,4,5,6,\cdots,n$ 时,将二项式 $(a+b)^k$ 展开式的系数排成的一个数表(图 1 – 38):

1	C_0^0
1　1	$C_1^0 \ C_1^1$
1　2　1	$C_2^0 \ C_2^1 \ C_2^2$
1　3　3　1	$C_3^0 \ C_3^1 \ C_3^2 \ C_3^3$
1　4　6　4　1	$C_4^0 \ C_4^1 \ C_4^2 \ C_4^3 \ C_4^4$
1　5　10　10　5　1	$C_5^0 \ C_5^1 \ C_5^2 \ C_5^3 \ C_5^4 \ C_5^5$
1　6　15　20　15　6　1	$C_6^0 \ C_6^1 \ C_6^2 \ C_6^3 \ C_6^4 \ C_6^5 \ C_6^6$
…………………	……………………………
$C_n^0 \ C_n^1 \ C_n^2 \cdots\cdots\ C_n^n$	$C_n^0 \ C_n^1 \ C_n^2 \cdots\cdots\cdots\cdots\ C_n^n$

图 1 – 38

进一步分析发现,该数表具有很多重要的性质:(1)每行两端的数都是 1;(2)第 n 行的数字有 n 个;(3)第 n 行的第 m 个数可表示为 C_{n-1}^{m-1},且 $(a+b)^n$ 的展开式中的各项系数依次对应杨辉三角的第 $n+1$ 行中的各项;(4)每行数字左右对称,即第 n 行的第 m 个数与第 $n-1$ 行的第 $m+1$ 个数相等;(5)相邻的两行中,除 1 以外的每个数等于它"肩上"两数的和,即第 $n+1$ 行的第 i 个数等于第 n 行的第 $i-1$ 个数与第 i 个数的和,可表示为 $C_n^i = C_{n-1}^{i-1} + C_{n-1}^i$,其中 $2 \leqslant i \leqslant n$;(6)第 n 行数字和为 2^{n-1}。

第六节 古代印度数学发展成就概述

一、古代印度数学产生的背景

历史上,"印度"在地理上包含的区域是现在的印度、巴基斯坦、尼泊尔、孟加拉国和斯里兰卡在内的大片南亚地区,是位于喜马拉雅山南麓的印度河、恒河流域的南亚次大陆,我国汉代史籍称之为"天竺",唐代改译为"印度"。印度具有悠久的文明,可以追溯到公元前 3000 年左右,由原始居民达罗毗荼人创造,史称"印度河流域文化"。公元前 2000 年左右,属于印欧语系的雅利安人部落从中亚高原南下,入侵印度,征服达罗毗荼人,"哈拉帕文化"开始走向衰亡。公元前 1000 年左右,印度开始进入奴隶制社会,南亚次大陆共出现 20 个左右奴隶制小型国家,互相征战,争夺霸权。

公元前 6 世纪,以恒河流域为中心的北印度逐步形成一个奴隶制君主专制的统一国家摩揭陀王国,到公元前 4 世纪末,发展为强盛的孔雀王朝(约前 324—前 185)。在此期间,印度曾不断遭受外族入侵。公元前 500 多年,波斯帝国曾将印度部分土地并入它的版图。公元前 327 年,亚历山大大帝赶走了波斯人,在旁遮普建立了马其顿人的莫尔雅帝国。公元 1 世纪,原为我国甘肃敦煌一带的游牧民族的大月氏人征服整个印度河流域,并将它们并入贵霜帝国。

虽然 4 世纪至 5 世纪初,印度的笈多王朝(320—540)兴起,重新确立对印度西北部的统治,但从 5 世纪中叶开始,印度又相继遭受匈奴人、阿拉伯人、突厥人和蒙古人的侵占。这种多民族的交替入侵,使得包括印度数学在内的古代印度文明呈现东西方文明交错的多元化复杂背景,也造成了古代印度数学发展的浓厚宗教氛围。

印度是世界上宗教发展最早且最发达的国家,早在公元前 1000 年,雅利安人为维护奴隶主统治就创立了婆罗门教(4 世纪后改革为印度教)。公元前 6 世纪,印度又兴起佛教(北印度)和耆那教(东印度)。宗教促进了数学的发展,如庙宇、祭坛的设计与测量都需要大量几何知识和代数计算。因此,古代印度的数学主要起源于宗教和农业(天文观测)。

值得说明的是,历史上冠以"印度"之名的数学绝大多数都是用梵文记载的。梵文作为一种印度古老的语言,也是写作《薄伽梵歌》《奥义书》等其他印度经典所使用的语言。

二、古印度数学的主要成就

古代印度数学的发展大致可以划分为 3 个重要时期:一是雅利安人入侵以前的达罗毗荼人时期(约前 3000—前 1400),史称河谷文化;二是吠陀时期(约前 1000—前 300);三是悉檀多时期(约 5—1200)。

(一)吠陀时期

由于达罗毗荼人的象形文字至今不能解读,所以人们对达罗毗荼人时期的印度数学了解较少。古印度数学最早有文字记录的是吠陀时期。公元前 800 年以前,因宗教需要,印度发展出了一套具有自己独特风格的数学知识,这些数学知识混杂在婆罗门教的经典《吠陀》之中,"吠陀"即梵文 Veda,意译为知识和光明。《吠陀》内容包括对诸神的颂歌、巫术的咒语和祭祀的法规等,这些材料最初由祭司们口口相传,后来记录在棕榈叶或树皮上。不同流派的《吠陀》大都失传,目前流传下来的仅有 7 种。这些《吠陀》中关于庙宇、祭坛的设计与测量的部分为《测绳的法经》(又称《绳法经》,约前 800—前 200)。《绳法经》中记录了一些建筑祭坛所需要解决的几何问题和代数计算问题。比如,勾股定理、矩形对角线的性质、相似三角形的性质以及一些作图法等,在作一个正方形与已知圆等积的问题中,使用了圆周率的近似值:

$$\pi = 4\left(1 - \frac{1}{8} + \frac{1}{8 \cdot 29} - \frac{1}{8 \cdot 29 \cdot 6} + \frac{1}{8 \cdot 29 \cdot 6 \cdot 8}\right)^2 = 3.0883$$

此外,还用到 $\pi = 3.004$ 和 $\pi = 4\left(\frac{8}{9}\right)^2 = 3.16049$ 的近似值。在关于正方形祭坛的计算中取 $\sqrt{2} = 1 + \frac{1}{3} + \frac{1}{3 \cdot 4} - \frac{1}{3 \cdot 4 \cdot 34} = 1.414215686$。

总的看来,吠陀时期是古代印度数学发展的第一段高潮时期。印度人已掌握了相当程度的几何学知识,包括基本几何图形的面积公式的求解,通过"化圆为方"及"化方为圆"计算圆周率的近似值等。另外,由于几何计算导致了一些求解一次和二次代数方程的问题,印度人还用算术方法给出了求解公式。

(二)悉檀多时期

印度进入中世纪以后,即公元 500 年以后,出现了大量专门记载天文学和数学的梵文文献,它们被称为《悉檀多》。"悉檀多"是梵语 Siddhānta 的音译,意为"关于数理天文学的论述"。这类文献绝大多数被编排为诗歌的形式,而不再是那种类似散文一样的经文。这种写作风格与其他一些元素(如大量的计算技巧、天文和历法中的一些构想、十进位位值制和几何关系)一起构成了印度数学中传统的部分。《悉檀多》的作者大都是从事数理天文学研究的"印度天文学家"。悉檀多时期是印度数学的繁荣鼎盛时期,其数学内容主要是算术与代数,这一时期出现了一些著名的数学家,如阿耶波多、婆罗摩笈多、马哈维拉和婆什迦罗等。

1. 阿耶波多

阿耶波多(Aryabhhata)诞生于公元 476 年(这一年西罗马帝国灭亡,欧洲历史进入中世纪),大概卒于公元 550 年。他是现今所知有确切生年的最早的印度数学家。他的名字在今天的印度也是家喻户晓。曾有这样的说法:阿耶波多对印度数学所做的贡献就好比柏拉图对希腊哲学所做的贡献一样。也正是基于这个原因,印度于 1975 年 4 月 19 日发射的第一颗人造卫星被命名为"阿耶波多号"。

阿耶波多的主要著作有两本:《阿耶波多历算书》(青年时期)和《阿耶波多悉檀多》(成熟时期)。这两本著作曾经都佚失过,前者却在 1864 年被印度学者 Bhau Daji 发现,而后者至今没有找到。不过,《阿耶波多悉檀多》中的很多内容都被后来的学者所引用,因而在某种程度上得到了保存。从影响的范围上来说,《阿耶波多历算书》主要影响南印度,而《阿耶波多悉檀多》主要影响北印度,并且已知它也曾对萨珊王朝以及伊斯兰的天文学产生过影响。

《阿耶波多历算书》是已知最早并且保存最完整的《悉檀多》著作,其梵文原名为 Āryabhatīya,直译为"阿耶波提亚"。它是印度天文学和数学的一个极具重要性和影响力的源头。从结构内容上,《阿耶波多历算书》可分为四个部分,每一部分由若干篇带有编号的诗节组成。

第一章为十偈提,共 13 节。"偈提"是一种特殊形式的梵文诗。其中第 1 节表达了作者阿耶波多对婆罗摩神的崇敬之情,然后指出另外三章将包括的内容。第 2 节定义了一种用梵文字母表示数字的方法。接下去的 10 节(标题的"十偈提"指的就是这 10 节诗)包括了天文学参数以及正弦表。

第二章为数学,共 33 节。其内容大致按前后顺序分为 4 个部分:基本运算的法则(2—5 节);有关图形计算的法则(6—18 节);有关级数的计算法则

（19—22 节）；关于数量关系的法则（23—33 节）。

第三章为时间计量，共 25 节。阿耶波多给出了天文学基本的一些时间单位的值及如何去测定的法则。

第四章为天球，共 50 节。本部分解释了一些基本的天文现象的成因，以及计算日食、月食等天象活动的法则。

《阿耶波多历算书》的第二章是"Ganita"（数学）。从词源上讲，它结合了"Pāti（算板）""Bīja（代数单位）"以及"Ksetra（面积或图形）"的意思。因此，它指代的就是算术、代数和几何，即现今我们所说的数学的意思。另外，字根"gan"在梵文中常常是和天文计算联系在一起的。

《阿耶波多历算书》"数学"这章也是由诗歌形式的简短韵文构成，主要阐述了一系列的数学法则。这些法则大致可以分为 3 类：定义（如第 3 节给出了平方和立方的定义）、算法（如第 4 节给出了求平方根的精确值的算法）以及两者的混合（如第 2 节，既规定了十进位位值制记数法，又给出了如何具体操作的过程）。其内容也十分丰富，开头的篇章阐述了基本运算和简单的几何运算，比如求平方根或者立方根，以及面积的计算。接下来的算法涉及了正弦、投影以及圆，显然都和天文学模型有关联。绝大多数的《悉檀多》都包含有数学章，其内容也无外乎如此。不过《阿耶波多历算书》还有其特别之处。首先，它将有关三角学的部分也放进了数学章中，而按传统这部分应该和正弦表一起放在别的地方，如具体的天文计算等章节中。先不论这是否说明了阿耶波多本人认为三角学应该是数学的一部分，只是这样一来使得后世的相关数学著作也都关注起这一部分来，客观上推动了印度三角学的发展。其次，诸如求算术级数项的和或是计算给定本金的利息这些内容也被包含在其中。这似乎说明了《阿耶波多历算书》中的"ganita"指的是更一般的计算技巧，而不只是局限于天文实践所需的那些。

2. 婆罗摩笈多

婆罗摩笈多（Brahmagupta，598—665）的代表作《婆罗摩历算书》包括 24 章，有 1008 段以闰底律（Āryāmeter）写成的韵文。《婆罗摩历算书》大部分内容都与天文学有关，涉及各个天体在各个时刻的距离和位置关系、天体上升与下降的时间、合相与日月食的计算方法等。在另一本天文学著作《肯达克迪迦》里，他还讨论了一些行星和月亮运行的问题。这些天文学知识对后世产生了一些影响,但婆罗摩笈多最重要的贡献,还是在于为得出天文学成果而发展的数学理念和方法。

《婆罗摩历算书》中有 4 章半内容讨论纯粹的数学问题,其中第 12 章被称为"算术"(Ganita,当时算术也包括一些几何问题),第 18 章处理的是代数(Kuttaka,意为"研磨"),在算术、几何、代数和三角等领域,婆罗摩笈多都取得了令人瞩目的成就。

在算术方面,婆罗摩笈多最著名的成就在于把 0 纳入计算体系。他明确提出诸如这样的法则:正数与负数相加等于它们(绝对值)的差,如果它们(绝对值)相等,结果是 0;0 被正数或负数除,要么等于 0,要么得到一个分子是 0、分母是有限量的分数;正数或负数被 0 除,得到一个分母为 0 的分数;0 被 0 除结果是 0。尽管最后两条与现在对 0 的认识并不一致,但这是历史上最早尝试把 0 作为分母的探索。

在代数学领域,婆罗摩笈多最重要的贡献是对包含两个未知量的二次不定方程的研究。他在计算方程 $Dx^2 + 1 = y^2$ 的整数解时,进一步涉及了解决更一般的 $Dx^2 + m = y^2$ 的方法。婆罗摩笈多提出,如果 (x_1, y_1, m_1) 和 (x_2, y_2, m_2) 是 2 组解的话,那么 $(x_1 y_2 + x_2 y_1, Dx_1 x_2 + y_1 y_2, m_1 m_2)$ 也是满足方程的解。数百年后,婆什迦罗二世才给出了更加完善的不定方程解法。在西欧,这个领域直到 17 世纪才由英国学者威廉·布隆克尔(1620—1684)进行探索,但这个成就被欧拉错误地安到另一位学者约翰·佩尔头上,因此现代数学称其为"佩尔方程"。

在几何学领域,婆罗摩笈多发展了勾股定理,除根据指定边长构造直角三角形、圆内接四边形、等腰梯形等几何图形的面积外,他还提出了计算三角形外接圆半径、圆内接四边形的面积及对角线长度等问题的公式。最后 2 个公式实际上是对托勒密定理(即对于圆内接凸四边形,两对对边乘积之和,等于两条对角线的乘积)的进一步应用。

在三角学领域,当时人们能够算出诸如 15°、30°、45° 等"特殊"角度的正弦值,但如何计算像 57° 这种"平常"角度对应的正弦值呢? 婆罗摩笈多运用了二次内插法进行计算,这种方法与近代数学中的牛顿–斯特林公式的二阶形式相同。像 15°、30°、45° 这样的角度,彼此间隔相等,可以称之为"等间距",通过这些角度对应的正弦值之差,以及"正弦值之差的差"的变化趋势,就可以模拟两定值之间某个角度对应的正弦值。婆罗摩笈多通过二次内插公式,得出 57° 的正弦值为 0.8384,与现代值 0.8387 只有万分之三的误差。巧合的是,比婆罗摩笈多稍早一些的中国隋代数学家刘焯(544—608)也运用二次内插法计算天文数据。这种在相隔遥远的文化中,科学成就几乎同时产生的现象,在科学史上并不罕见。我们现在还无法得知,刘焯与婆罗摩笈多之间存在着什么样的联系,或者他们共享着什么样的知识基础。

总的看来,伊斯兰文化兴起之后,婆罗摩笈多的数学思想成为伊斯兰学者学习借鉴的宝库,其影响甚至早于后来大行其道的托勒密等古希腊学者。8 世纪后期,一名数学家从乌阇衍那来到阿拉伯帝国首都巴格达,他所用的《历算书》令伊斯兰学者钦佩不已。不久《历算书》和《肯达克迪迦》就被译成阿拉伯语,这两本书中的天文学数据对 9 世纪初的大数学家花拉子米产生了重要影响。11 世纪初的伊斯兰大学者比鲁尼曾客居印度,也是通过《历算书》等著作吸收了古印度学问。

3. 马哈维拉

马哈维拉(Mahavira,约 9 世纪)是印度南部迈索尔人,耆那教教徒,曾在拉喜特拉库塔王朝的宫廷里生活过很长一段时间。约公元 850 年,他撰写了《计算精华》一书。该书在印度南部曾被广泛使用,11 世纪被译成泰卢固语。20 世纪初,它被重新发现,1912 年在马德拉斯译为英文出版。《计算精华》是印度第一本初具现代形式的数学教科书,现今数学教材中的一些论题和结构在其中已可见到。马哈维拉的《计算精华》共含 9 章:(1)术语;(2)算术运算;(3)与分数有关的运算;(4)有各种特点的运算;(5)与三分律(比例律)有关的运算;(6)混合运算;(7)面积计算;(8)与挖掘有关的计算;(9)与影子有关的计算。

4. 婆什迦罗

婆什迦罗(Bhaskara,1114—约 1185),又被人们称为"婆什迦罗二世"(与 7 世纪印度天文学家婆什迦罗一世相区别)。婆什迦罗是印度古代最伟大的数学家和天文学家之一,出生于今迈索尔邦的比德尔(Bidar)一个婆罗门教家庭,属于世袭的婆罗门种姓,曾经长期在乌贾因天文台工作,领导和负责这个天文台的研究工作。

1150 年,婆什迦罗写成了《天文系统之冠》一书,此书由四部分组成,即《莉拉沃蒂》;《算法本源》(又译作"代数学");《行星运动》;《天球》。

其中的《莉拉沃蒂》是古印度最典型、最有影响力的算术著作。在印度它被作为教科书使用了好几个世纪,现在一些州的梵语学校仍在使用。该书把算术变为一种愉悦而有趣味的活动,它是婆什迦罗通过从施里德哈勒的《三百对句》和马哈维拉的《计算方法纲要》中选取优秀的部分再加上自己的一些材料创作而成的。

《莉拉沃蒂》主要涉及算术,但也包含几何、三角法和代数学的知识,共分为13章:第1章给出了算学中的名词术语;第2章是关于整数、分数的运算,包括加、减、乘、除、平方、开平方、立方、开立方等;第3章讨论各种计算法则和技巧;第4章是关于利率等方面的应用题;第5章讨论数列计算问题,主要是等差和等比数列;第6章是关于平面图形的度量计算;第7至10章是关于立体几何的度量计算;第11章为测量问题;第12章是包括不定方程在内的代数问题;第13章是一些组合问题。该书中很多数学问题是用当时流行的诗歌形式给出的。其中的法则和例题以韵律诗的形式表达出来,例题的解法和婆什迦罗本人的注释则用散文诗的形式表达,一种类型的题目揭示一种法则并附有一到两个例题及其解法。事实上,以韵律诗的形式表达数学问题实属不易,在其中融入诗的意境则更为困难,不过婆什迦罗克服了这些困难。

现在见到的很多译本将原著内容细分为34章,分别是:定义和表;数字位值;加、减法;乘法方法;除法;平方法;平方根;求立方法;立方根;分数的八种运算;分数的加减法;数的乘法;分数的除法;数的平方、立方、平方根和立方根;关于零的八种运算法则;逆运算法;求未知量;换法;平方变换;二次方程;三率法;反比;五率法;物物交换;本利;组合;数列;测量计算;体积;木料分割;谷堆体积;测影;库塔卡(不定方程);排列。

“定义和表”详细介绍印度当时的度量衡及其换算标准。比如长度单位 an-gula,它是8粒谷物紧排在一起所形成的长度,也就是手指指骨的长度。由于许多王国、侯国有着各自的度量衡,所以当时没有标准统一的计量单位。

“数字位值”介绍了印度的十进制的记数法,以及十个数字符号的使用。其中自单位 1 至 10^{17} 大数命名与《孙子算经》之命名不相上下,但数字术语在梵语中竟达到 10^{140}。

“三率法”在欧洲被推崇备至并被称为“黄金法则”,它在印度得到完善。中国早在《莉拉沃蒂》成书前一千多年就已有同种算法,称为“今有术”。《莉拉沃蒂》中涉及五率法、七率法、九率法、十一率法,而中国传统数学中只涉及五率法。

"数列"章给出了等比数列求和公式,婆什迦罗为了得到第 n 项的乘幂,遇到偶数时平方,遇到奇数时乘以公比,乘法比平方简单,这样就简化了计算过程。在中国传统数学中等比数列问题出现较早,直至宋元时期杨辉的《续古摘奇算法》给出的仍是等比数列求第 n 项的算例,没有给出等比数列求和公式,更没有给出机械性的算法程序。

下面结合实例主要介绍《莉拉沃蒂》中开方计算、无理数的认识、库塔卡法则等数学成就。

(1)开立方法。婆什迦罗的方法如下:把最初位作为立方位,把后面的两位作为非立方位,以下同样进行,从最后的立方位减去(尽可能大的)立方数,(其立方)根分别立置,用其(立方根)平方的三倍去除它的前一位,商置于先前放置立方根的列,它(商)的平方乘以(列中)后面的数和3,再从它的第一个(非立方)位中减去。进而,将商的立方从它前一位(立方位)减去。它如果不是最初的立方位,重复以上操作。这样得到的列就是立方根。比如,按照上述方法求 19683 立方根的算法过程为:

表 1 - 2 　19683 立方根算法

根	Pankti	— 1 — — 1 1 9 6 8 3
2	$3(2)^2(7) = 84$	8 1 1 6 8 4
7	$3(2)(7)^2 = 294$	3 2 8 2 9 4
	$7^3 = 343$	3 4 3 3 4 3
		0 0 0

由表 1 - 2 可知,婆什迦罗每次只取一个数字,而后来的算术书中取每组 3 个数字,其法是通过表格方式进行,此法可推广至求某一正整数的 n 次方根。但与中国《九章算术》的"开方术"相比,其算法化程序性不及后者。

(2)无理数。在测量计算中,婆什迦罗介绍了一种求非完全平方数的近似平方根的方法。比如近似计算 $\sqrt{\dfrac{a}{b}}$,选一个大的平方数 x,然后近似计算 $\sqrt{abx}$,再除以 $b\sqrt{x}$,即 $\sqrt{\dfrac{a}{b}} = \dfrac{\sqrt{abx}}{b\sqrt{x}}$。比如 $\sqrt{\dfrac{169}{8}} = \sqrt{\dfrac{169 \times 8 \times 10000}{8 \times 8 \times 10000}} = \dfrac{3677}{800} = 4\dfrac{477}{800}$

（选 $x = 10000 = 100^2$）。

婆什迦罗意识到 $\sqrt{2}$，$\sqrt{3}$，$\sqrt{17}$ 等是无理数，并且给出了一种方法计算它们的近似值。在他们的时代还没有"十进制小数"的概念，只有普通分数用于数学计算，婆什迦罗运用分母有理化来处理无理数。值得一提的是，婆什迦罗在圆、球的相关计算中取 $\pi = \dfrac{22}{7}$，并且其中的球体积公式是 $V = \dfrac{4}{3}\pi R^3$，这是印度第一次给出的正确的球体积公式。π 是一个超越无理数，婆什迦罗和他以前的印度数学家有可能意识到了 π 的无理性。

库塔卡法则。库塔卡（Kuttaka）最早出现于阿耶波多著作《阿耶波多历算书》，在该书"数学"一章中，他建立了求一次不定方程 $bx - ay = c$（a, b, c 都是整数）的正整数解的法则，并称之为"库塔卡"。其后经印度数学家补充注释，并有所改进和推广，到婆什迦罗得到圆满的解决。

下面以 $100x - 63y = -90$ 为例说明婆什迦罗求一次不定方程的方法。首先求被除数 100 和除数 63 的最大公因数 1。然后作辗转相除得到 6 个商（1，1，1，2，2，1），将这些商写在竖直列，在下面写上常数 90 和 0（如表 1－3）。再把 90 × 1 + 0 = 90 写在 1 前面，90 × 2 + 90 = 270 写在 90 上面。依次类推，写下 630，900，1530，在最顶行写下 2430 结束。2430 除以 100，余数是 30 = y；1530 除以 63，余数是 18 = x。100 × 18 − 63 × 30 = −90，所以（18，30）是一组解。由此得到完全解：（18，30），（81，130），（144，230），（207，330），……

表 1－3

1	2430
1	1530
1	900
2	630
2	270
1	90
90	x
0	x

婆什迦罗还分别讨论了当所除的数为奇数个、常数为负、被除数和除数有公因数、被除数和常数有公因数、常数能被除数整除和常数为 0、1 情况下方程

的解法,并给出了解具有相同除数的一次不定方程组的公式。值得说明的是,解一次不定方程 $ax + c = by$ 与解一次同余式 $ax \equiv 1 (\mathrm{mod} b)$ 等价。中国南宋时期秦九韶的"大衍求一术"与印度"库塔卡"求解程序相似,不过两者思路迥然不同:"大衍求一术"在辗转相除中从第一次商开始,随得随乘,往下递互累乘十分自然;而"库塔卡"正好相反,要把各次商记录下来,从最后一次商开始向上卷乘。从算法角度而言,"大衍求一术"更具有机械性。

第七节　古代阿拉伯数学发展成就概述

一、古代阿拉伯数学产生的背景

"阿拉伯数学"并非单指阿拉伯国家的数学,而是指 7 世纪伊斯兰教兴起后,崛起于阿拉伯半岛,建立在横跨亚、非、欧三洲的阿拉伯帝国统治下各民族所开创的数学。通常所谓伊斯兰国家的数学或中亚、西亚数学就是指阿拉伯数学。在伊斯兰国家里,数学的发展是许多民族的学者共同创造的结果,其中有波斯人、花剌子模人、塔吉克人、希腊人、叙利亚人、摩尔人、犹太人和阿拉伯人等等。他们大都是伊斯兰教徒。故这一时期这一地区的数学,没有很恰当的名称来表述,由于当时的数学著作都是用阿拉伯文撰写的,一般就统称为阿拉伯数学。

7 世纪初,穆罕默德在阿拉伯半岛创立了伊斯兰教,这种宗教信仰很快成为团结各族人民的一种力量。穆罕默德去世后,他的继承人很快实现了阿拉伯半岛的统一,并迅速向东方和西方的富饶国家入侵,不到一个世纪,就建立了一个横跨亚、非、欧三洲的强大的阿拉伯帝国。我国历史上称其为大食国。8 世纪中叶,大食国分裂为东大食和西大食。东大食以巴格达为首都,西大食以今西班牙的科尔多瓦为首都。在阿拉伯帝国的统治下,被征服的民族逐渐转向信伊斯兰教。同时,阿拉伯语很快成为各国通行的语言,在知识界成为学术交流的工具。这和中世纪西方各国把拉丁语作为国际语言一样。阿拉伯人很善于吸取被征服国家的文化。希腊、印度、伊朗以及中亚各族古代的科学文化在阿拉伯国家得到了继承和发展。大量的外来古典著作都被译成阿拉伯文。在此基础上,阿拉伯人和其他民族的人民共同创立了新的、别具一格的文化。当时欧洲正处于漫长的黑暗时期,阿拉伯世界的科学文化却后来居上,成为当时除中国以外的人类科学中心。

从8世纪起,大约有一个到一个半世纪是阿拉伯数学的翻译时期。在世界数学史上,阿拉伯数学起着承前启后、继往开来的重要作用,这是阿拉伯数学对人类数学的主要贡献之一。欧几里得、阿基米德、阿波罗尼奥斯、门内劳斯、希罗、托勒密、丢番图以及婆罗摩笈多等著名学者的数学和天文学著作都被译成阿拉伯文。在翻译过程中,许多文献被重新校订、考证、勘误、增补和注解。由此大量的古代科学遗产获得了新生。

在经过漫长而有效的翻译时期之后,阿拉伯数学出现了一个创造性活动的时期。阿拉伯各民族学者不仅继承了古典科学遗产,而且使之适合于自己的特殊需要和思想方法。他们吸取和保存了希腊和印度数学的精华,加上他们自己的创造性劳动,建立起独具风格的阿拉伯数学。他们的贡献为世界数学宝库增添了光彩,代数学称得上是这片光彩中最灿烂夺目的一束。阿拉伯数学对文艺复兴后欧洲数学的发展产生了深远的影响,在世界数学史上占据了一席之地。

二、古代阿拉伯数学的主要成就

在阿拉伯数学历史上,曾先后出现过许多数学家,最著名的有花拉子米(约783—850)、阿布·瓦法(940—998)、欧玛尔·海亚姆(约1048—1131)、卡西(卒于1436)等,他们在算术、代数、几何、三角等领域取得了辉煌的成就,为阿拉伯数学的形成与发展做出了重大贡献。

(一)代数方面

阿拉伯数学的突出成就首先表现在代数学方面。其中做出重要贡献的数学家有花拉子米、阿布·卡米尔、凯拉吉、欧玛尔·海亚姆等。

1. 花拉子米《代数学》

花拉子米是对欧洲数学影响最大的中世纪阿拉伯数学家,约公元783年出生于波斯北部城市花剌子模(今乌兹别克斯坦境内的希瓦城附近)。他是拜火教徒的后裔,早年在家乡接受初等教育,公元813年后到达巴格达,后来到中亚细亚古城默夫继续深造,并到过阿富汗、印度等地游学。后来花拉子米作为杰出的科学家被哈里发马蒙(约786—833)聘请到在巴格达创建的智慧宫工作,直至公元850年去世,是智慧宫的领头学者。

花拉子米有《代数学》和《印度的计算法》两部数学著作传世,并完成了一部天文表,他还写过历史、地理和历法方面的论著。

《代数学》是花拉子米在哈里发马蒙统治时期创作的,大约写于 820 年。《代数学》一书不是花拉子米直接所定的书名,是由他所著的《还原和对消计算概要》($al - Kit\bar{a}b$ $al - mukhtasar$ $f\bar{I}$ $his\alpha b$ $al - jabr$ $w\alpha'l - muq\bar{a}bala$)演变而来。一般认为,现在西文"$alg\,ebra$"(代数)一词是由阿拉伯语中的"$al - jabr$"(还原)演变而来。因此,花拉子米的上述著作《还原和对消计算概要》通常也被称为《代数学》。它是迄今为止所发现的保存完整的最早的一部阿拉伯代数学著作。它由三部分组成:

第一部分用十分简单的例题系统讲述了一次和二次方程的一般原理,条理清楚,通俗易懂。正像花拉子米在序言中所说:"在这本小小的著作里,我所选的材料是数学中最容易和最有用途的,是人们在处理下列各项事务中经常需要的:在有关遗嘱和继承遗产的事务中,在分析财产、审理案件时,在买卖和人们的一切商业交易中,在丈量土地、修筑运河的场合中,在几何计算和其他各种学科中⋯⋯"在这部分里,花拉子米系统地论述了六种类型的一次和二次方程的解法。这些方程由下列 3 种量构成:根,平方,数。根相当于现在的未知数 x,平方就是 x^2,数是常数项。《代数学》完全用文字叙述,没有出现任何字母和缩写符号。为了表达方便起见,用现代的符号来表示这几种方程就是:(1)平方等于根,即 $ax^2 = bx$;(2)平方等于数,即 $ax^2 = c$;(3)根等于数,即 $ax = c$;(4)平方和根等于数,即 $ax^2 + bx = c$;(5)平方和数等于根,即 $ax^2 + c = bx$;(6)根和数等于平方,即 $bx + c = ax^2$。花拉子米在《代数学》的前 6 章依次讨论了上述 6 种类型的一元二次方程正根的所有可能的全部解法,并给出了每种方程的几何证明。

第二部分讲各种实用算术问题,讨论如何用二次方程解决与实用测量有关的几何问题。其中汇集了许多计算图形面积和体积的方法及图形变换的法则,给出了一系列准确的或近似的计算公式。如已知一个等腰三角形的腰长为 10 码,底边长为 12 码,求这个等腰三角形的内接正方形的边长。《代数学》中的解法是这样(见图 1 - 39):根据毕达哥拉斯定理,可以得到这个三角形的高为 8 码,那么由计算可知这个三角形的面积是 48 码。如果称所求正方形的边为"根"(thing),他指出:根的平方等于从大三角形中减去在大三角形内而在正方形外的三个小三角形的图形的面积。而下面的两个小直角三角形的面积的和是 6 减去"根"的一半再乘以"根",上面的小三角形的面积是 8 减去"根"再乘以"根"的一半。所以不难算出,正方形的边长是 $4\frac{4}{5}$ 码。

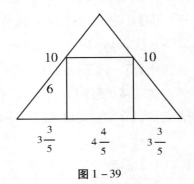

图 1 - 39

第三部分是最大的一部分,列举了大量的关于继承遗产的计算问题。

研究发现,虽然花拉子米《代数学》做出了许多独创性的工作,如第一次给出了一元二次方程的一般代数解法及几何证明,但也是博采众长,可能继承了古巴比伦、古印度、古代希腊数学等遗产。如早期巴比伦代数的一个基本问题是:求出一个数,使它与它的倒数之和等于已知数,由此可以得出一个二次方程。在《代数学》中也有类似的问题,如"把十分为两部分,使得第一部分除以第二部分的商加上第二部分除以第一部分的商等于二又六分之一"。用现代数学符号就是:$\frac{10-x}{x}+\frac{x}{10-x}=2\frac{1}{6}$,即得到一元二次方程 $24+x^2=10x$。当然花拉子米讨论的问题比巴比伦人更系统,方法更具有一般性。花拉子米的一些运算技巧也来源于巴比伦,根据美国数学史家诺伊格鲍尔(O. Neugebauer,1899—1990)对巴比伦数学史的研究发现,在古巴比伦时期不仅有平方表、平方根表、立方表、立方根表,还有倒数表。而在花拉子米《代数学》中,在解方程的时候,为将未知数 x 的系数化为 1,倒数经常被用到。他求倒数的方法很可能就是借鉴古巴比伦数学中的方法。另外,巴比伦数学中的除法计算和分配问题似乎也是花拉子米《代数学》中第三部分遗产计算问题的起源。再比如,花拉子米的算术书和天文表都可以在印度的著作中找到出处。他的《代数学》也同样受到印度数学的影响。数学史家 M. 克莱因甚至说花拉子米的《代数学》是根据婆罗摩笈多的著作《婆罗摩历算书》所写的。像《婆罗摩历算书》中的第十二章和第十八章专论数学问题,给出了一元二次方程的详细讨论,特别给出了关于 $ax^2+bx=c$ 的一般解法,而这正是花拉子米给出的一元二次方程中的第四类方程。

进一步,对于《代数学》中的第二部分实用测量术,数学史家尤什克维奇(A. P. Yushkevich,1906—1993)指出有可能来自古代希腊数学家海伦(约公元62年)的《度量论》,因为可以在《度量论》中找到这部分中的一些题目,甚至连给出的数据都一样。另外,在《代数学》有关几何学章节中,计算圆的周长的三种算法中的第一种方法和海伦在《度量论》中给出的方法一样。同时,其中三角形的面积计算公式以及求弓形面积的近似公式也和海伦的如出一辙。

总的看来,《代数学》所讨论的数学问题本身大都比丢番图和印度人的问题简单,但它讨论一般新解法,因而远比丢番图的著作接近于近代初等代数。特别是关于方程的讨论已超越传统的算术方式,具有明显的代数特征,不过,在使用代数符号方面,相对丢番图和印度人的工作有了退步。花拉子米用几何方式证明代数解法的传统被阿拉伯其他数学家所继承。这种几何证明方式的来源今天尚不能肯定,它似乎来源于古希腊人的传统,但更接近于中国古代的"出入相补"原理,特别是宋元数学中的"条段法"。

《代数学》问世后,在伊斯兰世界被广泛使用。1100年左右,由于欧洲工业、手工业的发展,人们的交往越来越频繁,新的思潮开始影响西欧的学术界。通过贸易、旅游和翻译活动,欧洲人逐渐接触到了阿拉伯、印度、希腊的珍贵的文化遗产。《代数学》于12世纪曾先后被克雷莫拉的杰拉德(Gerhard of Cremona,约1114—1187)和切斯特的罗伯特(Robert of Chester)译成拉丁文。由于书中出现的例题和解题方法都很初等,而且逻辑严密,联系实际,让人一目了然、非常容易接受,所以欧洲几个世纪以来都将它作为标准教科书,引导了16世纪意大利代数方程求解方面的突破。从这种意义上说,有些学者称他为"代数学之父"。甚至科学史家萨顿(G. Sarton,1888—1956)称罗伯特的译文"标志着欧洲代数学的兴起"。

现在牛津大学图书馆保存着抄录于1342年的《代数学》的阿拉伯文手稿,后由罗森(F. Rosen)译成英文,于1831年在伦敦出版了它的阿—英对照本,书名是 The Algebra of Mohammed ben Musa。2003年,它作为英国皇家亚洲协会伊斯兰经典丛书(Royal Asiatic Society Classics of Islam)的第一卷重新出版。

《印度的计算法》(Algoritmi de numero indorum)是花拉子米的另一本著作,也是数学史上十分有价值的数学著作,其中系统介绍了印度数码和十进制记数法,以及相应的计算方法。尽管在8世纪数码和记数法随印度天文表传入阿拉伯,但并未引起人们的广泛注意,正是花拉子米的这本书使它们在阿拉伯世界流行起来。更值得称道的是,它后来被译成拉丁文在欧洲传播,所以欧洲一直称这种数码为阿拉伯数码。该书书名全译为"花拉子米的印度计算法",其中Algoritmi 是花拉子米的拉丁译名,现代术语"算法"(algorithm)即源于此。

2. 阿布·卡米尔《代数书》

花拉子米之后,可能是埃及人的阿布·卡米尔(又译为艾布·卡米勒)首先继承了他的代数学并使之发扬光大,故此人被称作"埃及的计算家"。关于阿布·卡米尔(Abu Kamil,约850—930)的生平,现在知道的很少。据有关传记材料记载,阿布·卡米尔是伊斯兰文化全盛时期(9世纪中到11世纪)著名的数学家。他在算术、代数和实用几何方面都有很大贡献。数学史家伊本·哈勒敦(Ibn Khaldun,1322—1406)指出,阿布·卡米尔写的《代数书》是花拉子米之后阿拉伯第一本代数著作。

阿布·卡米尔的一些数学手稿和译文已经保存下来。其中最重要的一部论著是大约写于公元900年的《代数书》。1460年,芬齐把它译为希伯来文并作了注释。1966年,利维又将其转译为英文,在伦敦出现了它的希伯来文—英文对照版本,近代还被译为德文和俄文。《代数书》问世后,在很长时间内被广为利用,在传入西方各国之后产生很大影响,因此在数学史界被认为是阿布·卡米尔硕果仅存的著作。

《代数书》主要讨论二次方程。阿布·卡米尔继承了花拉子米关于二次方程的理论,并使之进一步发展。书中有大量习题出自花拉子米的《代数学》。有的题目原封不动,也有许多题目稍微做了些修改。从这种意义上来说,可以认为《代数书》是花拉子米《代数学》的一种评注书。除了相同类型的方程之外,阿布·卡米尔还用相当大的篇幅研究那些不同类型的方程并给出多种解法。花拉子米的《代数学》中列举了40个问题,阿布·卡米尔的著作中共有69个问题与之对应。

阿布·卡米尔是第一个随意使用未知数的高次幂的伊斯兰数学家。在他的著作中出现了直至 x^8 的各次方幂(x^7 除外)。他称 x^3 为"立方",称 x^4 为"平方平方",称 x^5 为"平方平方,根",称 x^6 为"立方立方",称 x^8 为"平方平方平方平方。"事实上,阿布·卡米尔对这些方幂所采用的名称是按指数相加的原则施行的。在《代数书》中,阿布·卡米尔所阐述的代数运算法则,其规模是相当庞大的,包括单项式、二项式及其他各种形式的代数运算。他提出了求两个二次根式的和与差的一般运算法则:$\sqrt{a} \pm \sqrt{b} = \sqrt{a + b \pm \sqrt{ab}}$。另外,阿布·卡米尔不仅专门讨论了二次根式的运算法则,而且把这些结果运用到二次方程的理论中。他所列举的方程,不仅根可以是无理数,而且方程的系数也可以是二次根式。阿布·卡米尔毫无顾忌地使用无理数这一事实在花拉子米之后是绝无仅有的。正因为出现了无理数系数,使解题过程十分复杂,作者也不得不放弃几何证明。另外,他的著作中还出现了许多高超的解题技巧。

总的说来,阿布·卡米尔的代数著作在两个方面比花拉子米的《代数学》有明显的进步。一方面,理论水平有所提高。阿布·卡米尔不仅对各类方程的解法都指出其任意性,而且十分注意用代数恒等式来化简方程。他还特别指出了代数恒等式的普遍意义。另一方面,阿布·卡米尔的代数学已有算术化的趋势。他引进了大量的烦琐的代数运算(虽然也用文字叙述),在具有无理系数的方程的研究中,已放弃了几何解法,这无疑是一种进步。

阿布·卡米尔的《代数书》问世后产生了重要的影响,传入欧洲后对宣传花拉子米的《代数学》起到了很大作用。它的部分内容还被斐波那契收入其《实用几何》之中。《实用几何》是一部专门讨论代数在几何中的应用的著作。另一本著作《论五边形和十边形》包括几何和代数两个方面的内容,关于四次方程解法和处理无理系数二次方程是其主要特色。

3. 凯拉吉《发赫里》

继花拉子米、阿布·卡米尔之后,对代数学有重要贡献的是 11 世纪巴格达的学者凯拉吉(约 970—1029)。他生于位于德黑兰和加兹温两城之间的卡拉吉,还以卡尔希(al-Karkhi)之名著称。

凯拉吉以两部数学著作闻名于世,一本是《算术全书》,另一本是《发赫里》。《发赫里》是《算术全书》代数章节的延伸。根据凯拉吉的自述,他在写这本书的过程中忍受着苛政和暴力的干扰,久久未能完成。后来遇到一位有远见的执政者——发赫里,他是学术的一个庇护者,在他的支持下凯拉吉完成了这项工作。为了纪念这位恩主,著作就以他的名字来命名。如果它被及时译成拉丁文,也许会比花拉子米的《代数学》更吸引欧洲人,说不定“代数学”就叫作“Fakhir”,而不叫“algebra”了。

《发赫里》包括卷头语和正文两大部分。在卷头语中,凯拉吉阐明了借助于已知量求未知量是代数这门学科的宗旨,并指出,具有一般性的代数运算法则是求未知量的有力工具。这就进一步明确了解方程是代数学的基本特征。

11世纪,阿拉伯的学者已经熟悉了丢番图的《算术》书。凯拉吉在《发赫里》中大量地引用《算术》书的内容,他不仅把先驱们关于二次方程理论的贡献网罗殆尽,而且无论在理论还是应用方面都出现了一系列的新内容。总的看来,凯拉吉引进的代数运算比阿布·卡米尔的更丰富、更系统,他所选用的习题比花拉子米甚至丢番图的更多样化。

在代数运算方面,《发赫里》中出现了许多新的内容。比如,给出了下面的关于三次根式运算的关系式:$\sqrt[3]{54} - \sqrt[3]{2} = \sqrt[3]{16}$,$\sqrt[3]{54} + \sqrt[3]{2} = \sqrt[3]{128}$。

特别引人注意的是,凯拉吉系统地研究了含有三项式的由未知数的任意次幂及其平方所组成的方程,如:$ax^{2n} + bx^n = c$,$ax^{2n} + c = bx^n$,$bx^n + c = ax^{2n}$,$ax^{2n+m} = bx^{n+m} + cx^n$。其中 a,b,c 都是正数。这类方程原则上都能化为二次方程。凯拉吉分别以4次、6次和7次方程为例说明了求 x^n 的法则。当然,零解他没有考虑在内。为了求出上述各方程的根,凯拉吉还给出了开任意 n 次方根的方法。

此外,凯拉吉还应用数学归纳法证明了下列求和公式:

$$\sum_{k=1}^{n} k = \frac{n(n+1)}{2}, \quad \sum_{k=1}^{n} k^2 = \frac{n(n+1)(2n+1)}{6}, \quad \sum_{k=1}^{n} k^3 = \left(\sum_{k=1}^{n} k\right)^2$$

另外,在凯拉吉的著作中,还可以发现大量的来源于印度和希腊的材料,也有相当的内容体现了伊斯兰各民族古老的文化传统。总之,《发赫里》一书由三种文化汇合而成,现在人们还很难估计出各种文化所占的比例。

(二)三角学方面

由于数理天文学的需要,阿拉伯人继承并推进了希腊的三角术。其学术主要来源于印度的《苏利耶历数全书》等天文历表,以及希腊托勒密的《天文学大成》、梅涅劳斯的《球面学》等古典著作。他们阐述三角定理,列出公式并编制函数表,使三角学成为独立的数学分支。

对希腊三角学加以系统化的工作是由9世纪天文学家阿尔·巴塔尼(858—929)做出的,而且他也是中世纪对欧洲影响最大的天文学家。其《天文论著》(又名《星的科学》)首次提出了相当于现在的余切概念,并编制了余切表;同时,列出了一些等价于下列公式的三角函数关系式:

$$\frac{\cot \alpha}{r} = \frac{\cos \alpha}{\sin \alpha}, \frac{\tan \alpha}{r} = \frac{\sin \alpha}{\cos \alpha}, \frac{\sin \alpha}{r} = \frac{r}{\csc \alpha}, \frac{\cos \alpha}{r} = \frac{r}{\sec \alpha}, r\sec \alpha = \sqrt{r^2 + r^2 \tan^2 \alpha}$$

他还发现了球面三角的余弦定理：$\cos a = \cos b \cos c + \sin b \sin c \cos A$。《天文论著》被普拉托译成拉丁文后，在欧洲广为流传，哥白尼、第谷、开普勒、伽利略等人都利用和参考了它的成果。

此后，阿布·瓦法把正切函数引入三角学，绘出了间隔为 15′ 的正弦表和正切表。比鲁尼（973—1048）在他的《马苏德规律》一书中，阐述了三角的弦定理，研究了正弦、余切函数，证明了与两角和、差、倍角和半角的正弦公式等价的关于弦的一些定理，还证明了平面和球面三角形的正弦定律。另外，他还给出了一种测量地球半径的办法。

如果说自希腊以来，三角学仅是天文学的附属的话，那么这种情况在纳西尔·丁（1201—1274）那里发生了一些改变。1271 年，他所著的天文学著作《伊儿汗天文表》是历法史上的重要著作，其中测算出岁差是每年 15″。其《天文宝库》则对托勒密的宇宙体系加以评注，并提出新的宇宙模型。他的《论完全四边形》是一部脱离天文学的系统的三角学专著。该书系统阐述了平面三角学，明确给出正弦定理；同时，讨论了球面完全四边形，并对球面三角形进行分类，指出了球面直角三角形的 6 种边角关系。

进一步，纳西尔·丁在三角学论著《论完全四边形》中，对平面三角和球面三角从理论上予以系统化。他在书中指出，由球面三角的 3 条棱求出 3 条边、由 3 条边求出 3 个角，这是球面三角与平面三角不同的一个重要标志。对此，他提出了求解球面直角三角形的 6 个基本公式，讨论了普通三角的解法，其中关于斜三角的某些解法是他最先提出的。

与希腊人三角术的几何性质相比，阿拉伯人的三角术与印度人一样是算术性的。例如，由正弦值求余弦值时，可以利用恒等式 $\sin^2 \alpha + \cos^2 \alpha = 1$ 做代数运算而求解，而不是利用几何关系来推算，这是一种进步。

与阿拉伯人的代数成就和三角学成就相比，阿拉伯人在几何方面的工作主要是对希腊几何的翻译与保存，并传给了欧洲，但希腊几何学对阿拉伯数学的严格性也产生一定的作用，并激发出思想的火花。最重要的例子是他们在评注《几何原本》的过程中，对第五公设产生了注意，不少人试图证明这条公设，如焦赫里（ai-Jawhari）、塔比·伊本、库拉（Thabit ibn Qurra）、海塞姆（Ibn al-Haytham）、奥马·海亚姆以及纳西尔·丁等人。阿拉伯人对第五公设的这种兴趣与尝试,诱发了后世欧洲学者在这方面的兴趣,对非欧几何的诞生产生了一定的影响。

(三)几何学方面

塔比特(Thabit ibn Qurrah,826—901)是一位卓有成就的数学家,他在数学方面的地位主要在于将数的概念扩展到实数,提出"积分"并建立了某些球面三角学及解析几何定理。他在公元850年左右写了著作《互满数的确定》(*Book on the Determination of Amicable Numbers*),该书揭示了建立"互满数"的一般数学方法。

阿布·卡米勒(Abu Kamil,850—930)著有《代数》(*Book on Algebra*)、《测量与几何》(*Book on Surveying and Geometry*)与《计算技巧珍本》(*Book of Rare Things in the Art of Calculation*)等数学著作。《代数》一书包括3个章节,即二次方程的解法、代数学在正五边形与十边形上的应用及丢番图等式与趣味数学问题。其中,第2章节,就是把埃及、巴比伦的实用数学与希腊的理论几何相结合,用几何学方法证明代数解法的合理性。《测量与几何》是一部指导大地测绘的实用性书籍,讲解了如何测量各种不同图形的对角线、周长、面积,以及测量各种不同形状物体(六面体、棱柱体、棱锥体及圆锥体)的体积与表面积。《计算技巧珍本》则涵盖几何和代数两方面的内容,但其主要成就是关于四次方程的解法与如何处理无理系数的二次方程。

波斯人奥马·海亚姆(Omar Khayyam,1048—1131)是11世纪最著名且最富成就的数学家、天文学家和诗人。他在代数学方面的成就集中反映于他的《还原与对消问题的论证》(简称《代数学》)一书中,其中有开平方、开立方算法,但该书对代数学发展最杰出的贡献是用圆锥曲线解三次方程。

三、古代阿拉伯数学的主要贡献

代数虽然在埃及和巴比伦开创时是立足于算术,但希腊人却改变了这个基础而使之立足于几何。从前文所论及的几位代数学家的贡献可以看出,阿拉伯人(当然也有印度人)不仅使代数重新立足于它应有的基础上,而且在许多方面推进了它的发展。他们系统地研究了二次方程的解法,确定了解方程求未知,阐明了代数运算在解方程中的作用,还特别创造了三次方程的解法,最终经过两个半世纪的发展使代数成为一门完全独立的数学分支了。

阿拉伯人不仅在代数方面做出了卓越贡献,而且在算术、三角、几何和近似计算各方面都取得了很大成就。他们引进了印度计数法,利用古代数学方法解决了一系列计算特别是天文计算问题。在三角学方面,他们引进了几种新的三角函数,建立了若干三角公式,制造了大量的三角函数表,最重要的是使三角学开始脱离天文学而独立。他们还成功地计算出 π 有 17 位准确数字的值,打破了我国数学家祖冲之保持了大约一千年的记录。

首先,它在保存古希腊数学遗产方面做出了巨大贡献。阿拉伯数学是以对希腊数学和印度数学著作的翻译为起点走向辉煌的。8 世纪至 9 世纪,大批古希腊的数学书籍如欧几里得、阿基米德、阿波罗尼、海伦、托勒密和丢番图等的著作被译成了阿拉伯文。那些希腊数学原著后来在封建主和基督教的统治下散佚,幸好阿拉伯文译本保存了下来,欧洲人才在阿拉伯人那里找回了他们丢失的学问。从这一点上说,阿拉伯人是这些学术论著的救护者,如果没有他们的翻译工作,希腊和印度的许多科研成果将永远失去。

其次,阿拉伯数学对世界数学的发展产生了深远影响。阿拉伯数学传入欧洲后,对欧洲数学的发展起了促进作用。阿拉伯数学家花拉子米的《代数学》约在 1140 年被英国学者罗伯特译成拉丁文,作为一种标准的数学课本在欧洲沿用了数百年,其影响难以估量。纳西尔·丁的数学研究对欧洲的影响也很大,他的三角学研究在欧洲形成了一门独立学科,从此脱离了天文学。

最后,阿拉伯数学在传播与交流方面发挥了作用。阿拉伯帝国是东西方数学交流的枢纽和桥梁。数学界的所谓印度—阿拉伯数学,指的是阿拉伯人从印度引入的数学,加以完善后传入西欧,得到广泛使用。阿拉伯数学的传入,对西方人的生活和思想,从纯数学到商贸活动都产生了深远影响。另外,我国古代的许多数学知识也由一些学者和商人通过"丝绸之路"和"香料之路"先传入阿拉伯帝国,后传入欧洲,影响整个数学界。

当然,阿拉伯学者在代数学方面的工作也有不足之处。一方面,阿拉伯人没有引进负数。为了避免负数,他们对方程进行了细致的分类,并放弃了方程的负根和零根,从这个角度来讲,阿拉伯人比印度人后退了一步。另一方面,阿拉伯人没有采用代数符号,他们的代数著作完全是文字叙述,这是一个很大的缺陷。这些不足都与当时的社会背景及整个数学的发展水平密切相关。

参考文献

［1］李文林.数学史概论［M］.4版.北京:高等教育出版社,2021.

［2］令狐若明.古埃及人的数学成就［J］.史学集刊,2004(4):49－52.

［3］崔智超.《莱因德纸草书》研究［D］.大连:辽宁师范大学,2006.

［4］陈恒.美索不达米亚遗产及其对希腊文明的影响［J］.上海师范大学学报(哲学社会科学版),2006(6):108－116.

［5］孟广武.古希腊数学的起源［J］.聊城大学学报(自然科学版),2016(2):1－18.

［6］郭书春.希腊与中国古代数学比较刍议［J］.自然辩证法研究,1988(6):41－47.

［7］李迪.元代朱世杰在代数学方面的贡献［J］.内蒙古师大学报(自然科学版),2000(2):150－154.

［8］宋述刚,潘清芳.割圆术与穷竭法［J］.荆州师范学院学报,2002(5):108－110.

［9］吕鹏.婆什迦罗Ⅰ《〈阿耶波多历算书〉注释:数学章》之研究［D］.上海:上海交通大学,2010.

［10］周畅,徐泽林.中世纪印度数学家婆什迦罗及其《莉拉沃蒂》［J］.自然辩证法通讯,2006(1):67－73.

第二章 数学史与数学教育的发展历程及基本理论

数学史是研究数学起源、发展进程及其规律的学科,是学生学习数学和认识数学的有力工具。因此,如何利用数学史开展教育教学是数学教育的重要话题。正如我国著名数学家吴文俊院士所说:"数学教育和数学史是分不开的。"数学教育的发展谱写数学史,数学史支持数学教育的发展,两者相互依存,不可分割。就"传授知识"而言,数学教育可以遵循数学史中知识系统自身产生、发展的历史进程。就"发展能力"而言,数学教育又可以借鉴数学史研究成果帮助学生建立正确的数学观和提升数学素养。基于此,本章开始系统探讨数学史与数学教育的历史渊源、意义、理论基础、模式及数学史与数学教育各要素(课程与教材、教学等)之间的关系,为一线数学教师及数学教育研究者提供参考。

第一节 数学史与数学教育的发展历程

一、西方数学史与数学教育的发展历程

西方数学界和数学教育界是较早提倡把数学史融入并应用于数学教育的,是从探讨数学史与数学教学及数学学习的关系、数学史对数学教育的意义开始的。比如德摩根(A. De Morgan, 1806—1871)、庞加莱(H. Poincare, 1854—1912)、卡约黎(F. Cajori, 1859—1930)、洛利亚(Gino Loria, 1862—1954)、波利亚(G. Polya, 1887—1985)等都大力提倡数学史在数学教育或数学教学中的运用。其发展历程大致可以分为以下三个阶段。

(一)早期关注期(18世纪中期至19世纪末)

1742年德国数学家海尔布罗纳(J. C. Heilbronner, 1706—1747)和1758年法国数学家蒙蒂克拉(J. E. Montucla, 1725—1799)分别出版了著作《世界数学史》和《数学史》,标志着数学史作为一个独立研究领域,这为数学史融入数学教育提供了现实基础和物质前提。此后,数学史融入数学教育越来越受到数学家

和数学教育家的关注。

1842 年法国数学家泰尔凯(O. Terquem,1782—1862)创办的早期数学教育杂志《新数学年刊》面向官方高等学校教师、数学专业学生刊登了大量关于数学史的文章。1855 年,他又在《新数学年刊》后增加附录《数学历史、传记与文献通报》,介绍了大量数学家的生平事迹及故事(包括女性数学家)、与中小学及大学数学教学密切相关的数学史专题、数学符号或术语的起源、古代东西方数学文献中的题解方法、古代东西方不同国家或民族的数学史(如印度、中国、阿拉伯等),极大地激发了法国人对数学史的研究兴趣。

1876 年丹麦著名数学史家邹腾(H. G. Zeuthen,1839—1920)在发表的一篇数学史论文中强调了数学专业学生学习数学史的必要性,认为"学生不仅获得了一种历史感,而且通过从新的角度看数学学科,他们将对数学产生更敏锐的理解力和鉴赏力"。进一步,他在为教师所写的《数学史》一书中建议数学史应该成为基础教育的一部分。另外,同一历史时期的英国著名数学家德摩根(A. De Morgan,1806—1871)也强调数学教学中应遵循历史次序,即对孩子的教育应按历史上人类受教育的方式和顺序进行。比如教代数时,教师不要一下子把新符号都解释给学生,而应该让学生像最初发明这些符号的人那样从完全的书写方法到简写的顺序学习符号。

1893 年美国数学家赫普尔(G. Heppel)在改进几何教学协会、数学教师协会会议上进行了演讲,开启了数学史应用于数学教育的最早探讨。他认为,要让学生不再觉得数学枯燥乏味,教师就必须告诉他"正在学习的算术、几何、代数和三角是如何为满足人们的需求和愿望而发生进步的"。赫普尔的演讲主要针对小学和初中阶段的数学教学。一些同时代的其他学者,认为这同样适用于高中数学教学。同一年,美国著名数学史家、历史上第一个数学史教授卡约黎(F. Cajori,1859—1930)在出版的《数学史》前言中强调数学史知识对数学教师的重要价值:如果用历史回顾和历史逸事点缀枯燥的问题求解和几何证明,学生的学习兴趣就会大大增加。

1899 年,意大利著名数学史家洛利亚(G. Loria,1862—1954)发表论文指出,数学史可以作为中学数学教学和大学数学教学的"联结点"。

总的看来,从 18 世纪中期至 19 世纪末是数学家们认为数学史融入数学教育有重要意义的共识形成阶段,这种共识可能来源于数学课堂教学或数学教师培训的实践需要。正像著名数学教育学家弗赖登塔尔所说的那样："在历史的解说中,教师可以让学生明白:数学并不是一门枯燥呆板的学科,而是一门不断进步的生动有趣的学科。"

(二)兴起期(20 世纪初至 20 世纪 70 年代初)

20 世纪初,欧美许多著名数学家、数学史家和数学教育家都提倡在数学教学中直接或间接地利用数学史,数学史融入数学教育受到数学家们的大力倡导。欧拉(L. Euler,1707—1783)的数学著作是匈牙利著名数学家和数学教育家波利亚(G. Polya,1887—1985)数学教育著述的重要素材。波利亚同样持有庞加莱的观点。荷兰数学家和数学教育家弗赖登塔尔(H. Freudenthal,1905—1990)同时也是一位数学史家,他对数学归纳法历史等专题都有深入研究。

1904 年,在德国海德堡召开的第三届国际数学家大会上,美国著名数学史家、数学教育家史密斯(D. E. Smite,1860—1944)与其他国家的几个数学家、数学史家和数学教育家在提出的一项决议中指出:数学史在今天已成为一门具有无可否认的重要性的学科,无论从数学的角度还是从教学的角度来看,其作用变得更为明显。因此,在公众教育中给予其恰当的位置乃是不可或缺的事。该项决议还建议在中学课程中介绍精密科学的历史。后来,他出版了两卷本《数学史》(1923—1925)和一卷本《数学原始文献》(1929),都是为中学数学教师而写。他在书中指出:数学史已被公认为师范教育及大中学校学生自由教育中的重要学科。

1908 年,法国数学家庞加莱(H. Poincaré,1854—1912)在出版的《科学与方法》一书中指出:预见数学之未来的正确方法是研究它的历史和现状。数学课程的内容应完全按照数学史上同样内容的发展顺序展现给读者。

1919 年,英国一个数学会报告提出,每一个孩子都应该知道他所学习的这门学科更为人文或个性的一面;并建议数学教室中应悬挂大数学家的肖像,数学教师在课堂上应经常提到这些大数学家的生平与数学研究,并对数学发现对人类文明进步的影响做出解释。

1929 年,苏格兰女数学家奥勒伦绍(K. Ollerenshaw)在回忆录中,根据自己的亲身体会,指出历史的重要价值,认为每一个对某学科有兴趣的年轻人都应该看一本讲述在该领域筚路蓝缕的巨人的故事的书籍。

1969 年,美国数学教师协会出版了《数学课堂中的历史话题》,这是直接为数学教学服务的文献。另外,美国数学家和数学史家 M. 克莱因(1908—1992)十分强调数学史对数学教育的重要价值,认为每一位中学和大学数学教师都应该知道数学史,这其中有许多理由,但最重要的一条理由或许是:数学史是数学教学的指南。在克莱因眼里,数学史的重要程度可谓无以复加。克莱因坚信,历史上数学家曾经遇到过的困难,学生在课堂上同样会遇到,因而历史对于课堂教学具有重要的借鉴作用。克莱因指出:数学绝对不是课程中或教科书里所指的那种肤浅观察和寻常诠释。换言之,它并不仅仅是从显明叙述的公理推演出毋庸置疑的结论来。

后来,数学教育中提倡运用数学史的传统在荷兰一直延续下来。荷兰著名数学史家迪克斯特休(E. Jan Dijk-sterhuis)强调数学史在师范教育中的重要作用,认为对于师范生而言,数学史知识乃是一种财富,这种财富不仅是宝贵的,而且是不可或缺的,它将使他们能够令人满意地完成自己的职责。

总的看来,此阶段数学史对数学教育的意义已经被许多人所认可。如何借助数学史来改善教师的教学与学生的学习,已经成为许多数学家、数学史家、数学教育家共同关注的问题。因此,这一阶段为下一阶段 HPM 团队的成立以及举办 HPM 系列会议,加强国际间的交流奠定了现实基础。

(三)稳定和蓬勃发展期(20 世纪 70 年代以后)

1971 年,英国数学史学会成立,把"促进数学史在教育中的运用"作为学会目标之一。1972 年,在英国爱塞特(Exeter)举办了第二届国际数学教育大会(the Second International Congress on Mathematical Education,简称 ICME-2)。在当年的 ICME-2 会议中,美国密歇根大学的数学史家琼斯(P. S. Jones)和英国 Roehamptom 高等教育研究所的罗杰斯(Leo Rogers)联合组织了一个"数学史与数学教学关系国际研究小组"(International Study Group on the Relations between History and Pedagogy of Mathematics,简称 ISGHPM),这就是现在 HPM 的雏形。该研究团队成立的理想与目标是:(1)促进数学家、数学史家、数学教师、社会科学家以及数学的使用者之间的交流,来刺激各学科间的研究;(2)将数学教学和数学史教学以及数学的发展做联结,进而对于教学的改善和课程的建设发展有所帮助;(3)为数学教师提供各种资源,并促进各种数学教学的研讨与交流;(4)促进数学史料及相关领域的更多接触;(5)让数学家与数学教师对于数学史与数学教学之间的关联有更深层的认识;(6)让大家知道数学史在人类文化发展中具有相当重要的意义。

1976 年,在德国卡尔斯鲁厄举行的第三届国家数学教育大会(ICME-3)上,琼斯(P. S. Jones)和斯特沃斯(R. Stowasser)用"以数学史为课程设计的关键性工具"作为标题在会上发言。另外,罗杰斯、保斯(H. Bos)、休斯(B. Hughes)、尼科尔森(J. Nicolson)和弗莱格(G. Flegg)也都在会议上发言。在这次会议上,罗杰斯指出参会者显然希望组委会能认识到数学史——数学教育研究的重要性以及大家对它的广泛兴趣,并且提交给 ICMI 秘书处一个方案,即提议建立一个体系来确保在将来的 ICME 上可以定期举办 HPM 会议。ICMI 执行委员会在它随后的会议中附加了这个新的研究小组。

1978 年,HPM 团队的活动开始渗透到其他组织中。比如,1978 年在赫尔辛基举办的第十八届国家数学家大会(简称 ICM)上,曾安排了一场由英国开放大学的弗莱格(G. Flegg)主持的关于"数学史与数学教育关系"的分组会议。在这次会议上,HPM 研究小组明确了两个任务:一是公开传播数学史的信息与资源;二是在国际性的集会(如 ICM、ICME)上举行讲座和研讨会。

1980 年,在美国伯克利举行的第四届国家数学教育大会(ICME-4)上,举行了 HPM 会议,此次会议选出了两位新的 HPM 主席 Bruce Meserve 和 Stowasser,并且有四位数学家在会议上发表了演讲,集中讨论了两个专题——"在中小学数学教学中如何运用数学史知识"和"在数学教育中数学史与心理的关系"。同年,英国数学教育家罗杰斯创办了 HPM 会刊《HPM 通讯》,并担任主编一职。

1984 年,HPM 会议在美国旧金山的 University High School 举行,会议由该校的 C. M. Garvey 主持。此次会议开创了一项创举,即开始采用卫星会议的方式举行,这一传统被以后的 HPM 会议保留了下来,极大地推动了 HPM 在世界各国的影响力。同年,第五届国家数学教育大会(ICME-5)在澳大利亚的墨尔本举行。在会议上,Ubiratan D'Ambrosio 和 Christian Meserve 建议创立 HPM 分会,这一提议被大会顺利通过。从此,HPM 从国家数学教育大会(ICME)独立出来,作为一个会议团体真正诞生了,每隔 4 年举行一次 HPM 国际学术会议。

1988 年,HPM 会议在意大利的佛罗伦萨举行。此次会议继续采用卫星会议的形式召开。由当时主席 Ubiratan D'Ambrosio 组织召开,与会者来自美国、日本、匈牙利、波兰、澳大利亚、尼日利亚、卡塔尔、希腊、罗马尼亚等地,是阵容最国际化的一届。而在当年召开的第六届国家数学教育大会(ICME-6)正好在匈牙利的布达佩斯举行,从此,HPM卫星会议都在当年的国家数学教育大会(ICME)前几天召开,而地点也在附近的国家,目的是让那些没办法参加ICME的人们,也能借此参加HPM的讨论与研究,通过来自世界各地学者的学术交流,让HPM研究更迅速地推广到世界的每个角落。此次会议中Florence Fasanelli被选为下一届的HPM会议主席,《HPM通讯》主编已由Victor Katz担任。

1992年,在加拿大的多伦多召开了HPM卫星会议,会议由Florence Fasanelli和多伦多大学的Craig Fraser以及约克大学的Israel Kleiner负责组织。John Fauvel被选为下一届主席,《HPM通讯》主编继续由Victor Katz担任。紧接着,在加拿大的魁北克召开了第七届国家数学教育大会(ICME-7),会议上来自法国的Evelyne Barbin提出了许多有关古代数学问题的报告,并为中学教师提供了教学中一个介绍历史观点的方法。

1996年7月24日至7月30日,HPM会议在葡萄牙的布拉加举行,会上Janvan Maanen被选为下一届主席。这次会议比较特别,与"欧洲大学暑期数学史与数学教育研习班"合办,因此与会者除了来自世界各地的数学史专家外,还有很多中小学教师,总共超过550人。同年的7月14至7月21日,第八届国家数学教育大会(ICME-8)在西班牙的塞维利亚举行。

2000年8月9日至8月14日,HPM会议在中国台湾举行,台湾师范大学的洪万生教授负责主办了这次HPM卫星会议,会议标题为"数学史与数学教育:新千年的挑战"。这次会议由全球19个国家的学者参与,其中有很多中学数学教师参加,极大地推动了中学数学教师更加关注数学史在课堂教学中的作用。同年7月31日至8月6日,在日本举行的第九届国家数学教育大会(ICME-9)上,意大利学者Fulvia Furinghetti被选为HPM的下一届主席,而Peter Ransom成为《HPM通讯》主编。另外,这一年,由英文写成的《数学教育中的历史》一书由Kluwer Academic Publisners出版,此书是第一本论述数学史融入数学教育的国际性论著。

2004年8月,HPM会议在瑞典的Uppsala大学举行,与会者有200多人,由于地理的优势,参加者为欧洲学者居多。来自澳大利亚的Gail FitzSimons作了一个很有前瞻性的综合性报告,令人耳目一新。另外,在有关"历史上与教室中的证明"的小组讨论中,Guershon Harel 提出了"因果式证明模式"(causality proof scheme)的考察。

自 2008 年起,国际 HPM 组织委员会决定每两年组织一次国际会议,即 HPM 卫星会议以及 ESU 大会。ESU 就是数学教育的历史与认识论的欧洲暑期大学(European Summer University on History and Epistemology in Mathematics Education)。

2012 年 7 月 16 日至 7 月 20 日,HPM 会议在韩国大田国际会展中心召开,由韩国数学教育协会和韩国数学史协会共同承办。研究主题包括:(1)将数学史融入数学教育的理论和(或)概念框架;(2)历史与认识论在数学教育中的实施——课堂实验及教学素材;(3)课堂中的原始文献及其教育效果;(4)数学及与科学、技术和艺术的关系——数学史问题及其教育启示;(5)文化与数学;(6)数学教育史专题;(7)东亚数学。会议的研究方向为:持续关注课堂教学与实践;重视实证研究并关注 HPM 领域的理论建构;关注教师的 HPM 培训与教育。本次会议对中国开展 HPM 教学研究的启示如下:加强职前及在职教师的 HPM 培训;深入开展 HPM 课堂教学实践研究及案例开发;增加 HPM 领域的实证研究,建构研究的理论框架。此后,2014 年和 2016 年分别在西班牙巴塞罗那和德国举行了国际 HPM 会议。

总的看来,从 HPM 组织成立至今,历经 40 年的发展,数学史融入数学教育的研究,越来越重视实证研究及理论框架的建构。这也是一个研究领域逐渐趋于成熟的重要标志。其意义在于,前者能使 HPM 研究领域更加契合数学教育实践,更好地为教学服务;后者则能为 HPM 研究提供实证研究的方法论,使研究者对 HPM 研究的认识与思考更加深刻。

二、我国数学史与数学教育的发展历程

(一)创立期(20 世纪初至 20 世纪 80 年代末)

数学史研究是数学史与数学教育的前提和基础,为数学史融入数学教育提供材料和内容,因此我国的数学史与数学教育研究是从数学史的研究开始的。我国数学史的研究始于 20 世纪初的李俨(1892—1963)。从 1911 年开始,他就从事中国数学史的整理和研究工作,是中国数学史研究的学科奠基人之一。

1925 年,我国著名数学史家和数学教育家钱宝琮先生(1892—1974)在南开大学算学系开设了"中国算学史"课程,编写了油印本《中国算学史讲义》。抗日战争前后,他又在杭州、贵阳等地,多次在中学教员讲习班上讲授"中国算学史",这是数学史融入中学数学教育的较早尝试。

1955 年,李俨和钱宝琮先后被调进科学院,成立"中国数学史研究组",他们研究数学史就是为了更好地进行数学教育。此后,数学史教育被列入中学教学大纲。1958 年,哈尔滨师范学院(现哈尔滨师范大学)数学系颜秉海发表了《中学数学课程中数学史知识的引进》一文,详细论述了数学史的教育功能,这是目前能查到的国内最早强调数学史融入数学教育的论文。1966 年至 1976 年,我国数学史研究陷入停滞不前状态,更谈不上数学史融入数学教育的实践。

1977 年颁布的《全国数学研究规划(草案)》第一次把数学史研究列入规划,分"世界数学史"和"中国数学史"两项,承担中国数学史研究的单位有中国科学院自然科学史研究所、北京师范大学、杭州大学、西安师范学校(今西北大学)、内蒙古师范大学。

20 世纪 80 年代初,杭州大学、江苏师范学院(今苏州大学)、内蒙古师范大学、西北大学、上海师范大学、山西大学、北京师范大学等院校由于开设"数学史"课程的需要,编写了"数学史"讲义,但都未出版。20 世纪 80 年代中期,国内几所著名大学共同发起编写了《中国数学简史》和《外国数学简史》。1986 年,我国在国家数学联合会的代表权问题得到解决,此后,我国的数学史教育有了很大的发展。

总的看来,20 世纪 80 年代及以前,我国的数学史教育主要是强调在高等院校,特别是在高等师范院校开设"数学史"课程,向师范数学专业的"准教师"们讲授数学史相关知识。在基础教育阶段,要求对中小学生进行全面系统的数学史教育相对较少。

(二)发展期(20 世纪 90 年代至 21 世纪)

20 世纪 90 年代初,国内专家学者开始大量研究数学史的教育价值。如潘天骥的《数学史在数学教学中的作用》(1990)、彭林的《数学教师必须重视数学史的学习》(1991)、骆生斌的《数学史在数学教育中的作用》(1992)等。

1994 年,全国数学史学会第四届理事会将"数学史教育"的工作作为一项重要内容,起草并发布了《加强数学史教育,在高等院校中开设数学史课程》的建议书,此后,"数学史与数学教育"引起了普遍关注,一些高等院校专家和一线中小学教师写了大量"数学史与数学教育"的理论和实践方面的探索文章。比如徐利治和王前的《数学哲学、数学史与数学教育的结合——数字教育改革的一个重要方向》(《数学教育学报》1994年第1期)、林国耀的《数学史的德育价值》(《数学教师》1994年第8期)、华中师范大学郭熙汉的《数学史与数学教育》(《数学教育学报》1995年第4期)、辽宁师范大学王青建的《数学史与数学教育改革刍议》(《数学教育学报》1995年第4期)、安徽师范大学胡炳生的《数学史与中学数学简论》(《中学数学教学参考》1996年第6期)、唐绍友的《数学教学中渗透数学史教育的途径》(《数学通报》1997年第6期)、李善良的《初中阶段数学史教育的调查与分析》(《数学教育学报》1997年第4期)、李龙飞的《高中数学新教材应增加数学史内容》(《中学数学教学参考》1999年第12期)、李伯春的《一份关于数学史知识的调查》(《数学通报》2000年第3期)等。

　　另外,此阶段还出版了两本数学史融入数学教育的相关著作。一本是袁小明、胡炳生、周焕山合著的《数学思想发展简史》(高等教育出版社,1992)。该书从古希腊、古中国、古印度、古代阿拉伯数学等远古数学讲到现代,准确地选择了数学史与数学教育的结合点,即数学思想方法产生和发展的历史,并且不是简单地再现数学思想方法的历史过程,而是将更富有教育价值的数学思维的典型历史材料进行再加工,既考虑了数学知识从逻辑体系上展开的需要,又充分利用了历史材料,使其更加适合数学史应用于数学教育。另一本是骆祖英的《数学史教学导论》(浙江教育出版社,1996)。该书概述了古今中外数学发展的状况;介绍了从数的产生,算术、数学各分支学科到数学科学的演变过程;展示了中外数学名著、名家、名题和重要数学事件的背景与现状;阐述了数学史教学与研究的重要意义、基本观点和从事中学数学史教学的基本方法;剖析了数学发展与数学史研究的热点问题,如李约瑟难题、陈省身猜想、四色定理与费马大定理的证明、机器与计算机等。

　　总的来看,此阶段的研究使"数学史"与"数学教育"这两个名词的关系越来越紧密,厘清了数学史融入数学教育的价值,并对教师和学生的数学史知识开展了调查,从实践上进行了数学史融入数学教育的有益探索,如探索了数学史融入数学教学方式的途径,出版了数学史融入数学教育的著作。但此阶段还是从理论上探索数学史融入数学教育的多,从实践上探索数学史融入数学教育的少。进一步说,编写的相关著作还是围绕数学史本身展开为主、数学教育为辅的框架体系编排,没有真正从"数学教育中的数学史"这个领域展开教材体系编排。

(三)繁荣期(2001 年以后)

2001 年,我国颁布的《全日制义务教育数学课程标准(实验稿)》中明确提出了对数学史融入数学课程与教材的要求。随着新课程改革的不断推进,在数学教育中融入数学史引起了广泛的关注,数学史与数学教育研究呈现出了繁荣的景象。目前,国内已经形成了部分影响力较大的数学史与数学教育(HPM)研究团队,如以华东师范大学汪晓勤教授为核心的 HPM 研究团队,成员有华东师范大学在读的硕士、博士,上海及江苏、浙江一带的 HPM 研究工作坊成员及对 HPM 有兴趣的中学教师和研究者,办有内部刊物《上海 HPM 通讯》,该刊物自创刊以来已内部发行 20 余期;还有以西南大学宋乃庆教授、西北大学曲安京教授为核心的 HPM 研究团队;等等。

近几年来,我国也有一部分年轻学者相继出版了有关 HPM 方面的著作,填补了我国在此领域工作的不足,比如浙江师范大学张维忠独著的《文化视野中的数学与数学教育》、华东师范大学汪晓勤与湖州师范学院韩祥临编著的《中学数学中的数学史》、山东师范大学傅海伦编著的《数学·科学与文化的殿堂》、张维忠与汪晓勤合著的《文化传统与数学教育现代化》、林永伟与叶立军编著的《数学史与数学教育》、蔡宏圣独著的《数学史走进小学数学课堂:案例与剖析》、汪晓勤独著的《HPM:数学史与数学教育》、汪晓勤与沈中宇合著的《数学史与高中数学教学:理论、实践与案例》等等。这些著作将数学的史学形态转化为教育形态做出了有意义的探索。

自 2005 年 5 月我国"第一届全国数学史与数学教育会议"在西北大学成功召开以来,至今已经举办了 9 届数学史与数学教育大会(见表 2-1)。越来越多的专家、学者参与其中,一起交流、学习、探讨,极大地推动了国内 HPM 研究的发展。

表 2 - 1 历届全国数学史与数学教育会议概况

时间	届数	会议地点	会议主题
2005.5.1—5.4	第一届	西北大学	①如何将数学史与数学教育相结合,即如何在数学教学中运用数学史;②组建我国数学史与数学教育团队
2007.4.26—4.30	第二届	河北师范大学	①数学史研究进展;②数学文化与素质教育;③在数学教育中运用数学史
2009.5.23—5.25	第三届	北京师范大学	①中学新课程中数学史课程开设中的问题、现状和对策;②数学史与数学教育案例研究;③数学史与数学教育研究(HPM)新进展;④数学史、数学文化与人类文明;⑤数学史研究新进展
2011.4.30—5.4	第四届	华东师范大学	①数学史与数学教育(HPM)的理论与实践;②师范院校数学史与数学文化课程的建设
2013.4.12—4.14	第五届	海南师范大学	①数学史与数学教育的整合研究——传播数学史在文化发展中的意义;②公开视频课程与数学史课程研究;③数学史研究新进展
2015.10.9—10.12	第六届	中山大学	①数学史研究新进展;②数学史与数学教育;③数学史与数学哲学、逻辑学研究进展;④数学史与其他精密科学史研究进展
2017.5.19—5.23	第七届	大连金普新区社会事业局	①数学史研究新进展;②数学史与数学教育研究新探索;③数学史与数学文化在教育实践中的应用
2019.5.10—5.12	第八届	上海交通大学	①吴文俊与中国数学史;②历史上不同文明间的数学知识交流与传播;③数学家的社会角色与数学知识的社会性;④初、高等数学教育中的HPM实践与经验
2021.10.29—10.31	第九届	内蒙古师范大学	①有关数学史学科的回顾和展望;②初、高等数学教育中的HPM实践与经验;③公开视频课程与数学史课程建设;④数学史研究新进展

第二节　数学史融入数学教育的意义

数学史对数学教育的意义目前没有统一的表述。概括来说,有以下几种共同认识:引发学习动机,激发学生对数学的兴趣和热情,改变学生的数学观;了解数学思想发展的过程,帮助学生理解和欣赏数学;帮助学生对数学有全面整体的认识;渗透多元文化观点,了解数学与社会发展的关系以及和其他学科之间的联系;提供学生进一步探索的机会和素材。

一、对学生的意义

(一)有助于培养学生树立爱国主义思想,增强文化自信

英国科学史学家李约瑟指出:"在人类了解自然和控制自然方面,中国人是有过贡献的,而且贡献是伟大的。"中华民族已经为人类的发展做出了重大的贡献。教师在数学教育中如果能结合数学史进行讲解,不仅能培养学生高度的民族自豪感,而且还能培养学生为祖国的富强而努力拼搏的社会责任感。比如讲解数论知识时,可以介绍华罗庚先生在昆明的一个吊脚楼上写出被称为 20 世纪经典数论著作《堆垒素数论》,且发表 40 多年来其主要结果仍居世界领先地位,先后被译为俄、匈、日、德、英文出版的事迹;也可以介绍陈景润先生凭借其对数学的热爱和坚强的毅力,克服种种困难,在十分艰苦的条件下攻克了世界著名数学难题"哥德巴赫猜想"中的"1 + 2",在《中国科学》上发表了名为《大偶数表为一个素数及一个不超过二个素数的乘积之和》的震撼全世界的学术论文,成为研究"哥德巴赫猜想"发展史上里程碑事件的故事。因此,通过介绍我国辉煌的数学成就可以培养学生的爱国主义思想和文化自信。

(二)有助于促进学生非智力因素的发展,培养优秀品质

莱布尼兹曾指出:"知道重大发明,特别是那些绝非偶然的、经过深思熟虑而得到的重大发明的真正起源是很有益的。这不仅在于历史可以给每一个发明者以应有的评价,从而鼓舞他人去争取同样的荣誉,而且还在于通过一些光辉的范例可以促进发现的艺术,揭示发现的方法。"数学史包含丰富的史料,有许多伟大的数学家为了数学发展而进行了坚持不懈的努力,取得了不可磨灭的贡献,甚至为此献出了宝贵的生命。因此,通过介绍数学家们那种孜孜以求、不

断探索的科学精神和艰苦卓绝的奋斗历程,不仅可以深深地感染学生并激发学生学习数学的积极性和兴趣,以及立志从事数学研究的决心,更能培养学生勤奋好学、严谨治学、不畏艰险、勇于探索的优秀品质。

(三)有助于认识数学全貌,领悟数学本质和开阔数学眼界

由于数学教科书的特殊属性,知识呈现的系统性和逻辑性要求较强,教学内容往往按照公理、定义、定理、推论、例题和应用等顺序编排,关于数学知识的发生过程介绍较少。因此,学生常常只是记住了数学知识的形式和符号,对数学知识的本质是什么却知之甚少。比如,教师讲授用字母表示数、负数、函数等内容时,常常会有学生感到困惑不解。每当遇到这种情况,多数教师都会有一种心有余而力不足的感觉。要想改变这种状况,就应该把数学史融入数学课堂教学,用于帮助学生深刻理解学到的数学知识。正如美国数学家 M.克莱因所说,历史上数学家遇到的困难,恰好是学生在学习数学的过程中经历的障碍。另外,学生克服这些困难的方式与数学家用过的方式是大致相同的。按照 M.克莱因的观点,学生学习数学的过程与数学知识产生和发展的过程有许多相似之处。因此,通过介绍丰富和鲜活的数学史料,可以帮助学生了解数学发展过程中经历的许多事件、危机、危机解决的详细过程,了解数学知识的源与流,加深感悟数学本质。进一步说,拥有数学教科书中有关概念、定理、性质和公式的起源,发生和发展过程的历史知识,显然会很大程度地开阔数学眼界。

二、对教师的意义

(一)帮助教师活跃课堂气氛,吸引学生注意力

数学是严谨、严肃、严格的。从客观上来讲,"三严"给教师教学增加了不少难度,难免会使数学教学变得枯燥无聊。如果将数学史融入课堂,可以改变这种沉闷无聊的课堂气氛,不仅为学生带来了学习数学的动力,也让教师对数学教学增加了兴趣。比如,在课堂教学中通过创设情境的方式引入数学史的故事,使学生了解数学的发展和演变,了解数学家们如何发现数学原理以及他们的治学态度,就会使学生不但知其然更知其所以然,既能营造一种轻松活跃的课堂氛围,又能使学生体验到一种成功的欢乐,更让教师在教学效果好、效率高的课堂中重新树立起满足感和幸福感。因此,教师学习数学史融入数学教育相关的理论知识,不仅能提高自己的数学素养,而且还能提高自己的课堂效率。

(二)帮助教师了解学生实际困难,提高教学质量

任何数学定理、公式、概念认知等都是数学家经过困惑质疑、不断检验等过程验证的,数学家遇到的困难,学生一样也会遇到。因此,教师通过对历史的分析,从数学家发现数学的过程中遇到的"绊脚石"来了解学生的实际困难,有助于教师更加客观、明智地处理数学教材和安排教学进度,可以更好地帮助学生走出困境,使数学学习更加容易。

(三)帮助教师提升综合素养,形成教学风格

数学教师的数学史素养是衡量数学教师专业发展的一个重要指标,通过数学史与数学教学,潜移默化中促进教师的专业发展。研究表明,当前数学教师的数学史涵养普遍不高,很多教师对数学史融入教学仅停留在浅层的表面阶段。正如我国著名数学教育家张奠宙所说:"教师要以发展人类文化的观点来讲解数学史,并且在向学生的讲解过程中,数学史上的成就不能只论迟早,不可用比别人早多少年来作为衡量数学成就的标准。"事实上,教师在全面梳理数学知识发展来龙去脉的过程中不仅帮助自己更好地理解数学,也提高了自身综合文化素质。进一步讲,对于一名数学教师而言,要在短时期内形成自身独特的教学风格是一件特别不容易的事情,也许这是需要十几年甚至几十年才能沉淀出来的品质。然而,如果一名数学教师能够长期致力于进行数学史与数学教学研究,开发相关教学案例,他就能形成以数学史与数学教学整合为特点的独特的教学风格。值得强调的是,由于所有的研究成果都是教师凭借自身的数学知识、数学史知识和科研能力,根据自己所教班级学生的认知特点创造出来的,因此带有很强的主观性和针对性,同时兼顾数学教师自身的教学习惯和学生的数学学习情况。这样的教学风格是学生可接受的,不仅对于数学教师自身的成长有益,而且对于促进学生的数学学习也是非常有意义的。

第三节　数学史融入数学教育的理论基础

一、历史重演法则

重演法则是生物学的一个重要概念,就是假设个体的发展会重演种族的发展,比如生物学家就观察到,人的婴儿在胚胎到出生这个阶段重新演化高级哺乳动物由低级动物进化过来的历史。德国生物学家海克尔就曾认为,遗传和适应是生命的两种建设性的生理机能,而遗传的过程就是重演的过程。他还把这一生物学的法则移植到心理学领域："儿童精神的发展不过是系统发生进化的一个简短复制。"

应用到数学教育上，重演法则意味着人类学习数学的过程，在某种程度上就是要重演古人数学思考和探索的过程。法国数学家庞加莱甚至这样说过：动物学家认为，动物胚胎的发育还在短暂的期间内，经过其祖先演化过程的一切地质年代而重演其历史，看来思维的发展亦复如此。教育工作者的任务，就是要使儿童思想的发展踏过前人的足迹，迅速地走过某些阶段，科学史应当是这项工作的指南。虽然从某种意义上来说，并没有多少实证理论支持数学学习中的重演法则，但事实上，学生的思维总是从形象到抽象，从生活到数学，从感性到理性，这一过程正是复制人类祖先发现数学的过程。比如在几何的学习上就可以生动地体现重演法则。几何学的历史分为 3 个阶段：无意识的几何学、科学的几何学、论证的几何学。在教学过程中，教师一般先是让学生通过简单的工艺劳作，或是通过对自然界中的现象的观察，无意中熟悉大量的几何概念，如点、线、面、角、三角形、四边形、圆、球、圆柱、圆锥等，随后，引导学生在这些感性知识的基础上建立科学的几何学。此时学生可以通过实验（使用罗盘和标尺、直尺和半圆仪、剪刀和糨糊、简单的模型等等）发现一系列几何事实。最后，当学生们已经相当成熟时，才能够以论证的或演绎的形式向他们讲授系统的几何学。在这个过程中往往会发现，数学教学越是真实地演化数学知识演进的过程，学生对之理解得越深刻。

二、历史发生原理

该理论学说名称叫法不一，也称"历史相似性理论""历史创生原理"等，最早由西方提出，源于历史重演法则。比如 18 世纪法国实证主义哲学家、社会学创始人孔德就提出，对孩子的教育应按历史上人类受教育的方式和顺序进行，换言之，个体的知识发生过程应符合历史上人类的知识发生过程。就数学教育而言，又可以理解为个体数学理解的发展遵循数学知识或思想的历史发展顺序，学生在认知上会重蹈历史的覆辙。具体包括两方面含义：一是数学学习要在一定程度上重演数学发展的历史。比如，西方学者通过实验发现学生对角概念的理解过程与角概念的历史产生过程是一致的，前人理解角概念过程中的困难对现在教材的编写和学生的学习都具有指导意义。另外，学生对符号代数的认知发展过程与符号代数的历史发展过程具有相似性。二是数学学习的过程，不是外在系统的、逻辑的知识强加给学生的过程,而是一个自然的"创生"过程,只有这样,数学才能够成为学生素养的一部分。

后来许多著名的数学家都对该理论秉持肯定的态度。比如,法国数学家庞加莱提出:数学课程应该按照历史的顺序展现给学生,而不是逻辑的顺序,因为这是符合历史"重演说"的规律的;而教育工作者的任务就是叫孩子的思维经历其祖先之所经历,而不应跳过任何阶段。德国著名数学家 F. 克莱因也认为数学教学至少在原则上要遵循这条定律,因为科学的教学方法只是诱导人去做科学的思考,而不是一开头就教人去碰冷漠的、经过科学洗练的系统。人类思维的发展也有一定的顺序,教学中不仅要考虑数学自身的特点,更应遵循学生学习数学的心理规律,强调从学生已有的生活经验出发。

历史发生原理和重演法则有着密切的联系,然而它和重演法则不同的是,历史发生原理并不认为学生学习数学过程是对祖先的重演,它认同的是人类有着相类似的思维结构,这种结构构成了思考数学的物质基础和"自然本质"。在这个方面,现在的人和古人并没有特别大的区别,既然如此,我们必然会通过重复古人的方式来学习古人历经艰辛所发现的知识。不过,数学教育学者们强调,这种重复的过程,并不是把知识作为一个既定的结果让学生去"纳入",而是通过对发现过程的有限经历来获得知识,从而理解知识的来龙去脉,就好像知识是他们创生出来的一样。在这里,需要关注的是"有限"两个字,这意味着在学生的学习中,教师不应当让他们重复过去的无数个错误,而仅仅是重复那些关键性的步子。什么是关键性的步子?只有在了解人类是怎样获得某些事实或概念的过程之后,我们才能更好地判断我们的孩子应当怎样去学习这些知识。

三、建构主义理论

皮亚杰的发生认识论认为,无论是对数学还是物理学的认识过程,都是不断建构的产物,在认识的过程中通过同化和顺应的作用,不断建构新的平衡。换句话说,学生学习数学的过程并非被动吸收接纳的过程,而是根据其已有的知识和经验主动的建构过程。建构主义的学习观对传统数学教学思想带来了巨大的冲击,为数学史融入数学教育提供了理论支撑。

建构主义强调学生的数学建构必须基于一定的背景,在信息丰富而又比较规则的背景下,学生建构得最为成功。数学史通过对数学发现的历史的讲述,复现了数学发现的典型场景,对于学生数学知识的建构是最为有利的。此外,学生对数学知识的建构,均需建立在原有知识的基础上,需要通过一步一步地登上阶梯来达到高层次的水平。数学史将数学发现的过程按逻辑呈现出来,就给学生提供了这样一个阶梯。与此同时,数学知识的建构,也是学生自我经验和先人智慧"视界融合"的过程。古人通过数学史,更充分地"表达"了自己的观念,能够让学生获得更好的建构。因此,将数学史运用到数学学习中,有助于学生对熟悉的概念、定理和公式等知识的产生、发展过程有一个清楚的了解,明白历史上的数学知识产生、发展过程也是逐渐建构的过程,有助于学生对旧知识与新知识建立联结而获得新的知识经验。

四、弗赖登塔尔的"再创造"理论

荷兰著名数学家和数学教育家弗赖登塔尔认为,数学知识可以分为已有的知识和开创性的知识。已有的数学知识对学习者来说要以演绎的形式出现,它的思考顺序与开创性知识正好相反,需要重走发现了开创性知识的数学家们的探索道路,将艰难曲折的探索环节展现给学生,这是一个非常有意义的体验过程。现存的唯一恰当的数学学习法就是实行"再创造","再创造"即为"重构"数学主题的重要理论基础之一,是指在创造的自由性与指导的约束性的双重作用下,达到学生取得自己乐趣与满足教师要求的平衡。弗赖登塔尔曾在第四届国际数学教育会议的报告中指出:"数学史乃是一个不断进步的系统化的学习过程。儿童无须重蹈人类的历史,但他们也不可能从前人止步的地方开始。从某种意义上说,儿童应该重蹈历史,尽管不是实际发生的历史,而是倘若我们的祖先已经知道我们今天有幸知道的东西,将会发生的历史。"

弗赖登塔尔的"再创造"理论为如何利用数学史提供了方向——应从学生的学习现实出发,在教师的引导和帮助下,对知识的历史发生、发展重新设计,对知识形成的关键步骤重塑,从而促进学生的理解与掌握,而不是把现成的知识灌输给学生。比如在数学归纳法的学习中,应按照数学归纳法的历史发展过程引导学生接触运用数学归纳法才能有效得出结果的问题。

第四节　数学史融入数学教育的原则与方式

一、数学史融入数学教育的原则

（一）科学性原则

科学性原则是数学史进入数学教育最基本的要求。它是指教师在收集和整理材料时不能凭感觉人为处理，不能随意杜撰或篡改历史，不能艺术地加工，随意夸大或贬低某民族的数学文化成就和某个数学家的成果，而应该尊重历史，客观真实地展现数学事实。这样学生不仅得到了真实可靠的数学史实，同时还利于对数学的理解。否则把一些模棱两可的甚至错误的数学历史告诉学生，势必会造成学生认识上的混乱，从而不利于他们未来的学习。因此，数学教师在查阅相关资料书籍时，一定要查一些比较权威的书籍，多方翻阅确认无误后方可带入课堂。当然，这也要求我们编书的相关专家和作者应本着对读者负责的态度，以实事求是的工作作风投入到史料的编写中去，切不可误人子弟。

（二）匹配性原则

匹配性原则是指数学史料的选取应与所讲内容密切相关，不能漫无目的地选择历史素材。要求在认真分析教材的基础上，找出与之匹配的数学史，从而将其有效地整合起来。比如，在讲解函数的定义时，可以收集函数的发展历程，特别是要重点收集函数如何由常量数学过渡到变量数学的历史。另外，还要注重数学史料所蕴含的数学思想方法与知识点的高度结合。比如，在研究二次函数问题时，可以引入笛卡尔有关发明坐标把代数和几何建立联系的历史，这一史实不仅展现了二次函数的性质，同时也体现了数形结合的思想。因此，教师需要在匹配性上下功夫，找出最利于学生学习的数学史材料，在遵循学生认知规律的基础上，经过精细加工达到促进学生理解数学的目的。

（三）多元性原则

所谓多元性原则是指在介绍相关史实时，应尊重历史，介绍全人类不同民族的优秀成果，不可随意带入个人色彩。比如，介绍某一项数学成果时，总是介绍中国的成果比其他国家的早多少年。这种狭隘的民族主义不利于学生多元文化数学观的培养和健全人格的建立。当然认为中国数学对于世界数学的发展没有太多作用也是不客观的看法。数学是全人类智慧的结晶,不同民族的数学成果是一个不可分割的整体。在数学的王国里,应该没有民族的偏见,没有文化的优劣。对于教师而言,应该用全面、开放、包容的眼光看待世界,看待各国的数学成就。

二、数学史融入数学教育的方式与途径

(一)直接融入式

直接融入式也称为显性融入,这种融入方式是直接展示历史信息,让学生在课堂上学习历史。直接历史信息主要有孤立的实际的信息,比如名字、日期、时间表、文献、署名的问题、优先权的归属等等。直接融入式强调历史资源多于数学知识的学习,是融入历史的一个最直接的方法,但通过学习历史本身不能直接改变特殊数学内容的内在教学。主要途径包括:

第一,巧用数学史料创设情境,介绍数学概念的发生、发展过程。比如"等差数列"教学,可以利用杨辉的"三阶幻方"来辅助教学,以提升教学效果。在学习"正数和负数"时,可以先向学生介绍数的发展历史。

第二,介绍经典事件引出数学概念,介绍定理的发现、推理和应用过程。比如,在学习"勾股定理"时,可以介绍勾股定理的一些历史。

第三,介绍数学历史名题。之所以称为名题,说明这类问题在历史上占有重要地位。对于那些需要通过反复训练才能实现的目标,数学历史名题可以使这种枯燥乏味的过程变得生动而富有趣味。历史名题的教学,可以让学生很好地掌握数学思想及数学方法,并培养学生的创造性思维,提升学生利用数学知识解决实际问题的能力。

第四,介绍历史上的数学悖论。悖论是一个涉及数理科学、哲学、逻辑学等学科的非常广泛的论题。悖论的存在反映了人类认识过程中的形而上学、绝对化观点的受挫。悖论蕴含着真理,由于人们认识的局限性,往往被描绘成错误的认识,因此吸引了人们对它的广泛注意。

第五,利用数学错误。通过揭示历史上数学家的错误来达到转换概念、改变观念、修改固有的假设的目的,也不失为一个好的教学方法,但是一定得考虑这样做可能带来的负面效应。

第六,利用数学家的传记。优秀数学家对于学生而言是很好的榜样。科学家萨顿就曾经说:优秀的科学家传记有很大的教育意义,它们把青春时期的想

象引导至最好的方向。批判的、笃实的传记对于人类的历史做出了卓越的贡献。英雄们一砖一瓦地建造了科学大厦,他们经受了多少痛苦和斗争,表现出了多大坚韧不拔? 这些事情,如果青年们知道得更多一些,将会以更大的勇气和热忱去工作,将对科学怀有更深的尊敬,会更加渴望进行某些不谋私利的研究工作,或者至少他们看到科学事业在接踵而来的困难中完成,并曾分享欢乐与陶醉,会更好地评价全部科学事业的伟大与壮丽。

(二)间接融入式

间接融入式也称为隐性使用,这种方法不直接使用历史材料,而把历史作为教学线索,也就是说不明确地谈论历史,而是用历史来激发教学。这种隐性使用数学史的方法主要是学习数学课题,通过跟随历史启发下的教学和学习方法,发展更深的认识,包括数学自身和在社会文化的背景中数学的经历,这就是所谓的历史上的数学。当然教学中不能完全照搬历史上的数学,而是要选择能达到教学目的的材料。间接融入式针对的是学生的学习过程,通过对知识的研究和探索,从而有效地提升自身的思维能力及解决实际问题的能力。主要途径包括:

第一,利用数学史开展探究性学习、研究性学习。对于大部分的数学概念、定理来说,都是经过推理得到的,但是教材中只是将结果呈现给学生,缺乏推理的过程。因此,教师可以通过数学史的融入,将数学发展的过程呈现在学生面前,让学生进行充分的联想、分析及观察,提高学习的兴趣,引导学生主动探究。比如,对于数学概念课可以以历史探究的模式进行教学,具体流程是:先让学生做到"读、做、悟、创",即通过阅读、学习典型数学史料,感知数学概念的发现历程,理解科学发现过程的艰难曲折;然后通过"亲历"和"重演"数学家的探究活动,建构数学概念,理解数学概念;再让学生通过反思亲历的探究活动,体悟数学的人文精神;最后通过现实应用,创新设计探究数学概念的思路和步骤,体验数学探究的成功喜悦感。

第二,开展有关数学史的课外活动。对于数学史的教学,除了教师在课堂上适当穿插外,也可让学生在课外自己操作。具体措施为:(1)挑选一些与课题有关的、学生比较感兴趣的资料进行课外作业布置。比如课外作业可以布置搜集勾股定理的相关历史及多种证法,使学生感受数学证明的灵活、优美与精巧,感受勾股定理的丰富文化内涵。(2)搜集数学史的材料,出墙报并进行评比。比如在讲解轴对称、密铺图形、图案设计时,可以组织学生设计图案并参与评比。学生在设计图案的过程中,可以体会图形的变换,感受数学知识与生活的密切联系,进行数学美的欣赏和创造。(3)撰写小论文。教师可以以学期或假期作业的形式鼓励学生对自己感兴趣的历史事件与人物写出研究的报告,并在同学之间交流。除此以外,教学中教师还可利用图片、录像、动画等学生所容易接受的方式,对有关的数学史内容做形象化的处理。总之,教师在课堂上结合教材内容有目的、有意识地运用数学史教学,就会对学生起潜移默化的引导或教育作用。

第五节　数学史融入数学教育的模式

如何将数学史融入数学教育教学是一个实践性问题,更是一个复杂的系统工程,需要综合考虑数学史与诸多教学要素之间的关系。下面选择部分有代表性的数学史融入数学教育的模式进行评述。

一、常规模式

(一)教学活动设计模式

该模式是指数学史的融入需要通过课堂教学活动来实施,即在课堂活动中实现教学目标。具体流程为:了解历史资料→选择合适话题→分析课堂需要→设计课堂活动→实施教学计划→评价课堂活动。利用这一模式进行教学,需要关注以下问题:①历史材料的选取应符合学生的认知发展水平,适合于相关知识点的课堂教学;②课堂活动计划的制定要考虑到活动的目的、背景以及方法的可行性;③在评价历史方法对数学教学的影响时,质性的方法往往比定量的方法更有效。

(二)数学概念教学模式

新概念的导入为数学史融入数学教学提供了重要舞台。该模式是在格拉宾纳(Grabiner)从历史角度考察导数概念的四个发展阶段基础上提出的。比如,导数首先以例子的形式出现,用于解决一些特殊的问题;然后在运用过程中,识别了隐藏在其中的一些思想方法,促进了微积分的发明;接下来,在数学和物理的应用中,导数的许多性质得到解释和发展;最后,在一个严密的理论基础之上,给出了导数概念的严格定义。具体流程为:运用—发现—探索/发展—

定义,简称为 UDED(Use-Discover-Explore/Develop-Define)模式。该模式是根据数学思想的历史发生顺序而建立的,特别适合于数学概念的导入。UDED 模式被许多学者所推崇,他们认为这种模式对于建构数学概念是极其有用的。教师不仅可以把 UDED 模式作为一种工具,以获得数学知识演化的历史素材,而且还可以把它作为一种教学策略运用到课堂教学中。

二、创造性模式

(一)双循环的诠释学模式

1994 年,德国教授 H. N. Jahnke 在第 18 届 PME 大会报告中指出:数学是一种文化,回归源头能使我们获得对思想过程的重要认识,更加清晰地理解现在的问题。他认为,融入数学史的重要性不是为了激发学习动机等外在目的,而是把数学发展中同时期的和不同时期(synchronous and diachronous)的数学文化联系起来,使数学史成为支持教与学的必要组成部分。同时期的数学文化含有课堂对话和课堂活动的自然情景,不同时期的数学文化则联系着数学的生长。教师通过对数学假设、理论、特征的理解、诠释和融入,让学生在一定的社会文化背景下掌握数学知识的建构意义、思维模式以及发生发展的形式,不仅实现数学认知的发展,同时也是更重要的,实现元数学认识的发展。

在实际教学设计中,教师不仅要考虑数学史,还要考虑其他教学要素,如教学内容、教科书、课程标准、数学理论等。教师可以向自己提出类似这样的问题:有没有必要引入数学史? 和教学内容的内在联系在哪里? 数学史对学生认知的贡献在哪里? 如何表述它们? 这些问题需要教师做出自己的诠释和理解,然后才能进入教学过程。因此,数学史融入是数学教师双循环诠释过程的一部分。

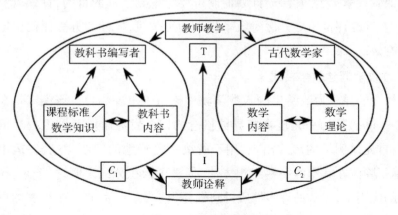

图 2-1　双循环模型

在双循环诠释模型中(见图 2 - 1),T-C_1-I 循环是一般数学教师所经历的思考过程,当需要数学史融入时,教师就必须经历 C_2 循环。在 C_2 循环中,教师有两个方面的工作:一是领会古代数学家的解释,经过诠释后呈现于教学之中;二是考虑 C_1 和 C_2 间的联系,避免陷入琐碎的历史细节,影响数学知识的教学目标。在 C_1 和 C_2 间的联系上,教师可以选择不同的路径。比如 T-C_1-I-C_2-I-C_1-I 的路径是从教科书入手,寻求数学史,然后思考 C_1 和 C_2 间的联系;T-C_2-I-C_1-I-C_2-I 的路径是从数学史开始,思考融入教学的合适角度,然后寻找 C_1 和 C_2 间的联系。诠释学模式以社会建构主义的知识教学为目标,重视数学的文化意义,关心数学史与数学教学内容的关系,把数学史作为意义学习的支撑,具体给出了数学史融入的途径和方法,对指导教学实践具有很好的参考价值。

(二)资源联络融入模式

1998 年,为了深化 HPM 实践,推动相关的学术与教育资源整合,在 ICMI (International Commission on Mathematical Instruction)的支持下,以色列的 A. Arcavi 博士和希腊的 C. Tzanakis 副教授牵头编撰了"数学史融入数学教室之方式的解析性综述"的主题报告,后被收录在 ICMI 研究报告中,台湾师范大学洪万生教授也是参与者之一。该报告提出了一个基于数学史资源的融入模式,如图 2 - 2 所示。

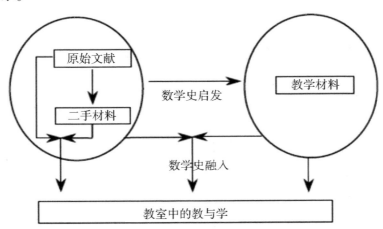

图 2 - 2　基于数学史的融入模型

无论是原始文献、二手材料,还是由历史启发表述的教学材料,都是为数学教学活动服务的。数学史融入可以是直接的,也可以是间接的,总的来说表现在 3 个方面。(1)引入直接的数学史料。这种形式是正常教学的辅助形式,不直接改变本来的教学,旨在提供历史资源——单独的史实或完整的数学史。(2)历史启发的教学。这种形式的认识基础是学习只有在充分的动机和心智发展的恰当时机下才会进行,教学中重要的不是如何使用理论和概念,而是提供有关"为什么"的解释和引导。这种模式的教学有4个步骤:①教师掌握有关主题的历史演进知识;②在此基础上甄别历史演进的关键步骤,如关键的思想、困难和问题等;③改造这些关键步骤,使之便于在课堂上使用;④给改造后的步骤配备难度递增的系列问题。在4个步骤中,教师和学生都要很好地利用原始文献和二手材料。第②、③步要求教师熟悉数学发展中的困难以及学生理解上的障碍,在历史的启发下选择问题、激发动机,为新知识的学习铺平道路。在第③步中,数学史融入有两种方式:显性的融入按照历史事件组织教学,通过描述不同时期的数学,显示数学的演化和发展阶段,把学生引导到数学知识的现代形式上来;隐性的融入不必要考虑历史顺序,目标始终放在现代形式的数学理解上,对数学史材料的考察也只要运用现代的概念和逻辑。(3)培养数学意识。数学意识包括内在的和外在的两个方面。对于内在的方面,数学史展示并解析了数学活动的重要内容,如概念、动机、问题在数学发展中的角色,数学对象和形式的演变,悖论、矛盾、直觉、猜想、一般化、形式化对数学的作用等。对于外在的方面,数学史能够澄清人们孤立看待数学的误解,展现数学与哲学、艺术、社会、文化的关系等。

资源联络模式细分了数学史的3类资源,对于指导教师使用数学史材料大有好处,对数学史资源的建设也有指导意义。在如何使用3类资源上,该模式不仅关注数学史对于知识理解的重要性,而且更加强调数学史对于激发动机和优化教学过程的重要性,其中基于历史的启发式教学,显性融入和隐性融入的形式,都是数学教师在教学设计中必须深入思考的问题。另外,该模式还关心数学史的文化价值,体现了数学的教育性。

(三)历史—心理的认识论模式

加拿大的 L. Radford 教授主要从事数学心理学、符号学、认识论和数学史研究,2000 年由他牵头完成的一篇 ICMI 报告认为,数学史是理解数学思维形成过程的有益资源,他的一个重要研究领域是学生数学理解的心理过程与数学思维的历史结构之间的关系。他们主张在认识论的理论框架下理清数学知识的心理过程和历史过程,从而在方法论意义上指导教学活动的设计,如图 2-3 所示。

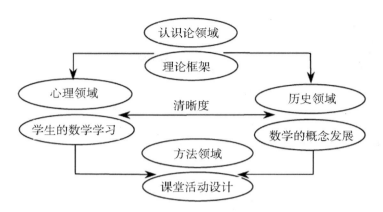

图2-3　历史—心理的认识论模式

该模式的认识论基础是历史发生原理和心理发展理论。前者揭示了个体发展和知识同化的机制,后者肯定了生物学过程和历史文化过程对个体掌握科学概念和科学方法的特殊作用。尽管两个理论有所不同,但是它们都揭示了个体发展和历史发展的关系,以及在教学上获得一个清晰的认识论理解的重要性。

在认识论框架指导下,教师要做好3个方面的工作:一是研究某一特殊数学知识出现的历史条件(历史领域),如当时的认识困难、社会文化观念、语言特征,数学知识的结构与体系特点,数学思维的历史由因等;二是分析学生思维的形式(心理领域),如预测认知困难,确定学习的文化起点,探讨学习过程等;三是把这些条件改造并融入课堂活动中(方法领域),如分析历史情境与课堂情境的异同,选择适当的教学策略,采用恰当的元指导等。

观点与回应游戏(voices and echoes games)是该模式指导下的一个具体的教学方法,已被证实普遍适用于中小学和不同社会文化背景的学生。这种游戏的一般做法是:从数学史中引入关于某个问题的"观点"(voice),这个观点在数学发展史上应有一定认识跨度,通常与直觉相悖,引入的视角和方法应符合历史文化的传统;与历史人物展开虚拟的对话(echoes),学生用自己的方式发表意见,随着互动的展开、情境的改变,学生对该问题的认识也在不断地改变;获得观点认同(resonance),学生运用这种观点重新审察和表征自己的知识经验。在第二步,教师可以引导学生开展多种多样的对话,这些对话实际上就是教师对教学过程和课堂活动的设计。

认识论模式立足于个体和人类的认识过程分析,很好地处理了数学的历史形态和教学形态之间的关系,使数学史成为数学教学真正的有机成分,对于优化教学过程、提高学习质量是具有科学意义的。

(四)逻辑—历史—认知三面向的融入模式

2005 年,台北成功高中教师、台湾师范大学博士苏意雯在洪万生教授的指导下,借鉴自我诠释模式和认识论模式的研究成果,以课堂教学为中心,在行动研究的基础上,形成了以逻辑、历史和认知三面向为主要内容的教学模式,如图 2-4 所示。

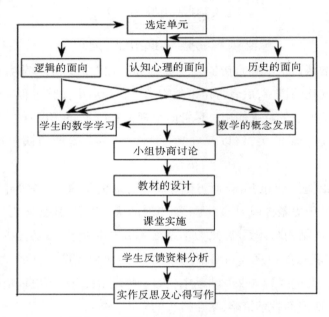

图 2-4　逻辑—历史—认知融入模式

该模式强调融入数学史的目的是帮助教师进行数学教学,在学习单设计中要考虑数学知识的逻辑、历史和学生认知 3 个方面,使学习单的内容和形式既能适应学生的认知水平和课程目标,又能提高学习的兴趣、增强体验、发展能力。逻辑方面的考虑包括:课程单元的教学目标、教科书的编排方式、教师手册中的相关说明。历史方面的考虑包括:数学家传记、数学思想的重要发展、著名定理的来源剖析、证明与解题的思维、历史文本的呈现、科普书籍介绍等。学生认知方面的考虑包括:学生认知发展的研究成果、本单元认知障碍的案例、教师教学中关于学生学习的经验等。设计学习单的具体过程是:①体会教科书编者、课程标准与教科书内容;②体会古代数学家、数学知识、数学理论之精神;

③自我诠释,考虑学生需求编制学习单;④进行课堂实践。

逻辑—历史—认知三面向模式总结、借鉴了前人的研究经验,把数学知识的逻辑分析、历史分析和心理分析结合起来,通过学习单的设计和实施,实现数学史的有机融入,对一线教师具有非常现实的指导意义。该模式还把课堂教学和教师专业发展联系起来,是一个可持续发展的实践模式。

(五)"为何—如何"组合模式

2009 年,丹麦学者 U. T. Jankvist 在研究 HPM 经验后认为,在教学中使用数学史有必要分清"为何"使用和"如何"使用(Whys and Hows)两类问题。"为何"使用是关于价值取向的讨论,分为工具策略和目的策略。工具策略是为了支持现实的教与学,如激发动机、维持兴趣、表达人文关怀、克服学习困难、提供看待数学的不同观点等。目的策略主张学习数学史有其自在的目的,要让学生了解数学发展的一般规律,了解数学发生发展的时间、空间、环境、文化、动力等,这是提高数学素质的重要内容。目的策略主要关注数学的元知识,而工具策略则更加关注数学的内部知识。

"如何"使用是关于方法取向的讨论,分为讲述法、模块法和历史启发法。讲述法就是在教学中补充一些历史信息,如介绍基本史实、引入历史文献、运用数学史知识设计开场白和结束语等。模块法就是设计一些与课程密切相关的数学史专题,规模可大可小,通常以案例的形式呈现,如 Katz 等人编写的 11 个数学史模块。而历史启发法是间接使用数学史的方法,比如经常提到的发生教学法。策略和方法都是为教学目标服务的,不同的策略可以选取不同的方法。图 2-5 显示了 2 种策略和 3 种方法之间可能的 6 种组合。

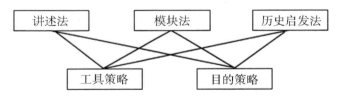

图 2-5　"为何—如何"组合模式

在具体的教学设计中,教师要深入思考"为何"与"如何"之间的关系,重点关注以下两点:一是针对既定的教学内容和教学条件,弄清楚为什么使用数学史;二是根据策略要求选择合适的方法。例如在工具策略下,为了激发动机和情感可以选择讲述法,为了发展数学认知,在时间、条件允许的情况下可以选择模块法,为了理解数学演化,可以选择历史启发法;如果是目的策略,那么最好的选择应是模块法,因为模块能深化数学的元认识。

"为何—如何"模式鲜明地提出了数学史融入的价值和方法这两个基本的问题,具体分析了融入的策略和方法以及两者之间的关系,在综合考虑教学目标和学生水平的基础上,提供了6种可能的融入途径,对于搞好教学设计、全面发挥数学史的教学功能具有非常现实的指导意义。另外,该模式关于工具策略和目的策略的讨论,对于数学史资源的开发很有启发,关于"为何"和"如何"的论述,也为教学评价提供了依据,这是Jankvist没有意识到的。

三、对数学史融入数学教育模式的思考

第一,教师是数学史融入的主体。数学史融入的过程是数学史从历史形态走向教学形态的过程,实际上也是教师诠释、加工、再创造数学史的过程。要想真正达到数学史助益数学教学的目的,教师必须充分认识数学史的教育价值,准确理解数学史的知识意义和方法意义,合理地选择适应学生学习需要的历史材料和使用方法。因此,教师既是融入的认识主体,也是融入的实践主体,教师的主体地位和作用是数学史融入数学教育实践必须充分注意的。

第二,课程目标是数学史融入的首要考虑方向。在教学中融入数学史,不是为了让学生掌握数学史,而是为了实现课程目标(包括提高学生数学修养的目标)。数学史的角色是辅助和支持,无论直接使用还是间接使用,都要服务于课程目标,切不可喧宾夺主、本末倒置。因此,教学史融入的实践和研究要紧密联系数学课程,抽象地、学究式地讨论数学史融入,不仅没有现实意义,也容易使融入迷失方向。

第三,多角度分析是数学史融入的关键。数学教学是一个复杂的系统,任何一个教学要素都可能影响教学效果。在教学中融入数学史,不仅要考虑数学史资源的内部关系,还要考虑数学史与课程要求、教科书、学生的认知结构等要素的关系以及融入的价值取向和使用方法。只有多角度分析数学史的教学意义,提高教学设计和课堂活动的效益,才能真正实现数学史融入的教学价值。

参考文献

[1]周恩超. HPM 的创立与发展[J]. 数学教学,2005(4):44-46.

[2]冯振举,戴丽丽. 国际 HPM 的发展历程及启示[J]. 西北大学学报(自然科学版),2005,35(5):652-656.

［3］谢明初. 数学史应用于数学教育:发展历程与研究展望［J］. 广东第二师范学院学报,2013,33(5):85 – 89.

［4］陈华聪,李玲,李黔蜀. 数学史与数学教学的融合:HPM 的理论基础与实践方式［J］. 教学与管理(理论版),2013(12):139 – 141.

［5］徐章韬,汪晓勤,梅全雄. 发生教学法:从历史到课堂［J］. 数学教育学报,2010,19(1):10 – 19.

［6］朱凤琴,徐伯华. 数学史融入数学教学模式的国际研究与启示［J］. 数学教育学报,2010,19(3):22 – 25.

［7］张晓贵,张雪. 国外数学教学中引入数学史的研究概述［J］. 数学教育学报,2013,22(4):43 – 46.

［8］张俊忠. 数学教育中数学史融入策略研究［J］. 中国教育学刊,2014(9):79 – 82.

第三章　数学课程标准与教材中的数学史

数学史进入数学课程已成为国内外数学教育的大势所趋。数学家、数学教育研究者和一线教师都充分认识到数学史在数学课程中的重要价值。作为落实数学史的重要载体的课程标准和教材对数学史是如何定位和呈现的？本章结合新旧义务教育和普通高中数学课程标准及其相应的多个版本教材对上述问题进行回答，并对课程标准和教材在渗透数学史方面提出了修改建议与思考，以便提高数学课程标准和教材呈现数学史的有效性。

第一节　数学课程标准中的数学史

一、义务教育数学课程标准中的数学史定位

（一）2001 版义务教育数学课程标准"数学史"

2001 年教育部颁布的《全日制义务教育数学课程标准（实验稿）》第四部分"课程实施建议"中分别对第一学段（1—3 年级）、第二学段（4—6 年级）、第三学段（7—9 年级）提出了"教材编写建议"，其中对数学史如何融入数学教材提出了具体的建议：

"第一学段"明确提出："教材可以在适当的地方介绍一些有关数学家的故事、数学趣闻与数学史料，使学生了解数学知识的产生与发展首先源于人类生活的需要，体会数学在人类发展历史中的作用，激发学生学习数学的兴趣。这部分内容的学习可以采用阅读材料的形式呈现。具体内容的介绍，应从学生的年龄特点出发，做到浅显具体、生动有趣。"建议教材可以呈现："介绍数的概念的起源"，"介绍数的原始表示法（结绳记数与刻痕记数）；通过历史资料使学生体会'0'的双重含义——作为位值制记数法中的空位记号与作为一个独立的数；通过原始社会石器与陶器的几何形状和图案，介绍原始人对简单形状与图案的认识，使学生感受到现实生活中充满了图形"。

"第二学段"强调："教材中要注重体现数学的文化价值,在对数学内容的学习过程中,教材可以在适当的地方插入介绍一些有关数学发现与数学史的知识,丰富学生对数学发展的整体认识,对后续学习起到一定的激励作用。"建议："在数与代数部分,可以介绍历史上各种记数法,使学生体会十进位制记数法的优越性;通过对古埃及、古希腊以及中国古代大数目表示法的介绍与比较,使学生体会现代大数表示法的优越性;介绍历史上各种计算工具,使得学生认识不同的计算工具对数学以及对人类日常生活的影响。在空间与图形部分,可以介绍七巧板的有关史料,特别是古人给出的七巧板构图,使学生感受几何构图的优美和我们祖先的智慧;介绍有关规、矩的历史资料,使学生体会它们在中国古代几何作图及测量中的作用;介绍古代埃及、巴比伦、印度、中国对各种简单几何图形面积和体积的计算结果及其现实背景,使学生进一步体会几何与人类生活经验和实际需要的密切关系。在统计与概率部分,可以介绍与天气预测和保险业有关的资料,使学生了解概率问题的现实来源和历史上的统计工作,体会统计思想和方法的现实背景。"

"第三学段"强调："在对数学内容的学习过程中,教材中应当包含一些辅助材料,如史料、进一步研究的问题、数学家介绍、背景材料等,……不仅可以使学生对数学的发展过程有所了解,激发学生学习数学的兴趣,还可以使学生体会数学在人类发展历史中的作用和价值。辅助材料可以以阅读材料等形式出现。"并从以下大三课程学习领域提出了具体建议：

首先,在"数与代数"部分,可以穿插介绍代数及代数语言的历史,并将促成代数兴起与发展的重要人物和有关史迹的图片呈现在学生的面前,也可以介绍一些有关正负数和无理数的历史、一些重要符号的起源与演变、与方程及其解法有关的材料(如《九章算术》、秦九韶法)等内容。

其次,在"空间与图形"部分,可以通过以下线索向学生介绍有关的数学背景知识:介绍欧几里得《原本》,使学生初步感受几何演绎体系对数学发展和人类文明的价值;介绍勾股定理的几个著名证法(如欧几里得证法、赵爽证法等)及其有关的一些著名问题,使学生感受数学证明的灵活、优美与精巧,感受勾股定理的丰富文化内涵;介绍机器证明的有关内容及我国数学家的突出贡献;简要介绍圆周率 π 的历史,使学生领略与 π 有关的方法、数值、公式、性质的历史内涵和现代价值(如 π 值精确计算已经成为评价电脑性能的最佳方法之一);结合有关教学内容介绍古希腊及中国古代的割圆术,使学生初步感受数学的逼近思想以及数学在不同文化背景下的内涵;作为数学欣赏,介绍尺规作图与几何三大难题、黄金分割、哥尼斯堡七桥问题等专题,使学生感受其中的数学思想方法,领略数学命题和数学方法的美学价值。

最后,在"统计与概率"部分,可以介绍一些有关概率论的起源、掷硬币试验、布丰投针问题与几何概率等历史事实,统计与概率在密码学等方面的应用,这样可以使学生对人类把握随机现象的历程有一个了解,对于学生进一步学习与发展有一定的激励作用。

(二)2011 版义务教育数学课程标准"数学史"

2011 年,教育部颁布的修订版义务教育数学课程标准又一次对数学史提出了规定和要求,但此次修订版的课标,没有像实验稿那样明确提出数学史的分学段要求,对数学史的要求仅是一般意义上的概括性阐述或要求。2011 版课标在"课程资源开发与利用建议"中的"社会教育资源"部分明确出现涉及"数学史"的条款,指出"学校应充分利用图书馆、少年宫、博物馆、科技馆等,寻找合适的学习素材,如学生感兴趣的自然现象、工程技术、历史事件、社会问题、数学史与数学家的故事和其他学科的相关内容"。可见,课程标准明确定位了"数学史"为"学习素材"的功能。进一步,"教材编写建议"中的"教材编写应体现整体性"中明确提出"教材可以适时地介绍有关背景知识,包括数学在自然与社会中的应用,以及数学发展史的有关材料"。"数学发展史"被明确确定为数学文化渗透的一部分,并专门举例阐明了数学文化素材选取,"可以介绍《九章算术》、珠算、《几何原本》、机器证明、黄金分割、CT 技术、布丰投针等"。可见,数学文化所举之例均为数学史的内容,数学史是数学文化渗透的重要部分。

(三)2022 版义务教育数学课程标准"数学史"

2022 年,教育部颁布的最新修订版的义务教育数学课程标准,在修订原则中提出将中华优秀传统文化有机融入课程中,增加课程的思想性。而中国数学史是实现育人功能的强有力载体和素材来源。因此,2022 版义务教育数学课程标准对数学史既有一般意义上的概括性阐述或要求,也有具体实例的示范。

比如在"教学建议"中的"强化情境设计"部分明确出现涉及"数学史"的条款:"注重情境素材的育人功能,如体现中国数学家贡献的素材,帮助学生了解和领悟中华民族独特的数学智慧,增强文化自信和民族自豪感。"

进一步,在"教材编写建议"中同样提出教材编修要勇于打破固有教材模式,为教材使用者提供广泛的素材资源和开放的使用空间,如教材中介绍数学文化、数学发展前沿等。内容设计要反映数学在自然与社会中的应用,展现数学发展史中伟大数学家,特别是中国古代与近现代著名数学家,以及他们的数学成果在人类文明发展中的作用,增强学生的爱国情怀和民族自豪感。如介绍《九章算术》、《几何原本》、珠算、机器证明、黄金分割、计算机层析成像(CT)技术、大数据等内容,以及祖冲之、华罗庚、陈景润等数学家的事迹。另外,"附录"的教学内容实例,如例1"用算盘表示多位数"、例15"曹冲称象的故事"、例22"圆周率的故事"、例55"土圭之法的故事"、例64"负数的引入"等对数学史的运用给出了明确示范。

二、普通高中数学课程标准中的数学史定位

(一)2003 版高中数学课程标准"数学史"

2003 年,教育部颁布了《普通高中数学课程标准(实验稿)》,第一部分"前言"中的"基本课程理念"明确强调:数学课程应适当反映数学的历史、应用和发展趋势,数学对推动社会发展的作用,数学的社会需求,社会发展对数学发展的推动作用,数学科学的思想体系,数学的美学价值,数学家的创新精神。数学课程应帮助学生了解数学在人类文明发展中的作用,逐步形成正确的数学观。为此,高中数学课程提倡体现数学的文化价值,并在适当的内容中提出对"数学文化"的学习要求,设立"数学史选讲"等专题。

进一步,在"课程实施建议"强调在教学中应尽可能结合高中数学课程的内容,介绍一些对数学发展起重大作用的历史事件和人物,反映数学在人类社会进步、人类文明建设中的作用,同时也反映社会发展对数学发展的促进作用。比如,教师在几何教学中可以向学生介绍欧几里得建立公理体系的思想方法对人类理性思维、数学发展、科学发展、社会进步的重大影响;在解析几何、微积分教学中,可以向学生介绍笛卡儿创立的解析几何,介绍牛顿、莱布尼茨创立的微积分,以及它们在文艺复兴后对科学、社会、人类思想进步的推动作用;在有关数系的教学中,可以向学生介绍数系的发展和扩充过程,让学生感受数学内部动力、外部动力以及人类理性思维对数学产生和发展的作用。

(二)2020 版高中数学课程标准"数学史"

教育部颁布的《普通高中数学课程标准(2017 年版 2020 年修订)》做了较

大的改动，明确提出数学文化要在整个高中数学教学过程中有所体现，并首次清晰界定了数学文化的概念，即"数学文化是指数学的思想、精神、语言、方法、观点，以及它们的形成和发展；还包括数学在人类生活、科学技术、社会发展中的贡献与意义，以及与数学相关的人文活动"，结束了关于数学文化内涵的争议。从中可以看出，数学史是数学文化不可或缺的组成部分。

进一步，课程标准在"必修课程"中增加了"函数的形成与发展""几何学的发展""微积分的创立与发展""平面解析几何的形成与发展"等选学内容，要求学生收集、阅读相关发展的历史资料，撰写小论文，论述学科发展的过程、重要结果、主要人物、关键事件及其对人类文明的贡献。在"选修课程"的 C 类课程中，"逻辑推理初步"专题内容包含了"公理化思想"要求："通过数学史和其他领域的典型事例，了解数学公理化的含义，了解公理体系的独立性、相容性、完备性……体会公理化思想的意义和价值。"进一步，在"教材编写意见"中提出"教科书编写者要重视中国传统文化中的数学元素"，发扬民族文化自豪感。在"命题原则"中也要求"融入数学文化"。

另外，在"附录"的案例中也介绍了大量的数学史知识。比如，案例 10"复数的引入"中指出，"在数学史上，虚数以及复数概念的引入经历了一个曲折的过程，其中充满着数学家的想象力、创造力和不屈不挠、精益求精的精神"。由此，在复数概念的教学中，可以适当介绍历史发生发展过程，一方面可以让学生感受数学的文化和精神，另一方面也有助于学生理解复数的概念和意义。数学课程标准进一步提出，如何将数学史融入中小学数学教学是数学教育领域的一个重要课题。通过数学概念和思想方法的发生发展过程，一方面可以使学生感受丰富多彩的数学文化，激发数学学习的兴趣；另一方面也有助于学生对数学概念和思想方法的理解。数学史在数学课堂中的融入方式可以是多种多样的，相关的网络资源也十分丰富，教师应该根据教学的需要选择合适的资料和教学方式。

三、对数学课程标准中数学史定位的思考

（一）数学课程标准应进一步凸显数学史的教育价值

目前数学课程标准对数学史的阐述一般在数学课程标准的"实施意见"中提出，往往借助"数学文化"来体现，导致"数学史"与"数学文化"的教育价值容易出现混淆，从这个意义上说课程标准对数学史的教育价值重视程度依然不

足。数学史是数学的重要组成部分,也是人类文化的重要组成部分,应充分发挥数学史在各方面的价值,尤其是被忽视的教育价值。所以课程标准应该充分重视数学史与数学教育融合的价值,正如西南大学宋乃庆教授所说:"应该积极挖掘数学史的价值,推动数学史为数学教育而史的步伐,不仅要体现'史为今用',也应该体现'史为教用''史为学用'。"因此,数学课程标准要像重视"数学文化"那样把数学史教育提升到"课程基本理念"的高度,将数学史视为人类文化的重要部分,应该从最初的"课程基本理念"部分开始阐述或体现数学的文化及其教育价值。同时,数学课程标准还应该突出"数学史"的明确要求,将明确的"数学史"内容从"数学文化"中分离出来,从而达到更加注重彰显数学史教育价值的目的。

(二)数学课程标准应明确划分数学史内容的学段性

当前,数学课程标准对数学史的要求是概括性的,即一般意义上的阐述或要求,没有很好地体现不同阶段学生发展的需要,可能给教材在相关内容的编写与实施上造成一定困难。因此,课程标准应该对数学史分学段做出相对详细的要求,使数学史的具体内容更好地融合到数学教育的不同阶段教学中。比如,义务教育数学课程标准给出数学史的相关素材案例"介绍《九章算术》、珠算、《几何原本》、机器证明、黄金分割、CT 技术、布丰投针等"就没有体现阶段性,容易造成理解上的疑惑甚至误区。因此,课程标准应该体现学生发展与数学发展史相衔接,比如第一学段可渗透"珠算",第二学段可渗透《九章算术》中关于面积、体积等求解的思想方法。这将直接影响教材编写、教学实施等对课标的理解与把握。因此,课程标准突出数学史的分学段内容设计,不仅有助于体现数学史内容要求的层次性,也能更加有利于指导教学实践。

(三)数学课程标准应明确体现数学史的多元文化价值

不同的文化传统对数学有不同的表现形式,只有将数学课程与各民族不同的文化传统联系起来考虑,数学课程改革才可能是成功的。因此,数学课程标准中的数学史内容呈现应全面考虑其文化多元性。数学史素材不局限于数学学科而应融合多个学科领域,应突出数学史的跨学科性,可以来源于自然、社会与科学等多个学科领域。但是数学史料的内容及学科领域多元化,并非将所有与课程内容相关联的数学史纳入课程标准,而是要本着学生能接受并能促进数学知识的深入理解的原则,针对不同内容来选取与其相关的数学史内容,最终按照以数学为中心辐射其他领域的核心本位方式进行设计。进一步，对"教材应该如何渗透多元文化的数学史""教师应该如何将数学史的文化多元性渗透于教学"等问题也应在课程标准中明确体现，从而发挥数学史的多元文化教育价值。

第二节　中小学数学教材中的数学史

自第八次基础教育课程改革以来，中小学数学教材实行了"一标多本"，出现了多个版本的数学教材，都以不同方式融入了数学史内容，成为新时期数学教材编写的新亮点。因此，对中小学数学教材中的数学史编排状况进行调查，了解其设计意图，对于帮助一线数学教师深入开展数学史教学具有重要参考价值。

一、中小学数学教材中的数学史内容调查分析

（一）小学数学教材中的数学史

我们选取人民教育出版社、江苏教育出版社和西南师范大学出版社（今西南大学出版社）依据《义务教育数学课程标准（2011 年版）》出版的 36 本小学数学教材为研究样本进行调查，发现如下特点：

1. 数学史内容分布

由表 3 - 1、3 - 2 和 3 - 3 可知，各个版本小学数学教材与 2001 版实验稿课程标准旧教材相比，数学史数量有所增加，每册基本都有分布，并随着年段的递增而有增多趋势，体现出一定的连续性。同时，数学史类型也呈现多样化，包括数学家生平成就及趣闻逸事、数学历史名题或历史事件、数学成果、相关数学知识背景史料等。其中以"数学知识背景史料"和"数学家生平成就及趣闻逸事"两种类型最多。

表 3 - 1　人教版小学数学教材中的数学史内容

册数	数学史内容	数量
一年级上	算筹；古埃及象形数字；古代计时工具	3
一年级下	七巧板；货币历史	2
二年级上	"拃"长度单位（正文）；乘号的由来；九九歌	3
二年级下	"÷"表示除法；记数历史	2

续表 3 – 1

册数	数学史内容	数量
三年级上	分数的表示	1
三年级下	指南针;除号"÷";小数的表示	3
四年级上	数的产生(正文);阿拉伯数字;算筹记数;计算工具的认识;"亩";格子乘法;莫比乌斯带	7
四年级下	括号;小数名称;鸡兔同笼(数学广角)	3
五年级上	方程;《九章算术》(方田);出入相补	3
五年级下	哥德巴赫猜想;几何学和欧几里得;《九章算术》(体积);《九章算术》(约分术)	4
六年级上	极限;黄金比;圆周率;割圆术;恩格尔系数;杨辉三角	6
六年级下	负数;圆柱容球抽屉原理;七桥问题	3

表 3 – 2　苏教版小学数学教材中的数学史内容

册数	数学史内容	数量
一年级上	无	0
一年级下	使用符号"＝""＞""＜"的第一位数学家;我国古代的一些钱币;加号"＋"、减号"－"的产生	3
二年级上	七巧板;符号"×""·"的使用变化;符号"÷"":"的使用变化;九九歌	4
二年级下	计时方式的演变;指南针;记数方法的演变;算盘	4
三年级上	文物中的几何图形;分数的产生和表示方法	2
三年级下	《算法统宗》(铺地锦);量的由来与测量方式的发展;加减乘除在算筹中的使用;古代使用小数的历史	4
四年级上	括号的首次使用	1
四年级下	计算方式的演变;古代欧洲"双倍法"	2
五年级上	负数的表示方法;《九章算术》(三角形面积)、以盈补虚;面积单位"亩""分";最早系统地用字母表示数	4
五年级下	古代方程思想的发展;完全数的发现与发展;哥德巴赫猜想;圆周率与"割圆术"	4
六年级上	黄金比	1
六年级下	《九章算术》(圆柱、圆锥体积计算方法);鸡兔同笼	2

表3-3　西师版小学数学教材中的数学史内容

册数	数学史内容	数量
一年级上	"0"的故事；阿拉伯数字的由来	2
一年级下	生活中的100(百)；五套人民币；计时工具的变化	3
二年级上	九九表；长度单位"米"的来历；乘除号的来历	3
二年级下	算盘；七巧板	2
三年级上	指南针；平年、闰年的来历；分数符号的来历	3
三年级下	中国古代数学家杨辉；小数点的由来	2
四年级上	聪明的高斯；奇妙的乘法	2
四年级下	括号的由来和作用；著名的数学家华罗庚；计算工具的演变	3
五年级上	小数点惹的"祸"；田忌赛马的故事；九章算术	3
五年级下	倍数与因数(正文)；陈景润与哥德巴赫猜想；阿基米德巧辨皇冠真假；古老的方程	4
六年级上	我国古代杰出的数学家——祖冲之；狄多公主圈地；巧用借"1"法；最早使用负数的国家	4
六年级下	古老的几何；统计的产生和发展；鸡兔同笼	3

2. 课程学习领域分布

三个版本教材在数学史所处领域编写的多寡上具有共性,均在"数与代数"领域安排了集中的数学史内容学习,其次是"图形与几何"领域,"统计与概率"模块分布最少。其中,"数与代数"部分数学史内容平均占比超过70%,"图形与几何"部分平均占比为20%左右,"统计与概率"和"综合与实践"两个部分数学史总体分布最少,大约仅占2%。"综合与实践"部分数学史内容多以生活、游戏等专题形式来呈现,如以"有趣的七巧板""我们身体上的'尺'"为内容的数学史模块,每个主题活动的篇幅大约2页。

3. 位置分布及呈现

小学数学教材中的数学史主要集中在正文(不含例题)、旁白、练习题与阅读材料(主要指正文以外的补充性内容,包含探究栏目、数学活动等)等位置。其中以"阅读材料"占比最大,正文、练习题和旁白部分则相对较少。值得注意的是,"练习题"中出现数学史料的量虽不及"阅读材料",却远远高于"正文"和"旁白"两部分。相对来说,"正文""旁白"数学史分布均匀,但占比不大。"正文"中的数学史料往往出现在知识情境的引入部分。另外,从呈现方式上看,三个版本教材主要以文字、文字为主、图片为主等三种形式呈现数学史,但教材之间也存在较大差异。比如,人教版主要通过文字或文字为主的方式来呈现数学史内容,图片为主的史料处于弱势地位;而西师版没有以纯文字呈现的数学史料,均以图片为主的形式展现这部分内容,其中小部分通过文字为主的形式呈现。

4.设计模式

研究发现,小学数学教材中的数学史主要以"习题内容引出数学史"和"阅读材料引出数学史"两种模式设计为主。比如,对于"杨辉三角"数学史料的介绍,人教版六年级下册通过习题的形式提出数学问题,同时介绍了关于数学问题的数学史料以及我国数学家对此做出的突出贡献。西师版三年级下册"数学家杨辉"的史料以阅读资料的形式呈现于单元"两位数乘两位数的乘法"学习内容的末尾。该版本的数学史几乎都是采用这种编排方式,如学习完"小数的初步认识"内容后,在末尾介绍小数点的由来及相关数学家贡献。

(二)初中数学教材中的数学史

由于人民教育出版社出版的数学教材具有较强代表性,所以我们选择人民教育出版社出版的6套初中数学教科书中的数学史内容为研究对象,包括:(1)1978年出版的《全日制十年制学校初中课本·数学》(1—6册);(2)1982年出版的《初级中学课本·代数》(1—4册)、《初级中学课本·几何》(1—2册);(3)1992年出版的《九年义务教育三年制初级中学教科书(试用本)·代数》(1—3册,其中第一册分上、下两册)、《九年义务教育三年制初级中学教科书(试用本)·几何》(1—3册);(4)2001年出版的《九年义务教育三年制初级中学教科书(试用修订本)·代数》(1—3册,其中第一册分上、下两册)、《九年义务教育三年制初级中学教科书(试用修订本)·几何》(1—3册);(5)2003年以后出版的《义务教育课程标准实验教科书·数学》(七年级、八年级、九年级各上、下两册);(6)2012年以后出版的《义务教育教科书·数学》(七年级、八年级、九年级各上、下两册)。

由表3-4可知,人教版初中数学教材数学史数量随版本年代发展而逐渐递增。六个版本教材中的史料篇幅以短篇(篇幅小于等于纸张的1/3)和长篇(篇幅大于纸张的2/3)为主。短篇幅的史料始终占各版本史料的40%以上,有的版本甚至达到了 80%；长篇的史料主要涉及课后的阅读材料，内容几乎是一整页甚至更多，且数量在逐渐增加。中篇(篇幅在纸张大小的 1/3 到 2/3 之间)的史料数量稳定在 1—2 个，占比一直在下降。总体上看，数学史在教材中的占比越来越大。

表 3 - 4　人教版 6 套初中数学教材中的数学史内容①

版本	数量	出现位置		具体内容
1978 版	2	第一册	P144	《算学启蒙》中好马追劣马古算题
			P145	《算法统宗》中井深绳长古算题
	1	第二册	P33	《九章算术》中大小桶盛米古算题
	2	第三册	P122	《周髀算经》中"勾三股四弦五"的记载
			P123	勾股定理的证明
	3	第四册	P61	《田亩比类乘除捷法》中求田的长宽古算题
			P190	《九章算术》中求城邑边长古算题
			P190	《海岛算经》中求山峰高度古算题
	1	第五册	P189	课本附录"圆周长和圆面积"
	0	第六册		
1982 版	2	代数第一册	P159	《算学启蒙》中好马追劣马古算题
			P160	《算法统宗》中井深绳长古算题
	1	代数第二册	P38	《九章算术》中大小桶盛米古算题
	1	代数第三册	P149	《田亩比类乘除捷法》中求田的长宽古算题
	0	代数第四册		
	3	几何第一册	前言 P1	"几何"一词的原意
			P219	《周髀算经》中"勾三股四弦五"的记载
			P222	《几何原本》中对勾股定理的证明
	3	几何第二册	P68	《九章算术》中求城邑边长古算题
			P68	《海岛算经》中求山峰高度古算题
			P167	课本附录"圆周长和圆面积"

---

① 本统计表来源于南昌师范学院 2021 届数学与应用数学(师范)专业毕业生廖达的本科毕业论文，指导老师孙庆括。

续表 3-4

版本	数量	出现位置	具体内容	
1992版	8	代数第一册上册	彩页	《隋书·律历志》,其中有关祖冲之圆周率的记载(图)
			彩页	数学家祖冲之(公元429—500年)像
			彩页	数学家刘徽(魏晋时期)像
			彩页	刘徽注《九章算术》(宋刻本)图片
			P84	读一读:"中国是最早使用负数的国家"
			P224	想一想:希腊数学家丢番图(公元3—4世纪)的墓碑上记载的问题
			P236	读一读:"关于代数的故事"
			P243	《算学启蒙》中好马追劣马古算题
	6	代数第一册下册	彩页	我国古代用来解一次方程组的象牙算筹(图)
			彩页	华罗庚教授(图)
			P41	读一读:"关于中国古代的一次方程组"
			P47	《九章算术》中大小桶盛米古算题
			P49	《九章算术》求牛羊猪价钱古算题
			P123	读一读:有关杨辉三角或贾宪三角的介绍
	2	代数第二册	P157	读一读:"怎样用笔算开平方"
			P188	读一读:秦九韶—海伦公式相关介绍
	1	代数第三册	P24	读一读:"我国古代的一个一元二次方程"
	1	几何第一册	P110	读一读:"有关几何的一些历史"
	4	几何第二册	P98	《周髀算经》中"勾三股四弦五"的记载
			P98	勾股定理的证明
			P220	读一读:"黄金分割"
			P265	《海岛算经》中求山峰高度古算题
	3	几何第三册	P48	读一读:"中国古代有关三角的一些研究"
			P61	章头图:出自《墨经》一书"一中同长"
			P190	读一读:"关于圆周率π"

续表 3－4

版本	数量	出现位置		具体内容
2001版	8	代数第一册上册	彩页	《隋书·律历志》,其中有关祖冲之圆周率的记载(图)
			彩页	数学家祖冲之(公元429—500年)像
			彩页	数学家刘徽(魏晋时期)像
			彩页	刘徽注《九章算术》(宋刻本)图片
			P86	读一读:"中国是最早使用负数的国家"
			P223	想一想:希腊数学家丢番图(公元3—4世纪)的墓碑上记载的问题
			P235	读一读:"关于代数的故事"
			P242	《算学启蒙》中好马追劣马古算题
	6	代数第一册下册	彩页	我国古代用来解一次方程组的象牙算筹(图)
			彩页	华罗庚教授(图)
			P42	读一读:"关于中国古代的一次方程组"
			P48	《九章算术》中大小桶盛米古算题
			P50	《九章算术》求牛羊猪价钱古算题
			P135	读一读:有关杨辉三角或贾宪三角的介绍
	2	代数第二册	P151	读一读:"为什么说$\sqrt{2}$不是有理数"
			P187	读一读:秦九韶—海伦公式相关介绍
	1	代数第三册	P22	读一读:"我国古代的一个一元二次方程"
	2	几何第一册	P39	读一读:"角的度量和六十进制"
			P122	读一读:"有关几何的一些历史"
	4	几何第二册	P96	《周髀算经》中"勾三股四弦五"的记载
			P107	勾股定理的证明
			P223	读一读:"黄金分割"
			P256	《九章算术》中求城邑边长古算题
	2	几何第三册	P47	章头图:出自《墨经》一书"一中同长"
			P182	读一读:"关于圆周率π"

续表 3－4

版本	数量	出现位置		具体内容
2003 版	13	七年级上册	P2	旁注:"算筹"的图片及简介
			P27	阅读与思考:"中国人最先使用负数"
			P61	阅读与思考:"数字 1 与字母 X 的对话"
			P80	旁注:未知数表示的相关历史
			P86	阅读与思考:"方程"史话
			P88	阿尔－花拉子米头像
			P98	古埃及著作上的算题
			P103	牧童有多少只羊的算题
			P108	衣服价值算题
			P108	希腊数学家丢番图(公元 3—4 世纪)的墓碑上记载的问题
			P113	《算学启蒙》中好马追劣马古算题
			P126	阅读与思考:"几何学的起源"
			P137	旁注:有关角度制的起源
	5	七年级下册	P41	笛卡尔头像及其引入坐标系
			P95	《孙子算经》中鸡兔同笼古算题
			P109	阅读与思考:"一次方程组的古今表示及解法"
			P119	《九章算术》中大小桶盛米古算题
			P168	丘成桐、菲尔茨奖及其介绍
	4	八年级上册	P73	几千年前的古埃及人就已经知道了平方根
			P81	华罗庚的小故事
			P88	阅读与思考:"为什么说$\sqrt{2}$不是有理数"
			P157	阅读与思考:"杨辉三角"
	8	八年级下册	P51	题干中介绍阿基米德及杠杆定律相关内容
			P63	《周髀算经》中"勾三股四弦五"的记载
			P64	毕达哥拉斯的小故事
			P65	"赵爽弦图"的介绍
			P66	毕达哥拉斯定理
			P71	《九章算术》中求芦苇长度的算题
			P71	阅读与思考:"勾股定理的证明"
			P81	《九章算术》中竹子折断离地距离算题

续表 3 - 4

版本	数量	出现位置		具体内容
2003 版	6	九年级上册	P19	阅读与思考:"秦九韶—海伦公式"
			P43	阅读与思考:"黄金分割数"
			P77	毕达哥拉斯的语录
			P79	《墨经》中对圆的介绍
			P108	阅读与思考:"圆周率 π"
			P141	伯努利像
	5	九年级下册	P48	测量金字塔高度的算题
			P57	观察与猜想:谢尔宾斯基地毯
			P72	《海岛算经》中求山峰高度算题
			P83	阅读与思考:"一张古老的三角函数表"
			P118	阅读与思考:"视图的产生与应用"
2012 版	12	七年级上册	P2	旁注:"算筹"的图片及简介
			P27	阅读与思考:"中国人最先使用负数"
			P61	阅读与思考:"数字 1 与字母 X 的对话"
			P78	旁注:未知数表示的相关历史
			P84	阅读与思考:"方程"史话
			P86	阿尔 - 花拉子米头像
			P95	古埃及著作上的算题
			P107	衣服价值算题
			P108	希腊数学家丢番图(公元 3—4 世纪)的墓碑上记载的问题
			P112	《算学启蒙》中好马追劣马古算题
			P124	阅读与思考:"几何学的起源"
			P133	旁注:有关角度制的起源
	8	七年级下册	P45	几千年前的古埃及人就已经知道了平方根
			P58	阅读与思考:"为什么说$\sqrt{2}$不是有理数"
			P59	数学活动:华罗庚教授的小故事
			P66	笛卡尔头像及其引入坐标系
			P90	《孙子算经》中鸡兔同笼古算题
			P107	阅读与思考:"一次方程组的古今表示及解法"
			P112	《九章算术》中大小桶盛米古算题
			P149	丘成桐、菲尔茨奖及其介绍
	1	八年级上册	P113	阅读与思考:"杨辉三角"

续表 3 - 4

版本	数量	出现位置		具体内容
2012 版	9	八年级下册	P16	阅读与思考:"秦九韶—海伦公式"
			P21	《周髀算经》中"勾三股四弦五"的记载
			P22	毕达哥拉斯的小故事
			P23	"赵爽弦图"
			P24	毕达哥拉斯的介绍
			P29	《九章算术》中求芦苇长度的算题
			P30	阅读与思考:"勾股定理的证明"
			P35	阅读与思考:"费马大定理"
			P39	《九章算术》中竹子折断离地距离算题
	5	九年级上册	P18	阅读与思考:"黄金分割数"
			P78	毕达哥拉斯的语录
			P80	《墨经》中对圆的介绍
			P109	阅读与思考:"圆周率 π"
			P143	伯努利像
	6	九年级下册	P13	题干中介绍阿基米德及杠杆定律相关内容
			P39	测量金字塔高度的算题
			P45	观察与猜想:谢尔宾斯基地毯
			P59	《海岛算经》中求山峰高度算题
			P70	阅读与思考:"一张古老的三角函数表"
			P104	阅读与思考:"视图的产生与应用"

1. 数学史内容的选择分析

由表 3 - 5 可知,人教版数学教材中的数学史主要集中在数学基础知识(数学知识的起源、发展历程、概念的使用)、数学成果(数学知识的发现、定理的证明)、数学问题(历史上数学的问题、习题再现)、数学应用(利用数学知识解决问题的数学史内容)、数学人物五个类型。从 1992 版开始出现数学应用类和数学人物类的史料,且 80% 的数学史料集中在数学问题、数学基础知识和数学成果三类,数学人物类的史料主要穿插在其他史料类型中介绍。

表3-5 人教版6套初中数学教材数学史类型分布

版本	数学基础知识类	数学成果类	数学问题类	数学应用类	数学人物类
1978版	1(11.1%)	2(22.2%)	6(66.7%)	0	0
1982版	2(20%)	2(20%)	6(60%)	0	0
1992版	6(24%)	9(36%)	6(24%)	1(4%)	3(12%)
2001版	7(28%)	8(32%)	6(24%)	1(4%)	3(12%)
2003版	16(39%)	7(17.1%)	13(31.7%)	2(4.9%)	3(7.3%)
2012版	16(39%)	8(19.5%)	12(29.3%)	2(4.9%)	3(7.3%)

2.数学史知识领域

由表3-6可知,代数领域的数学史内容居多,每个版本涉及代数领域的数学史内容的比例都超过50%;几何领域的数学史内容在逐渐递增,2012版中几何领域的数学史数量已是1978版的6倍之多;值得注意的是,代数与几何两个领域的史料出现了知识领域的交叉;从2003版开始,教材加入了统计与概率知识领域的数学史内容,前四个版本均不涉及统计与概率内容的数学史。

表3-6 人教版6套初中数学教材数学史知识领域分布

	代数	几何	统计与概率
1978版	6(66.7%)	3(33.3%)	0
1982版	6(60%)	4(40%)	0
1992版	17(68%)	8(32%)	0
2001版	17(68%)	8(32%)	0
2003版	22(53.7%)	17(41.5%)	2(4.8%)
2012版	21(51.2%)	18(44%)	2(4.8%)

3.数学史位置及呈现方式

由表3-7可知,人教版初中数学教材中的数学史主要分布在章头图、插图、引言、正文、旁注、例题、习题、阅读思考、探究发现等栏目。前两个版本的史料大部分集中在习题当中,后续版本的史料集中在习题与阅读思考中,其中以阅读思考部分史料占比最多。引言和正文部分都涉及数学史,但数量较少。

表 3 - 7　人教版 6 套初中数学教材数学史位置分布

版本	章头图	插图	引言	正文	旁注	例题	习题	阅读思考	探究发现
1978 版	0	0	1	1	0	0	6	1	0
1982 版	0	0	1	2	0	0	6	1	0
1992 版	1	6	1	1	0	0	4	12	0
2001 版	1	6	1	1	0	0	4	12	0
2003 版	0	2	3	1	6	4	11	13	1
2012 版	0	2	3	1	6	4	9	14	2

　　进一步,由表 3 - 8 可知,从呈现方式上看,教材中的数学史以文字形式呈现为主,图文并茂为辅,图片形式的史料较少。前两个版本未出现单独图片形式的史料,1992 版开始出现图片形式的史料,文字形式和图文并茂形式在六个版本中均有涉及。文字形式呈现的史料内容主要是教科书中的习题和例题,图文并茂形式呈现的主要是阅读材料中的史料。2003 版开始,几乎所有的阅读材料都是附加图片来呈现。图片形式的史料主要是单纯的人物头像,在 2012 版教科书中占比也较少,图文并茂形式的史料在逐渐递增,从侧面体现了数学史更加生动地融入教科书中。

表 3 - 8　人教版 6 套初中数学教材数学史呈现方式

版本	图片	文字	图文并茂
1978 版	0	7(77.8%)	2(22.2%)
1982 版	0	8(80%)	2(20%)
1992 版	7(28%)	13(52%)	5(20%)
2001 版	7(28%)	12(48%)	6(24%)
2003 版	2(4.9%)	23(56.1%)	16(39%)
2012 版	2(4.9%)	22(53.6%)	17(41.5%)

　　4. 数学史区域分析

　　由表 3 - 9 可知,人教版初中数学教材注重数学史料选择的文化多元性,多个国家的数学史均有涉及,但中国出现的次数依然是最多的,拉美及非洲等国家数学史料涉及较少。

表 3 - 9　人教版 6 套初中数学教材数学史国度分布

版本	中国	其他东方国家	西方国家	其他国家
1978 版	9	0	0	0
1982 版	9	0	1	0
1992 版	20	0	2	3
2001 版	18	1	3	3
2003 版	18	4	10	9
2012 版	17	4	11	9
合计	91(60.2%)	9(5.9%)	27(17.8%)	24(16.1%)

　　进一步,由表 3 - 10 可知,从选择的数学家人物来看,中外数学家都有介绍,随着年代的增加,教材中的数学家数量也逐渐增多。1978 版的教科书仅仅涉及 6 个数学家,1982 版稍有增加,出现 8 个数学家,而在 2012 版的教科书中有 26 个数学家,较 1978 版超过了 4 倍。然而,教材中对数学家的介绍仍然存在不足,对大部分涉及数学家的史料都仅是介绍其出生年月和著作,对数学家们的曲折探索过程介绍较少。并且在多处涉及数学家人物头像的史料中,大多为中年及以上的人物,也没有涉及女性数学家,在一定程度上可能造成学生对数学家的刻板印象。

表 3 - 10　人教版 6 套初中数学教材数学家分布

版本	数量	数学家人物
1978 版	6	朱世杰、程大位、赵爽、杨辉、刘徽、祖冲之
1982 版	8	朱世杰、程大位、杨辉、徐光启、毕达哥拉斯、欧几里得、刘徽、祖冲之
1992 版	16	祖冲之、刘徽、丢番图、阿尔 - 花拉子米、李善兰、朱世杰、华罗庚、杨辉、贾宪、秦九韶、海伦、徐光启、欧几里得、祖暅、卡瓦列里、欧多克斯
2001 版	16	祖冲之、刘徽、丢番图、阿尔 - 花拉子米、李善兰、朱世杰、华罗庚、杨辉、贾宪、秦九韶、海伦、徐光启、欧几里得、祖暅、卡瓦列里、欧多克斯
2003 版	24	笛卡尔、阿尔 - 花拉子米、李善兰、丢番图、朱世杰、欧几里得、丘成桐、华罗庚、毕达哥拉斯、希帕索斯、杨辉、帕斯卡、贾宪、阿基米德、赵爽、秦九韶、海伦、祖冲之、刘徽、雅各布·伯努利、泰勒斯、谢尔宾斯基、托勒密、加斯帕尔·蒙日
2012 版	26	笛卡尔、阿尔 - 花拉子米、李善兰、丢番图、朱世杰、欧几里得、毕达哥拉斯、希帕索斯、华罗庚、丘成桐、杨辉、贾宪、帕斯卡、秦九韶、海伦、赵爽、费马、怀尔斯、阿基米德、刘徽、祖冲之、雅各布·伯努利、泰勒斯、谢尔宾斯基、托勒密、加斯帕尔·蒙日

5. 数学史主题分析

由表 3 – 11 可以看出,六个版本中涉及的数学史料主题较多,并随版本不断增加,《九章算术》《周髀算经》等内容在每个版本都有所涉及。前四个版本的教科书中的史料主题主要来源于我国古代的问题,大多来自我国古代的经典著作,而后面两个版本中的史料主题融入了国外的数学史料内容,如丢番图墓碑上的题目等,同时也加入了现代的数学发现,如费马大定理的证明等,凸显了教材数学史料主题从单一到多元的变化。

表 3 – 11　人教版 6 套初中数学教材数学家主题统计

主题 ＼ 版本	1978 版	1982 版	1992 版	2001 版	2003 版	2012 版
《算学启蒙》	√	√	√	√	√	√
《算法统宗》	√	√				
《九章算术》	√	√	√	√	√	√
《周髀算经》	√	√	√		√	√
《勾股方圆图注》	√				√	√
《田亩比类乘除捷法》	√	√				
《海岛算经》	√	√	√	√	√	√
《几何原本》		√			√	√
《孙子算经》					√	√
《天文学大成》					√	√
圆或圆周率	√	√	√	√	√	√
数学家头像或简介			√	√	√	√
负数的早期使用			√	√	√	√
丢番图墓碑上的题目			√	√	√	√
代数故事			√	√	√	√
方程组与象牙算筹			√		√	√
杨辉三角			√	√	√	√
秦九韶—海伦公式			√		√	√
几何历史			√		√	√
黄金分割			√	√	√	√

续表 3 – 11

版本 主题	1978 版	1982 版	1992 版	2001 版	2003 版	2012 版
有理数				√	√	√
角的度量和六十进制				√	√	√
数羊					√	
报酬					√	√
杠杆定律					√	
勾股定理的其他证明					√	
用相似原理测塔高					√	
谢尔宾斯基地毯					√	
视图的产生					√	√
费马大定理						√

（三）高中数学教材中的数学史

我们以人民教育出版社出版的《普通高中课程标准实验教科书·数学》5本必修教材为研究对象，统计发现（见表 3 – 12），实验教材中数学史内容的分布具有很多相似之处：从数量上看，数学史内容比较丰富，但在 5 本必修教材的分布并不均衡，多集中于必修 3 和必修 5。从内容和类型上看，主要有数学概念形成史、数学家及其成就史、数学分支学科形成史、数学应用的历史、中外数学对比史及其他六种类型，其中数学应用的数学史最多，注重数学概念的发展历史的介绍。从位置分布上看，数学史的分布主要集中在阅读材料部分，两版教材平均占比达 53% 左右，而且注重在正文的不同位置的数学史，平均占 33% 左右。另外，数学史的呈现以文字型为主，均无以纯图片给出的形式来呈现。

表 3 – 12　人教 A 版高中数学实验必修教材中的数学史内容

册数	数学史内容
必修 1	P16 旁白：函数符号的引入；P26 阅读与思考：函数概念的发展历程；P68 阅读与思考：对数的发明；P91 阅读与思考：中外历史上的方程求解；P110 实习作业：牛顿冷却模型

续表 3－12

册数	数学史内容
必修 2	P22 阅读与思考：画法几何与蒙日；P30 探究与发现：祖暅原理与柱体、锥体、球体的体积；P74 阅读与思考：欧几里得《原本》与公理化方法；P81 章前语：解析几何的创立；P90 阅读与思考：魔术师的地毯；P99 正文：直角坐标系是笛卡儿的伟大贡献；P111 阅读与思考：笛卡儿与解析几何；P124 阅读与思考：坐标法与机器证明；P132 练习：赵州桥
必修 3	P3 旁白："algorithm"简介；P9 旁白：海伦—秦九韶公式；P34 案例：辗转相除法（欧几里得算法）与更相减损术；P36 旁白：《九章算术》简介；P37 案例：秦九韶算法；P45 阅读与思考：割圆术；P46 阅读与思考：刘徽简介；P51 正文："回文数"设计算法；P55 阅读与思考：一个著名的案例；P87 旁白：回归方法；P111 正文：历史上有人做过的掷硬币试验；P112 旁白：雅各布·贝努利的大数定律；P117 试验与发现：遗传学家孟德尔遗传定律的统计规律；P122 阅读与思考：天气变化的认识过程；P132 旁白：蒙特卡罗方法；P140 阅读与思考：概率与密码
必修 4	P7 旁白：最早的弧度制概念；P17 阅读与思考：三角学与天文学；P78 阅读与思考：向量及向量符号的由来
必修 5	P1 章前语：数学发展史上解三角形理论的发展；P21 阅读与思考：海伦和秦九韶；P28 旁白：古希腊毕达哥拉斯学派的数学家研究三角形数；P30 例题：谢宾斯（Sierpinski）三角形；P32 阅读与思考：斐波那契数列；P42 旁白：高斯简介；P55 正文：国际象棋的发明；P55 阅读与思考：九连环；P109 探究：根据赵爽弦图设计第 24 届 ICM 会标

　　为了更加清晰地了解最新版高中数学教材中的数学史状况，我们进一步对根据《普通高中数学课程标准（2017 版）》出版的人教 A 版 2 本必修教材中的数学史进行量化统计。调查发现（见表 3－13）：（1）新人教 A 版中的数学史在各知识主题的分布不均衡，第一册和第二册中的数学史所涉及的知识主题差异也较大，在几何与代数主题中分布最多，为 15 处，占比 38.46%；在数学建模活动与数学探究活动主题中分布最少，为 0 处。（2）新人教 A 版第一册和第二册的数学史在栏目分布上存在差异，具体表现为第一册的数学史在习题部分出现 3 处，第二册在习题部分没有出现数学史。第一册和第二册中的数学史均集中分布在正文和阅读材料中，第二册在阅读材料和正文部分的数学史远远高于第一册，这与第二册的数学史总量高于第一册有关。第一册和第二册在例题、引言栏目中均未出现数学史。（3）新人教 A 版第一册和第二册中的数学史在运用方式上的分布具有一致性，都只在点缀式、附加式、顺应式、重构式中分布，在复制式中没有分布。（4）新人教 A 版第一册和第二册的数学史在信息载体的分布上

具有一致性,都在文字、图文并茂方面具有分布,在图片方面没有分布,而且第一册与第二册中的数学史信息载体均表现为文字形式比图文并茂形式多。总体来说,新人教 A 版中数学史的信息载体从高到低依次为文字、图文并茂、图片。(5)新人教 A 版第一册和第二册在数学史时期上分布相同,均分布在初等数学时期、近代数学时期、现代数学时期。新人教 A 版中数学史内容出现在近代数学时期最多,然后是现代数学时期、初等数学时期,在数学的起源与早期发展中没有出现。

表 3－13　新人教 A 版数学必修教材中的数学史内容

册数	数学史内容
必修第一册	P6"中国古代四大发明"与集合;康托尔集合论及希尔伯特、罗素对集合论的评价;康托尔肖像;P15 有限集元素个数符号的来源;P24 第 24 届国际数学家大会会标由来;P62 函数符号的起源;P75 函数概念的发展历程及《代微积拾级》;P97 函数的形成与发展;P103 碳 14 推断良渚古城的存在时期;P115 半衰期的起源;P122 对数符号的来源;P125 常用对数表、自然对数表的制作;P128 对数的发明;P140 鲑鱼游速与其含氧量单位数关系间的数学模型;P147 中外历史上关于方程求解问题;P148 马萨斯人口增长模型;P148 马尔萨斯人口理论争议;P149 良渚古城草裹泥上提取的草茎遗存物碳 14 测量为历史背景的函数问题;P150 马尔萨斯人口模型求解实际问题;P150 二里头古建筑群样本物碳 14 测量为历史背景的函数问题;P157 对数概念的形成与发展;P161 切尔诺贝利核电站爆炸污染物锶 90 消除时间为历史背景的函数问题;P173 弧度制的起源;P186 三角学与天文学的发展;P190 数学家求解三角函数值的方法;P224 纳皮尔三角函数表;P231 徐光启《农政全书》、简车;P250 声音函数的由来;P256 泰勒发现的公式
必修第二册	章首语:数系的扩充过程;P6 向量及向量符号的由来;P49 天文学家测量地月距离;P55 海伦和秦九韶介绍;P67 负实数开平方历史;P68 复数的虚数单位的由来;P71 阿尔冈图的由来及意义;P81 一元多项式方程求解的历程和代数基本定理;P91 棣莫弗定理的推导及应用;P93 复数的发现与应用;P112 画法几何与蒙日肖像;P121 祖暅原理的起源及应用;P165 欧几里得《原本》与公理化方法的介绍及欧几里得肖像;P166 几何学的发展;P187 以《中国统计年鉴》史料为背景的数学内容;P208 二战时德国坦克总量估算;P217"阿尔法狗"的介绍;P226 样本空间概念的起源;P234 概率一般定义的提出;P253 伯努利肖像;P255 蒙特卡洛方法的兴起与发展;P259 孟德尔遗传规律及肖像

二、对数学史融入中小学数学教材的思考

(一)数学史融入中小学数学教材的目标

到底秉持"什么样的教育目标或理念"进行数学史内容设计是数学史融入

中小学数学教材首先要考虑的重要问题。不同的学者持有不同的观点。博耶等人基于数学历史认识论,将数学史作为促进数学的元认知和关于数学及其学习的元知识,从"数学内部问题"和"数学的元知识"两个维度分析教材中数学史的目标(见表 3-14)。但这一目标定位存在一定的局限性,并不十分契合我国数学教育界对教材中数学史目标的认识、理解与期望。正如李文林先生所言,数学教育中的数学史,不仅是"为数学而历史",还是"为教育而历史",教材中数学史的目标也不外如此。目前,比较有代表性的是蒲淑萍等人在详细梳理中外学者观点的基础上,从"数学自身"和"数学教学"等两大方面十二个维度提出了教材中使用数学史的目标,可供数学教材开发者参考使用。

表 3-14 教材中使用数学史的目标

一级指标	二级指标
A. 数学自身	A1 反思数学自身发展的目标
	A2 解决数学内部问题的工具
	A3 数学概念的历史背景和来龙去脉
	A4 强调或突出数学的进化特征、文化特征
	A5 将学校数学与不断发展着的数学科学联系起来,促进数学发展
	A6 反映数学发展的多种形式以及古今方法不同
B. 数学教学	B1 作为趣味活动
	B2 修正师生观念
	B3 使数学课程人性化
	B4 增强学科联系,提供数学与其他学科学习的合作机会
	B5 提供史学、文化视角,引导教学设计,加深数学理解
	B6 提供历史再创造的素材与过程指导,实现探究学习

(二)数学史融入中小学数学教材的原则

首先,科学性是教材数学史内容选取的基本原则和底线要求。数学史料应符合史实,而不是胡乱编造,不能有错误。另外,在历史评论中也要避免内容错误、晦涩不明、以偏概全等问题的出现,否则,以数学史促进数学教学的期盼将会落空,目标难以达成。

其次,连续性和可接受性是教材编排数学史的重要原则。连续性是指介绍的数学史内容应脉络清晰、自成体系以使学生形成系统的认识。比如高中数学教材有"复数概念的产生和发展"的专题介绍,初中教材中就自然有"负数的历史""无理数的历史"等数学史专题介绍。还比如,介绍 17 世纪的三大数学成就,要介绍对数的发明和解析几何的诞生,就应该先介绍微积分的创立。否则,就会人为地割裂历史,造成一叶障目,知其然不知所以然。

可接受性就是数学史的呈现要符合中小学生的认知基础,从学生的年龄特征与认知特点出发,以易于为学生所接受的形式呈现,并且要求选取的内容要能激发学生的学习兴趣。比如,在小学阶段对圆的发展历史的介绍应形象、生动,让学生能够直观感知,而在初中、高中阶段,则应借助史料更多地培养学生的理性思维和数学思想方法。

(三)数学史融入中小学数学教材的呈现方式

数学史内容在中小学数学教材中的呈现方式直接关系到数学教育的目标达成。因此,中小学数学教材中的数学史内容编排不应简单地移植和嫁接,而应对历史数学概念、思想、方法与问题进行挖掘、提炼、改造和升华,将数学史内容的"史学形态"转化为适当的"教育形态"。为此,不少学者针对数学史融入教材提出了多种运用方式。比较有代表性的是华东师大汪晓勤教授在借鉴 Tzanakis、Arcavi 以及 Jankvist 研究结果的基础上,按照数学史与数学教学内容的关联程度(见表 3 - 15),将数学教材运用数学史的方式分为点缀式、附加式、复制式、顺应式、重构式五类,后被学者广泛采用。

表 3 - 15　数学教材运用数学史的五种方式

类别	具体内容
点缀式	孤立的图片,如数学家画像、数学图案、反映数学主题的绘画或摄影作品等
附加式	文字阅读材料,包括数学家生平、数学概念、符号、思想的起源、历史上的数学问题、思想方法等
复制式	正文各栏目中直接采用历史上的数学问题、问题解法、定理证法等
顺应式	正文各栏目中对历史上数学问题进行改编,使之适合今日课堂教学的情境或属性
重构式	正文各栏目中借鉴或重构知识的发生、发展历史,以发生法来呈现知识

总体来说,以显性和隐性相结合的方式渗入数学教材各环节是数学史内容融入中小学数学教材极为重要的呈现方式,可以在课程介绍、概念引入、定理发现与证明、问题配置与求解等教材环节融入数学史。课程介绍是在展开某一数学分支内容时对该分支的内涵、特点、作用等所作的概括性描述,目的是使学生

站在数学历史发展的长河之岸鸟瞰所学知识在数学发展过程中的地位与作用，以便从整体上认识、把握所学知识概貌，构建起结构良好的数学知识网络。

引入数学概念时以恰当的方式介绍其发展历史，有助于学生从整体上把握数学概念的发展脉络，感受隐含在概念演变与修正过程中的丰富智慧，对数学概念形成完整、恰当的认识，领悟数学思维的本质，并在领略数学家们为概念的日臻成熟所付出的艰辛与努力以及所经受的困难与挫折的过程中体验人性化的数学。

数学问题配置与求解中可选择历史上不同时期、不同文化的一些著名数学问题，这些问题及其求解提供了相应数学内容的现实背景，揭示了实质性的数学思想方法，蕴含了数学家为之奋斗的曲折历程与苦乐体验，展现了广阔而生动的人文背景。在问题求解中应侧重对历史上所用各种数学思想方法进行比较分析，使学生了解不同文化背景中的数学思考方式，旨在培养学生数学洞察力，启发其数学思维，提升其数学欣赏能力。

（四）数学史融入中小学数学教材的设计模式

目前教材中数学史内容设计主要采用"阅读材料式数学史"和"习题内容引出数学史"两种设计模式。事实上，还可以增加另外两种设计模式，即"学习内容引出数学史"和"数学史引出学习内容"设计模式。"学习内容引出数学史"模式以学习内容为主线，数学史作为学习内容的注解和阐释，能够丰富学习内容的内涵，为数学知识的学习增添绚丽色彩，使学生在学习数学知识的同时体验数学的历史厚重感和美感。"数学史引出学习内容"模式是用数学史引领数学知识的学习，使学生置身于历史境遇中，感受知识发生和发展的过程，形成对数学知识的历史性理解。后两种与前两种模式的本质不同在于，数学史内容被请进了中小学数学知识体系的核心殿堂，而不是边缘化于学习内容。其中"阅读材料式数学史"设计要求难度最低，其他三个设计难度要求相对较高。

因此，针对不同年级阶段可以采用不同的设计模式，并采用"螺旋上升"的方式进行深度设计，以便促进学生逻辑思维能力的发展。比如对于初中阶段，七年级学生逻辑思维能力较弱，数学史的学习更多采用"阅读材料式数学史"。所以，此阶段应选取一些数学家的成长历程、某个专题的发展史等通俗易懂、容易引起学生数学兴趣的内容。但要注意数学史料的真实性，也必须对所选史料做进一步的加工，以适应学生的心理年龄特点、知识接受水平和数学生活经验，便于学生接受。八年级学生由于思维能力的增强,单纯的数学史的趣闻逸事已不能满足他们的学习需求,应用四种交叉的设计模式,将数学游戏、数学历史趣题等编进数学史料,让他们去探索和思考。九年级教材应该结合课本内容,多编一些结合数学史的探索性题目,更多地制造机会让学生认识和建构数学知识发展的过程,注重渗透思想方法。

参考文献

[1]中华人民共和国教育部.全日制义务教育数学课程标准(实验稿)[M].北京:北京师范大学出版社,2001.

[2]中华人民共和国教育部.义务教育数学课程标准(2011年版)[M].北京:北京师范大学出版社,2012.

[3]中华人民共和国教育部.义务教育数学课程标准(2022年版)[M].北京:北京师范大学出版社,2022.

[4]中华人民共和国教育部.普通高中数学课程标准(实验)[M].北京:北京师范大学出版社,2003.

[5]中华人民共和国教育部.普通高中数学课程标准(2017年版2020年修订)[M].北京:人民教育出版社,2020.

[6]陈朝东,李欣莲,王利.义务教育数学课程标准对数学史的定位与思考[J].教育导刊,2016(4):53-56.

[7]沈佳.小学数学教材中数学史内容的比较研究[D].杭州:杭州师范大学,2018.

[8]王保红,郭甜甜,陈梦瑶.高中数学必修教材中数学史内容的比较研究:以人教A版和北师大版为例[J].中学数学(高中版),2019(7):24-27.

[9]张盛熔.新人教A版高中数学必修册教科书中数学史内容的研究[D].武汉:华中师范大学,2020.

[10]孙庆括.浙教版初中数学教科书中数学史料的分析与建议[J].中学数学月刊,2011(10):14-17.

[11]汪晓勤.法国初中数学教材中的数学史[J].数学通报,2012,51(3):16-20,23.

[12]蒲淑萍,汪晓勤.教材中的数学史:目标、内容、方式与质量标准研究[J].课程·教材·教法,2015,35(3):53-57.

第四章　中小学数学史教学素材与案例

数学史融入课堂教学是实施素质教育及数学学科德育的重要途径,对落实数学教育立德树人根本任务具有重要意义。本章基于历史文献和研究文献,首先选取部分与中小学数学密切相关的课题对其发展历史进行深入考察,以便为教师课堂教学提供数学史素材。其次,精选部分已发表的中小学数学史教学案例,根据不同的设计模式分类展示其教学设计与实施的过程,以便为一线教师开发更多优秀教学案例提供参考。

第一节　中小学数学史几则教学素材

一、小学数学史几则教学素材

(一)字母表示数的历史

"用字母表示数"是由"算术语言"向"代数语言"过渡的起始,打破了从"确定的数"到"不确定的数"之间的壁垒。1842 年,德国数学史家内塞尔曼(G. H. Nezzelmann)在《希腊代数》中,依照时间顺序以及代数的表达方式将代数学的发展过程分成以下三个阶段。

1. 修辞代数阶段

公元 3 世纪以前,即古希腊丢番图以前的时期,无论是以河谷文明著称的四大文明古国,还是海洋文明的领军者古希腊,人们都还没有想到使用任何符号表示数,所有数学问题及讨论解决都是用文字来表达和说明。

最早的代数被发现于苏美尔人(约公元前 3000 年)的黏土片上,最早的代数语言是古巴比伦人(约公元前 1900 年)在使用苏美尔人的旧教材过程中产生的。古巴比伦人常用"us"(长)、"sag"(宽)、"asa"(面积)这些文字代表未知量。比如,大英博物馆所藏的古巴比伦时期泥版 BM13901 上就载有七个一元二次方程问题,其中第 1 题为:"将正方形面积(asa)与边长(us)相加,和为 $\frac{3}{4}$,求边长(us)。"解法如下:"置系数 1,半之,得 $\frac{1}{2}$;$\frac{1}{2}$ 自乘,得 $\frac{1}{4}$。将 $\frac{1}{4}$ 与 $\frac{3}{4}$ 相加,得

1;此为 1 的平方,从 1 中减去 $\frac{1}{2}$,得 $\frac{1}{2}$,即为正方形的边长。"第 2 题:"从正方形

面积(asa)中减去边长(us),得 870,求边长(us)。"解法如下:"置系数 1,半之,

得 $\frac{1}{2}$;$\frac{1}{2}$ 自乘,得 $\frac{1}{4}$。将 $\frac{1}{4}$ 与 870 相加,得 870 $\frac{1}{4}$;此为 29 $\frac{1}{2}$ 的平方。将 29 $\frac{1}{2}$ 与

$\frac{1}{2}$ 相加,得 30,即为正方形的边长。"后面几题都是类似的解法。

进一步,古埃及人把未知数用"堆"(hau)表示,意思是一堆不知道多少数量的谷物。他们在数学著作《莱因德纸草书》中,论及食品和其他东西分配的问题时出现了简单的方程,如第 31 题:"有一堆,加上它的 $\frac{2}{3}$、它的 $\frac{1}{2}$ 和它的 $\frac{1}{7}$,共为 33,求该量。"

由此可见,在代数学发展的早期,人们就完全用特定的文字来表达一个代数问题及其解法。在这一阶段,由于人们不知道用字母表示数,数列"通项"的概念是根本不存在的,这一思想导致人们对于数列求和的计算,仅仅局限于具体的若干项的计算。约公元前 300 年,塞琉古时期的泥版 AO6484 上就载有 1 至 10 的平方和。古希腊、阿拉伯、犹太人的数列求和公式都是如此。其中较为著名的古希腊毕达哥拉斯学派(公元前 6 世纪)研究的多边形数,就很好地阐述了这一现象。该学派晚期数学家尼可麦丘(约公元 100 年)在《算术引论》中列出:

三角形数:1　3　6　10　15　21　28　36　45　55…

正方形数:1　4　9　16　25　36　49　64　81　100…

五边形数:1　5　12　22　35　51　70　92　117　145…

六边形数:1　6　15　28　45　66　91　120　153　190…

七边形数:1　7　18　34　55　81　112　148　189　235…

对于毕达哥拉斯学派的数学家来说,他们可以很轻易地说出一个具体的多边形数,却无法表达"任一三角形数""任一正方形数""任一五边形数"等的大小,更不能表达出"任意边形数"。

即便是大数学家欧几里得,虽然在其所著的《几何原本》(公元前 3 世纪)中,把线段的名称用一个或两个字母表示,但他同样不会用字母表达"任意多

个",依然只能用烦琐的文字来说明其观点。如对命题"若将几个偶数相加,则其和为偶数"的证明:"设把几个偶数 AB,BC,CD,DE 相加,则可证其和 AE 为偶数。因为,数 AB,BC,CD,DE 中的每一个都是偶数,则它们可被二等分。这样,其和 AE 也可二等分,但可以二等分的数为偶数,所以 AE 为偶数。"可见,在证明的过程中,欧几里得只能用 4 个偶数来代替"几个偶数",只能反复使用偶数的原始定义进行证明,只能用冗长的几何语言来表达等式 $2K_1 + 2K_2 + \cdots + 2K_n = 2(K_1 + K_2 + \cdots + K_n)$。

2. 缩略代数阶段

公元 3 世纪左右,被誉为古希腊代数学鼻祖的丢番图(Diophantus)在著作《算术》中,首次创造并使用了一套缩写符号,用来简化文字叙述运算。如,他用 p 代表 plus(加), m 代表 minus(减)等,特别是用符号 ξ 来表示未知数并用于计算。比如《算术》第 1 卷第 1 题:"已知两数的和与差,求这两个数。"丢番图的解法是:"假设和为 100,差为 40,较小数为 ξ,较大数为 $40p\xi$(这里 p 指'＋'),则 $2\xi p40 = 100$,也就是 $2\xi + 40 = 100$,故得 $\xi = 30$,可得较大数为 70。"由此可见,丢番图创立的缩写符号是摆脱文辞代数的束缚进入缩略代数阶段的标志。因为在用字母表示数的希腊计数制度中,字母 $\alpha, \beta, \gamma, \cdots$ 表示的都是已知自然数 1,2,3,只有字母 ξ 还没有用来表示自然数。丢番图把未知数 ξ 称为"未确定单位的数"。虽然丢番图让代数学前进了一大步,但由于不知道用字母来表示任意一个数,丢番图只能用特殊的数来代替题中的已知数,用特殊的比来代替题中的已知比。同丢番图一样,其他数学家对于用字母表示数也仅仅限于对已知题目中的未知量的表述,而对于任意数则没有涉及。

进一步,印度数学家婆罗摩笈多及婆什迦罗(Bāhskara,1114—1185)等都用梵文颜色名的首音节来表示未知数,具体如表 4 - 1 所示。如常见的代数式 $x + 1$ 则用"ya 1 ru 1"表示, $200x - 160y - z + 0$ 则被表示为"ya 200ca 160 ní $\overset{.}{1}$ ru 0"。需要注意的是,古代印度人用数字上一点表示负号。

表 4 - 1　印度数学家用字母表示数

中文名	梵文音译名	首音节	表示的数
常数	Rupa	ru	常数项
多少	yávat-távat	ya	第一未知数
黑色	Calaca	ca	第二未知数

续表 4 - 1

中文名	梵文音译名	首音节	表示的数
蓝色	Nílaca	ní	第三未知数
黄色	Pítaca	pí	第四未知数
白色	Pandu	pa	第五未知数
红色	Lohita	lo	第六未知数
平方数	yávat-távat varga	ya v	x^2
平方根	Caraní	c	$\sqrt{}$

后来,婆什伽罗在其《代数》中还讨论了代数式的加、减、乘、除和乘方运算,如 ya 1 ru 1 与 ya 2 ru 8 相加,ya 5 ru $\overset{\cdot}{1}$ 与 ya 3 ru 2 相乘之类,但他把代数式中的字母看作未知数,而不是一类数。至于方程,则用两个上下对齐的多项式来表示。比如:"甲有 300 金及 6 匹马,乙有同价的 10 匹马,但欠债 100 金。若甲乙二人财产相同,问马价几何?"设马价为 ya 1,则得方程

$$ya\ 6 \quad ru \quad 300$$
$$ya\ 10 \quad ru \quad 1\overset{\cdot}{0}0$$

此即 $6x + 300 = 10x - 100$。

另外,早在秦汉时期,中国数学家们为了编制历法,就已经开始对一些方程进行研究,那时的人们用"天,上,……,仙"九个字分别表示未知数的正幂,用"地,下,……,鬼"九个字表示负幂,用"人"表示常数项。1248 年,金代数学家李冶对其进行了简化,其在著作《测圆海镜》中,系统论述了一种用数学文字符号列方程的方法——天元术,明确用"天元"表示未知数一次项,"立天元一为未知数"相当于现在的"设未知数为 x",用天、地表示未知数的正次幂和负次幂,规定正幂在上,常数和负幂在下。在天元术中,多项式用分离系数法和位值制表示:在一次项旁记一个"元"字或在常数项旁记一个"太"字,其他项的幂次视与"元"或"太"的相对位置而定。如图 4 - 1 和图 4 - 2 分别表示多项式 $x^2 + 32x + 256$ 和 $x^3 + 336x^2 + 4184x + 2488320$。总的看来,李冶用缩写的字母或文字来表示未知数,推动了代数学的发展。天元术列方程的方法和现代列方程的方法相一致,欧洲数学家直到十六七世纪才做到这一点。

图 4-1 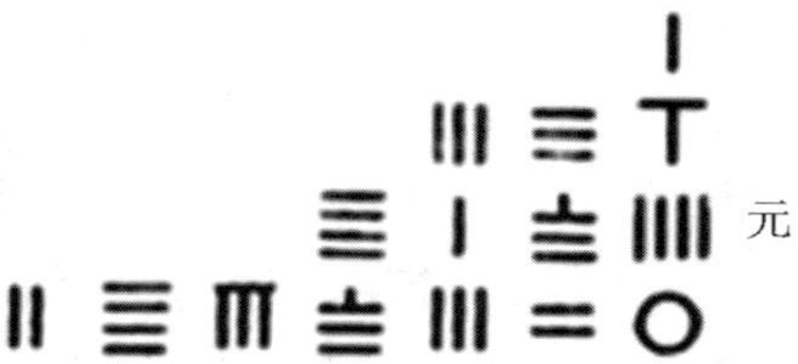　　　　　　　　　　　　图 4-2

随后的代数学家,如希腊的花拉子米(Al-Khwarizmi)等虽向符号代数有所接近,但只在字母表示数的类型与方程解的一般性上做出了贡献,而不是尝试表达"一般量"或说"一类量"。到 13 世纪初,意大利数学家斐波那契在《计算之书》中,依然没有用字母来表示数,即使其给出了二次幂和的求法,他仍然与古希腊和阿拉伯的数学家一样没有用字母来表示"任意数",只是取一个特殊的数作为项数。

3. 符号代数阶段

"符号代数"的产生应归功于 16 至 17 世纪法国杰出的数学家韦达(Francois Viète,1540—1603)与笛卡尔(René Descartes)。

韦达受战场上破译密码的启发,在积累前人经验的基础上,有意识地、系统地使用字母表示数,实现了代数学最重大的历史性的突破。1591 年,韦达在其著作《分析引论》中第一次有意识地使用字母来表示未知数以及已知数。在该书中,韦达以辅音字母表示已知量,元音字母表示未知量,他把这类新的代数称作"类的算术",同时规定了算术与代数的分界,认为代数运算施行于事物的类或形式,算术运算施行于具体的数。这就使代数成为研究一般类型的形式和方程的学问。至此,用字母可以表示任何数,韦达笔下涌现出无数的代数恒等式:

$$A^2 + 2AB + B^2 = (A + B)^2$$
$$A^3 + 3A^2B + 3AB^2 + B^3 = (A + B)^3$$
$$(A + B)^2 + (A - B)^2 = 2(A + B)^2$$
$$(A + B)^2 - (A - B)^2 = 4AB$$
$$(A + B)(A - B) = A^2 - B^2$$
$$(A + B)^3 + (A - B)^3 = 2A^3 + 6AB^2$$
$$(A + B)^3 - (A - B)^3 = 6A^2B + 2B^3$$
$$(A - B)(A^2 + AB + B^2) = A^3 - B^3$$
$$(A + B)(A^2 - AB + B^2) = A^3 + B^3$$

当把上述大写字母换成小写字母时,这些等式就是我们现在常用的完全平方、完全立方、平方差、立方差等公式。

韦达之后,费马(P. de Fermat,1601—1665)用字母来表示曲线的方程,大写元音字母表示变量,大写辅音字母表示常量。笛卡尔则主要对韦达的符号系统进行了改进,认为韦达创造使用的未知量和已知量符号不够简洁。1637 年,笛卡尔在他的里程碑式作品《几何学》中采用小写字母,并将字母表中靠前的字母,如 a,b,c 等表示已知数或常量,靠后的字母 x,y,z 等表示未知数或变量,初步建立了代数符号系统,发展成为今天的习惯用法。但韦达、费马和笛卡尔所用字母表示的数,都是正数。

直到 1657 年,荷兰数学家赫德首先提出字母既可以表示正数,又可以表示负数。从此以后,数学家历经两千多年努力所创造的用字母表示数的方法,便贯穿于全部数学中。由此,数学在表达方法、解题思想和研究方法方面都发生了深刻的变化。有了字母表示数,代数学中的代数式、代数方程便出现了。

(二)分数的历史

在数的历史上,分数几乎与自然数同样古老,但分数在数学中传播并获得自己的地位,用了几千年的时间。分数的引入,使得由整数和分数组成的有理数系得以构成。5 世纪左右,中国就已经建立起较为完整的分数理论。印度直到 8 世纪才提出了分数的有关理论。古希腊人把普通分数都写成单位分数和的形式,他们还有自己的单位分数表。在欧洲,人们普遍接受具体的分数算法及理论已经是文艺复兴时期的事情了。

1. 古埃及的分数

古代埃及人记数法中最大的特点是用单位分数的和来表示所有的真分数。《莱因德纸草书》在一开始就有一个将 $\frac{2}{k}$($k = 5,7,\cdots,101$ 的奇数)表示为单位分数之和的数表。比如 $\frac{2}{5} = \frac{1}{3} + \frac{1}{15}$;$\frac{2}{29} = \frac{1}{24} + \frac{1}{58} + \frac{1}{174} + \frac{1}{232}$。单位分数有独特的记载方法。除几个特殊的分数外,在象形文体中单位分数的符号是在表示整数的符号上面加一个扁圆形符号"◯"(原意为 $\frac{1}{32}$,后来表示"部分")。比如 $\frac{1}{4}$ 为 ◯|||| , $\frac{1}{28}$ 为 |||◯◯。在僧侣文体中该符号简化成为一个点,如 $\frac{1}{28}$ 为 ══六。《莱因德纸草书》是用僧侣文写的,其中这样的例子很多。值得注意的是,古埃及文

字自右向左书写,因此数字排列也自右向左。先写大单位的数,再写小单位的数,分数符号只标在大单位的数上,如 $\frac{1}{202}$ 为 ⫴𓏘 或 ⫴𓏘。纸草书中还有一个数

1 至 9 除以 10(即 $\frac{1}{10},\frac{2}{10},\cdots,\frac{9}{10}$)表示为单位分数之和的数表。依照这两个表,埃及人创立了一套独特的分数运算及算术体系,并将所有分数都化为单位分数

($\frac{2}{3}$ 除外,它在埃及算术运算中扮演着特殊角色,并用一个专门的记号来表示)

的和来表示。比如 $\frac{4}{5}$ 表示为 $\frac{2}{3}+\frac{1}{10}+\frac{1}{30}$。其分数运算也只有加法,没有乘法和除法运算。分数的乘法是利用单位分数逐次加倍来计算的,因此古埃及的分数理论并不实用。这种单位分数至今仍在非洲一些地区使用。

2. 古巴比伦的分数

巴比伦人普通分数的记法与他们的整数记法类似,采用 60 进位值制,被称为 60 进制分数。在保存下来的泥板书中看到一个非常典型的例子,YBC7289(美国耶鲁大学巴比伦收藏品第 7289 号)所列的几何问题,将 $\sqrt{2}$ 表示为

𒐏𒐊𒐏𒐊,即($1;24,51,10$),用分数表示为 $1+\frac{24}{60}+\frac{51}{60^2}+\frac{10}{60^3}$,约等于

1.414213。该题求出当边长为 30 时,正方形的对角线 $\sqrt{2}$ 倍的边长为($42;25,$

35),即 $42+\frac{25}{60}+\frac{35}{60^2}$。这种表示法有位值制记数法简洁实用的优点,但也有一个缺陷,不能确切区分整数部分与分数部分,只能根据具体例子或上下文来判断,以至于我们引用 60 进位制时要添加适当的量词或特别记号表示分数。这种情况对于研究巴比伦古代数学文献带来很大不便。

3. 古希腊的分数

古希腊的分数记法早期受埃及人影响,普通分数都用单位分数的和表示,他们也有自己的单位分数表。在《艾赫米姆纸草书》中给出了 $\frac{m}{n}$ 型分数分解为

单位分数之和的表达式,其中 m 可以取不同的值,$n=3,4,\cdots,20$,如 $\frac{3}{17}=\frac{1}{12}+\frac{1}{17}$

$+\frac{1}{51}+\frac{1}{68}$。古希腊人的整数记法采用字母表示,单位分数有时在表示整数符号

的右上角加一小撇,比如 $\chi = 3$,$\chi' = \dfrac{1}{3}$;$\alpha\beta = 32$,$\alpha\beta' = \dfrac{1}{32}$ 等。有时也在字母上加

两撇,γ'' 相当于 γ'(等于 $\dfrac{1}{7}$)。还有的数学家直接将分母写在分子上面,类似于

现行的分数格式,如 $\dfrac{\varepsilon}{\chi}$ 表示 $\dfrac{3}{5}$($\varepsilon = 5$)。到了丢番图(Diophantus,约 246—330),

希腊人已抛弃了单位分数表示普通分数的烦琐方法,改用了将符号 $\omega\nu$ 加在数

目字右上角表示该数为分母的方法,如 $\delta^{\omega\nu}\zeta = \dfrac{6}{4}$($\delta = 4$,$\zeta = 6$)。后来又出现了

将分子分母写成两行的格式,分子在下,分母在上,与现在写法相反,比如 $\dfrac{\rho k \eta}{\rho} = $

$\dfrac{100}{128}$($\rho = 100$,$k = 20$,$\eta = 8$)。此外,希腊的天文学家接受了巴比伦人的记数习

惯,大量应用了 60 进位制分数,在数目的右上角加一撇表示分,加两撇表示秒,

等等。如 $\mu\zeta\mu\beta'\mu'' = 47°42'40''$。在托勒密(Ptolemy,约 100—170)的著作中将单

位圆内 120° 角所对的弦长表示为 $\rho \chi \nu \varepsilon' k \chi''$,相当于 $\sqrt{3} = \dfrac{103}{60} + \dfrac{55}{60^2} + \dfrac{23}{60^3} \approx$

1.7320509。

4. 罗马的分数

罗马人的分数记法最早体现在算盘上,与货币单位有关。算盘记数对整数

采用 10 进位制,而对分数采用 12 进位制。例如算盘上的符号 | 表示一个整数

单位,符号 O 就表示 $\dfrac{1}{12}$ 个整数单位。再往下还有几个表示 $\dfrac{1}{2}$、$\dfrac{1}{4}$、$\dfrac{1}{6}$ 等数的符

号,但都以 O 为基本单位,即相当于 $\dfrac{1}{24}$、$\dfrac{1}{48}$、$\dfrac{1}{72}$ 个整数单位。据称这种 12 进位制

分数是罗马人自己发明的,后来影响较广。算术书中用罗马数字表示分数时已

到了 16 世纪,如 $\dfrac{1}{4}$ 为 $\dfrac{\text{I}}{\text{IIII}}$,$\dfrac{20}{31}$ 为 $\dfrac{\text{XX}}{\text{XXXI}}$ 等。分数线的最早使用是中世纪学者海塞

尔,到斐波那契时已常用了。分数线也可用作除法的记号,还可以表示比例,但

后两种意义应用的时间较晚。

5. 中国的分数

中国在甲骨文中看不到小于单位 1 以下的记数字,在分数符号出现之前的

很长时间内处理问题都靠量词。如尺下有寸、分,斤下有两、钱等,$1\dfrac{9}{10}$ 尺记为 1

尺 9 寸。后来出现一些特殊分数的名称,如少半($\frac{1}{3}$)、太半($\frac{2}{3}$),还有少($\frac{1}{4}$)、太($\frac{3}{4}$)、强($\frac{1}{12}$)等。也有许多将数词和量词合二为一的分数概念词,如|尖、半料、半升等。约在战国中期已有了一般的分数记叙法,如十六尊五分尊一($16\frac{1}{5}$尊)。中国古代的数学经典著作《九章算术》中给出现了"约分"、"通分"、"合分"(分数加法)、"减分"(分数减法)、"乘分"(分数乘法)、"经分"(分数除法)、"课分"(分数的大小比较)、"平分"(求分数的平均数)等较为完整的分数运算法则,是世界上最早系统阐述分数的著作。到《孙子算经》记叙了分数式的写法。采用算筹式记数法排列时一般有纵式和横式两种格式:整数在上,分子居中,分母在下(纵式);分子在左、分母在右(横式)。横式一般在运算过程中使用,表述运算结果时往往用纵式。

6. 印度的分数

印度的分数开始也只有单位分数,如 $\frac{1}{2}$、$\frac{1}{4}$、$\frac{1}{8}$ 等。早在公元前 6 世纪以前的吠陀文学中就有使用。后来一批数学家的著作中相继出现了分数的记载,如 $14\frac{3}{7}$、$10\frac{1}{20}$ 等,还有几个利用单位分数表示的近似无理值,如 $\sqrt{2} = 1 + \frac{1}{3} + \frac{1}{3\times 4} - \frac{1}{3\times 4\times 34} \approx 1.4142156$。约在公元 10 世纪,印度人带分数的表示与中国相仿,有中国传去之说。

(三)乘法算法的历史

两个数字相乘,学生一般都能运用目前全世界通用的、耳熟能详的算法来进行乘法运算。但由于不同民族文化中乘法运算产生的历史渊源不同,因此解决策略更是灵活多样,如中国算盘中的乘法、埃及乘法、俄罗斯乘法、格子乘法、纳皮尔乘法等。

1. 中国算盘乘法

中国的算盘是最有生命力的穿珠算盘。算盘中间的横梁将算珠隔为上下两部分,每一档位于梁的上面有两颗算珠,上珠下面有颗下珠,一颗上珠代表一个单位,一颗下珠代表一个单位,个档从右往左分别代表个位、十位、百位、千位等等。通过算珠的上下滑动可以表示一个给定的数。用算盘做加法计算时无须考虑位的相加顺序,乘法则涉及不同的起始数值在算盘上的排列。

例如计算 436×8,首先将乘数置于算盘的左边,被乘数则置于算盘的右边,需要注意的是被乘数的右边要留有一个空位,运算步骤如图4-3所示,图4-3(4)所示的即是最后的计算结果3488。其中,被乘数的右边留有空位,空位个数等于乘数的位数。

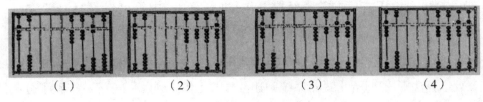

（1）　　　　　（2）　　　　　　（3）　　　　　（4）

图4-3

2. 中国筹算乘法

与现在竖式乘法相仿的最早形式是中国的筹算乘法。其中筹算乘法分为三层,以上位、中位和下位为序分别为:乘数、积和被乘数。先用乘数的最高位上的数去乘被乘数,乘完后去掉这位的算筹,再用乘数的次高位去乘被乘数。同样,乘好后去掉相应位的算筹,两次之积对应位上的数相加,以此类推,乘完为止。图4-4展示了 32×13=416 的计算过程。计算时把多位数变成一位数去乘多位数,乘一位加一位。计算原理和我们现在惯用的竖式乘法完全一致,只是计算和书写的顺序有所差别。

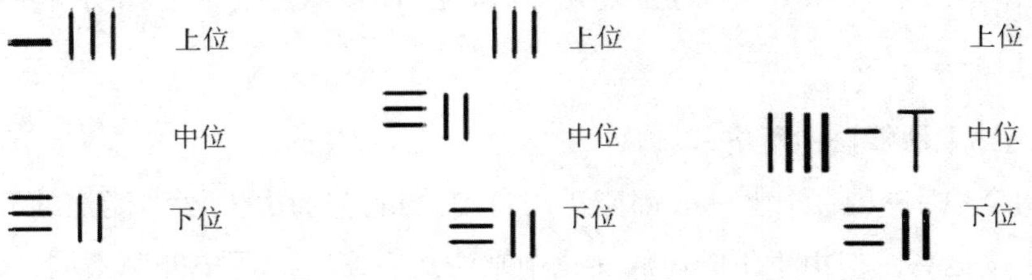

一|||　上位　　　　　|||　上位　　　　　　　上位

　　　中位　　　　三||　中位　　　||||一丁　中位

三||　下位　　　　三||　下位　　　三||　下位

（1）　　　　　　　（2）　　　　　　　（3）

图4-4

3. 埃及乘法

埃及乘法是埃及人在4000多年前发明的最早的乘法之一。他们用一组固定的象形文字表示 10^0（或者 1）到 10^6（6 个 10 的连续整数次幂）。任何数都可以用这些符号的组合来表示,如 $12013 = 3 + 1(10) + 2(10^3) + 1(10^4)$

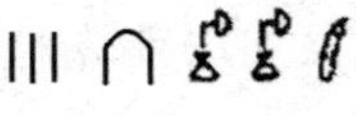

=|||∩ 𓏭 𓏭 𓏭

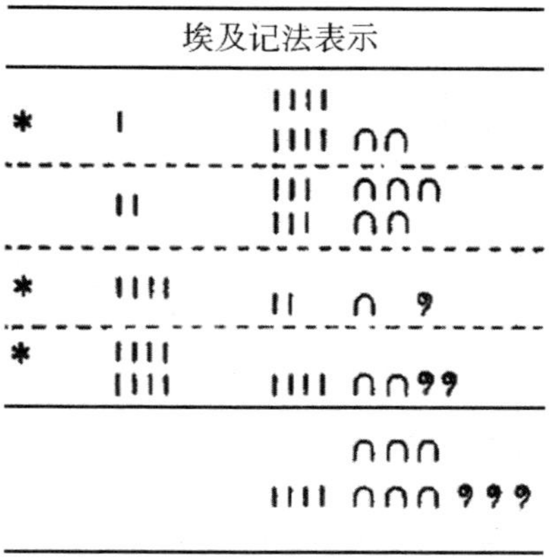

埃及记法表示	现代记法表示

图 4 – 5

埃及乘法算法最大的优点是它只需要学习者具备连续的加倍运算技能,从而回避了开始学习乘法表时那种既枯燥又费力的学习状况,图 4 – 5 是计算 28 × 13 过程的记录。要想得到结果,首先要决定两个数中哪一个数是乘数,假如选择 28 作为乘数,则将 28 连续与 2,4,8,…相乘,当左边的数字超过乘数 13 时就停止加倍运算,选择相加为 13 的那些数,然后将与这些数相对应的右栏中的数字相加得到 364。若此算法适用于任何两个整数相乘,则必须遵循如下规则:每一个整数都能够表示为 2 的整数次幂的和的形式。虽然还没有证据说明埃及人是否知道这一法则,但是他们解决各种形式的乘法运算的自信心使得人们相信他们已经知晓了。此法则在当今的高速电子计算机的设计中仍然有用武之地,这一古老的乘法算法也是埃及整个计算艺术的基础。

4. 俄罗斯乘法

俄罗斯乘法是埃及乘法的变种,使用它时不需要懂得乘法算式,只需要将数字加倍、减半再进行合计。具体规则如下:

(1)把要相乘的两个数放在两列的开头处;

(2)不断地对第一列的数除以 2,如有余数则直接舍去,直至得到 1 为止,第二列的数则不断地翻倍,直至第一列到达最后一行;

(3)第二列中与之对应的第一列数字为偶数的数去掉;

(4)将第二列中余下的数求和即可得出所求的积。

以计算 158 × 39 为例,运算步骤如图 4 – 6 所示。

158乘以39		
158	~~39~~	第二列中没有画掉的数的总和
79	78	
39	156	78
19	312	156
9	624	312
4	~~1248~~	624
2	~~2496~~	+ 4992
1	4992	6162
		答案为6162

图 4 - 6

此法之所以可行是因为俄罗斯乘法与二进制相关联,它能快速有效地将数字转换成二进制模式,将它们相乘,然后再转换回我们日常所使用的数字系统。

5. 格子乘法

格子乘法得名于它的乘法布局与中世纪的传统——为了保护妇女不会被过路人注视而强行规定在其住宅窗户上安置的格栅是相似的。帕修黎(Luca Pacioli,1445—1517)《算术》中有其详细的运算步骤,图 4 - 7 表明了计算 987 × 961 的步骤。

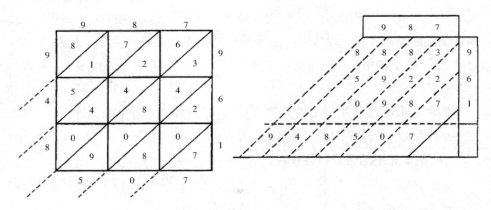

图 4 - 7

这种方法记录了在每一运算阶段中进位后的部分运算结果。将格子去掉,乘数 961 放置在被乘数 987 的下边,从乘数的个位开始,即从 961 中的 1 开始而不是从 961 的最高位 9 开始,运用常用乘法算法完成计算。不像写格子中的数字那样简便,画格子存在一些技术问题,若不是这一原因,或许这种算法现在还在被广泛应用。

6. 纳皮尔乘法

纳皮尔（John Napier，1550—1617）是对数的发明者。他发明的算筹法不是中国古代的筹算，其所根据的原理是 15 世纪以后流行于中亚细亚及欧洲的"格子算法"。图 4 - 8 是一张简表，表格的最上边一行从左到右依次写有 1，2，…，9；最左边一竖行从上到下写有 1，2，…，9；其他的 8 个横行中每个数字都分别与 2，3，…，9 相乘，像格子乘法一样将所得数填满表格。这些表主要是用来做乘除运算的，如 567 × 24。

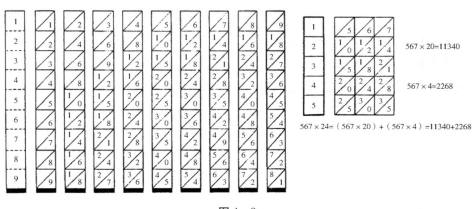

567 × 20 = 11340

567 × 4 = 2268

567 × 24 = （567 × 20）+ （567 × 4）= 11340 + 2268

图 4 - 8

（四）圆周长的历史

很早以前，人们在实际生活和有关的数字计算中就发现，圆的周长和直径的比是一个固定的数。为了找到这个固定的数，数学家们做出了艰苦卓绝的探索。圆周长的数学史其实就是圆周率的计算史，大致可以分为以下 4 个时期。

1. 实验获取时期

早期的圆周率大都是通过实验得到的结果，即基于对一个圆的周长和直径的实际测量而对圆周率进行估算。公元前 950 年前后，基督教《圣经》中最早记载了圆周率为"3"，巴比伦、印度、中国等也长期使用这个粗略而简单实用的数值。我国的刘徽提出的"圆径一而周三"曾广泛流传，《周髀算经》中就记载有这一结论。木工师傅有一句自古流传下来的口诀："周三径一，方五斜七。"意思是说，直径为 1 的圆，周长大约是 3，边长为 5 的正方形，对角线之长约为 7。这正反映了早期人们对圆周率 π 和 $\sqrt{2}$ 这两个无理数的粗略估计。东汉时期官方还明文规定圆周率取 3 为计算面积的标准，后人称之为"古率"。我国古代东、西汉之交的刘歆通过做实验,得到圆周率的近似值分别为 3.1547、3.1992、3.1498、3.2031,比"径一周三"的古率有所进步。古埃及、古希腊人还曾将谷粒摆在圆形上,以谷粒数与方形对比的方法取得数值,或用匀重木板锯成圆形和方形以称量对比取值。

以观察或实验为依据得到的圆周率是相当粗略的,当时主要用于估计田地面积等,对生产没有太大影响,但以此来制造器皿或其他计算就不合适了。

2. 几何算法时期

(1)圆内接、外切多边形

第一个用科学方法寻求圆周率数值的人是阿基米德。他提出了一种能够借助数学过程而不是通过测量的、能够把 π 的值精确到任意精度的方法,开创了圆周率计算的几何方法(亦称古典割圆术)。阿基米德在他的论文《圆的度量》中,用圆内接和外切正多边形的周长确定圆周长的上、下界,从正六边形开始,逐次加倍计算到正九十六边形,证明了 $3+\dfrac{10}{71}<\pi<3+\dfrac{1}{7}$,得出精确到小数点后两位的 π 值。公元 150 年左右,希腊天文学家托勒密得出 $\pi=3.1416$,取得了自阿基米德以来的巨大进步。

(2)割圆术的应用

中国较早得出较精确圆周率的是数学家刘徽。公元 263 年前后,刘徽提出著名的割圆术,得出 $\pi=3.14$,通常称为"徽率",他指出这是不足近似值。虽然他提出割圆术的时间比阿基米德晚一些,但其方法却有着较阿基米德的方法更美妙之处。割圆术仅用内接正多边形就确定出了圆周率的上、下界,直到 1200 年后西方人才找到类似的方法。大约 1500 年前,我国数学家祖冲之计算出圆周率大约在 3.1415926 和 3.1415927 之间,成为世界上第一个把圆周率的值精确到 6 位小数的人。他还用 $\dfrac{22}{7}$ 和 $\dfrac{355}{113}$ 两个分数表示圆周率,$\dfrac{22}{7}$(约等于 3.14)称为约率,$\dfrac{355}{113}$(约等于 3.1415929)称为密率。他求得密率的时间至少要比国外数学家得出这样精确的数值早 1000 年。

3. 分析算法时期

17 世纪出现了数学分析,这一锐利的工具使得许多用初等数学无法解决的问题都迎刃而解。圆周率的计算历史也随之进入了一个新的阶段。这一时期

人们开始摆脱求多边形周长的繁难计算,利用无穷级数或无穷连乘积来算 π 的值。1593 年,韦达给出

$$\frac{2}{\pi} = \frac{\sqrt{2}}{2} \cdot \frac{\sqrt{2+\sqrt{2}}}{2} \cdot \frac{\sqrt{2+\sqrt{2+\sqrt{2}}}}{2} \cdots$$

这一不寻常的公式是 π 的最早分析表达式。甚至在今天,这个公式的优美也会令我们赞叹不已。它仅仅借助数字 2,通过一系列的加、乘、除和开平方就可算出 π 值。此后,类似的公式不断涌现,圆周率的计算像马拉松式的竞赛,纪录一个接着一个被刷新。1948 年 1 月,弗格森和伦奇两人共同发表有 808 位正确小数的圆周率值,这是人工计算 π 的最高纪录。

4. 电子计算机时期

1946 年,世界第一台计算机制造成功,标志着人类历史迈入了电脑时代,π 值的人工计算宣告结束。计算机的发展一日千里,圆周率的纪录也就频频被打破。20 世纪 50 年代,人们借助计算机算得了 10 万位小数的 π,70 年代算到了 150 万位,到 90 年代初,用新的计算方法算到的 π 值已到 4.8 亿位。再继续研究计算圆周率的精度对于圆周长、圆面积的计算变得意义不大,已经转而用来检测计算机的计算速度与性能的好坏。

值得说明的是,人类对圆周率的研究成果在一定程度上反映出一个地区或一个时代的数学水平,正如德国数学史家康托(Contor Georg,1845—1918)所说,"历史上一个国家所算得的圆周率的准确程度,可以作为衡量这个国家当时数学发展水平的指标"。

(五)圆面积的历史

圆的面积是平面图形的认识和测量中,由直边图形变为曲线图形的关键点,也是数学思想从"有限"进入"无限"的一次飞跃。自古以来,在相当长的一段时期内,研究圆的面积是人们理性追求的一个巅峰。"化圆为方""倍立方""三等分任意角"成为古希腊人几何尺规作图三大难题。直到 19 世纪数学界研究发现,仅凭尺规作图是无解的,但是朴素的化圆为方这一化曲为直的思想,和古希腊数学家的穷竭法,为后来人们研究解决圆的面积起到了决定性作用。圆面积的求解历史,大致可以分为 3 个时期。

1. 古代求解方法:通过有限分割逼近圆面积

在古希腊,人们最先发现正方形面积计算公式。于是有人想到,既然会求

正方形的面积,那么只要作出一个正方形,使它的面积恰好等于圆的面积,就能实现"化圆为方"。安提丰(Antiphon)采用圆内接正多边形解决"化圆为方"问题(如图4-9)。

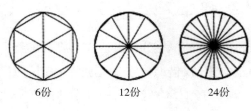

6份   12份   24份

图4-9

从正六边形出发,不断倍增边数。安提丰认为,当边数无限多时,圆就化成了方,即求出了圆面积。虽然这只是空中楼阁,但安提丰的逼近思想为阿基米德所采用。阿基米德分别用边数不断增多的圆内接正多边形和外切正多边形逼近圆的周长(如图4-10),给出了圆面积计算公式:圆的面积等于以圆周长为底、半径为高的三角形面积。

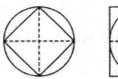

图4-10

这相当于中国汉代数学名著《九章算术》中记载的:"半周半径相乘,得积步。"即圆面积等于圆周长的一半乘半径。刘徽从圆内接正六边形开始割圆,得到一个正 6×2^n 边形序列($n = 0, 1, 2, \cdots$),所谓"割之弥细,所失弥少"。其在圆内作内接正六边形,即把圆周分割成6等份。这时若以六边形的面积 S_6 来代替圆的面积 S,则损失6个小弓形的面积 $\delta_6 = S - S_6$。再作圆的内接正十二边形,这时,若以 S_{12} 代替 S,则要损失12个小弓形的面积 $\delta_{12} = S - S_{12}$。由下图可知,损失的要比前者小得多。如此分割下去,损失的 $\delta_{6 \times 2^n} = S - S_{6 \times 2^n}$ 是随着分割的不断细密而无限减小(如图4-11)。

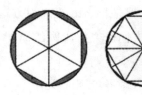

图4-11

古印度的数学家另辟蹊径,采用类似切西瓜的办法,把圆切成许多小瓣,把这些小瓣对接成一个近似平行四边形。再通过分割平移将平行四边形转化为一个近似的长方形,用近似长方形的面积代替圆的面积(如图 4 – 12)。

图 4 – 12

数学家们苦苦探索,却总也找不到一条途径能跨越直边形与曲边形之间的间隙,同时又满足他们对数学严密性的追求。在这些数学家的思想中,永远不能超越清晰的直觉理解的界限,总认为有一个量剩下来(虽然它可以变得无限小),这一直觉使得曲线与直线之间永远保持着不可逾越的差异。

2. 近代求解方法:通过无限分割实现化曲为直

到了 17 世纪,德国天文学家开普勒独辟蹊径,抛弃了经典的阿基米德算法,引入无穷小概念,借助一种模糊的"连续性桥梁"——多边形和圆之间、有限与无限之间、无穷小面积与直线之间没有显著差别,在数学史上,首次开创了圆面积计算公式推导的新方法。

在他第二次婚姻的婚礼上,在思考酒桶体积算法时,受切西瓜的启发,他把圆分割成许多小扇形,认为只有把圆分割成无穷多个小扇形,这时每个小扇形的面积就变成了对应小三角形的面积,于是圆的面积就等于这无穷多个小三角形面积之和。将这些小三角形等积变形,最后,构成了一个大直角三角形,三角形的底就是圆的周长,三角形的高就是圆的半径,从而得出圆的面积计算公式 $S = \frac{1}{2}Cr = \pi r^2$(如图 4 – 13)。

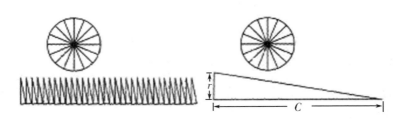

图 4 – 13

开普勒无限分割、化曲为直的方法,跨越了曲与直的直觉理解界限,它的意义无法估量。化曲为直得到了当时数学家们的高度评价,但也遭到了一些人的质疑。开普勒分割出来的无穷多个小扇形,它的面积是否为零? 如果为零,半径 OA 和半径 OB 就会重合,小扇形 OAB 就不存在了;如果不为零,小扇形 OAB 就有弧度,把它看作与三角形 OAB 面积相等那就不对了。

意大利物理学家卡瓦利里仔细研究了开普勒推导圆面积的方法,同样感到很困惑:把圆无穷分割,那么分割到什么时候才是尽头? 只要是图形,那就还可以继续分割。一天,卡瓦利里的目光落在自己的衣服上,突然茅塞顿开。如果把布看作一个长方形,那将布不断分拆,拆到棉线就停止了。圆不断分割,分到一根根线段就不能再分了。于是,他把不能再细分的东西叫作"不可分量"。卡瓦利里把点、线、面分别看成是直线、平面、立体的不可分量,把直线看作点的总和,把平面看成是直线的总和,把立体看成是平面的总和。

3. 现代求解方法:利用定积分方法推导圆面积公式

古代数学家试图在一个圆中循次内接边数越来越多的多边形,希望最后"穷竭"圆的面积,找到一个与圆的面积相等的多边形。虽然没有成功,不过同样的过程却被现代数学家吸收,以此作为基础,把圆的面积定义为近似多边形的面积 $A_1, A_2, A_3, \cdots, A_n, \cdots$ 组成的无穷数列之和的极限 A。很明显,分解出的长方形数量越多(见图 4 – 14),这些长方形面积的和就越接近真实的数值。当被分解成的长方形数量逼近无限的时候,把这些长方形的面积加起来就得到了图形的实际面积。事实上,求曲边多边形的面积,这也正是定积分的几何意义。

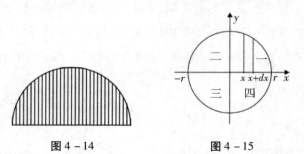

图 4 – 14   图 4 – 15

首先在直角坐标中作出半径为 r 且圆心在原点的圆(见图 4 – 15),此时圆的方程为 $x^2 + y^2 = r^2$。对于第一、第二象限的半圆 $y = \sqrt{r^2 - x^2}$,与 x 轴的交点为 $(-r, 0)$ 和 $(r, 0)$,在 $[-r, r]$ 上取一点 x,加上一个无穷小量 dx,在 x 和 $x + dx$ 处分别作 x 轴的垂线,与圆相交后,就形成了一条边为曲线的近似矩形。当 dx

无限小时就成为一个矩形,这个矩形的长为 $\sqrt{r^2-x^2}$,宽为 dx,面积为 $\sqrt{r^2-x^2}$ dx。由于截取了一小部分,这个矩形的面积极小,把无数个这样的矩形的面积累加起来,当 dx 趋于 0 时,这无数个小矩形的面积之和的极限就是半圆的面积。用定积分求 $\int_{-r}^{r}\sqrt{r^2-x^2}\,dx$,即得半圆的面积 $\dfrac{1}{2}\pi r^2$,整个圆的面积就是 πr^2。

二、中学数学史几则教学素材

(一)方程求解的历史

1. 一元一次方程求解的历史

(1)古埃及的假设法

古埃及纸草书上已经记载了许多一元一次方程问题。著名的《莱因德纸草书》中第 24 至 29 题就是形如 $ax+by=c$ 的一元一次方程问题。第 24 题为:"一个量,加上它的 $\dfrac{1}{7}$ 等于 19,求这个量。"祭司用假设法来解这个方程。先假设一个答案 $x_1=7$,则得结果 $x_1+\dfrac{x_1}{7}=8$。因此,所假设的值再乘以 $\dfrac{19}{8}$(古埃及人表示为 $2+\dfrac{1}{4}+\dfrac{1}{8}$),结果才是题设的 19。因此正确答案是 $\dfrac{19}{8}x_1=\dfrac{19}{8}\times 7=16\dfrac{5}{8}$。古埃及人的假设法在求解方程问题时确有突破,但由于该方法需借助比例思想,故只能求解形如 $ax+by=c$ 的一元一次方程问题。

(2)中国的"盈不足术"

《九章算术》中所有的一元问题都是通过算术方法求解的,其中最重要的方法就是"盈不足术"。该书"盈不足"章设题:"今有垣高九尺。瓜生其上,蔓日长七寸;瓠生其下,蔓日长一尺。问几日相逢?"

若设经过 x 日相逢,则由已知条件可得十分简单的方程 $17x=90$。但书中给出的解法却是:假设 5 天后相逢,则离实际垣高还差 5 寸;假设 6 天后相逢,则超过实际垣高 12 寸。于是得相逢天数为 $x=\dfrac{5\times 12+6\times 5}{12+5}=5\dfrac{5}{17}$。

实际上,对已给一元一次方程 $ax=b$,由 $ax_1=b_1<b,ax_2=b_2>b(x_2>x_1)$,可得 $a(x-x_1)=b-b_1,a(x_2-x)=b_2-b$。于是 $a(x-x_1)x_2+a(x_2-x)x_1=x_2(b-b_1)+x_1(b_2-b)$,则有 $a(x-x_1)+a(x_2-x)=(b-b_1)+(b_2-b)$,即 $a(x_2-x_1)x=x_2\cdot(b-b_1)+x_1(b_2-b)$,$a(x_2-x_1)=(b-b_1)+(b_2-b)$,于是得 x

$$= \frac{x_2(b - b_1) + x_1(b_2 - b)}{(b - b_1) + (b_2 - b)}。$$

（3）花拉子米的还原与对消法

9世纪,阿拉伯数学家花拉子米(al-Khowarizmi)在《代数学》中给出了解方程的简单可行的基本方法。主要方法有二:一是"还原",即将负项移至方程另一端后变成正项;二是"对消",即将方程两端相同的项消去或合并同类项。再加上算术运算即可求得结果。全书不用符号,故没有方程的形式,但有明显的方程的思想。比如,书中记载的一个题目翻译为现代汉语是这样的:"将10拆成两部分,各部分自乘,大的减去小的,差为40。求这两部分。"花拉子米的解法相当于:$(10 - x)^2 - x^2 = 40 \Rightarrow 100 - 20x = 40 \Rightarrow 100 = 20x + 40 \Rightarrow 60 = 20x \Rightarrow x = 3$。在对此题求解的第二步中,将负项 $-20x$ 移至方程另一端后变成正项 $20x$,称为"还原";第三步中,方程两边同减去40,称为"对消"。

花拉子米的"还原"与"对消"两大步骤,还被后人编成歌诀,以便记忆。12世纪的一本波斯代数书中就有如下记载:

> 方程做整理,负项当先移。
>
> 符号须改变,还原无偏离。
>
> 两边看仔细,同类合而一。
>
> 对消有智巧,古法人称奇。

花拉子米是用文字来叙述方程解法的,并没有采用字母符号。

（4）古代印度的任意数算法

12世纪印度数学家婆什迦罗(Bhaskara,1114—1193)在《莉拉沃蒂》中也用假设法来解决一类一元一次方程。书中设题:"一个数乘以5,减去所得乘积的 $\frac{1}{3}$,差除以10,加上原数的 $\frac{1}{3}$、$\frac{1}{2}$ 和 $\frac{1}{4}$,结果为68,求该数。"相当于解一元一次方程 $\frac{1}{10}(5x - \frac{5}{3}x) + (\frac{1}{2} + \frac{1}{3} + \frac{1}{4})x = 68$。

婆什迦罗的解法是:假设所求数为3,则得 $\frac{17}{4}$,但实际结果应为68,故所求数为 $x = \frac{3 \times 68}{\frac{17}{4}} = 48$。由于所假设的数可以是任意的正数,婆什迦罗称上述方法为"任意数算法"。

（5）斐波那契的假设法

13 世纪意大利数学家斐波那契在《计算之书》中利用单假设法和双假设法来解一元一次方程。

①单假设法

斐波那契的单假设法与古埃及人的假设法一脉相承。对于一元一次方程 $ax=b$（a 通常为分数），假设 $x=x_1$，得 b_1；则 x 为多少时，得 b。于是将原方程转化为比例式 $x_1:x=b_1:b$，解得 $x=\dfrac{bx_1}{b_1}=\dfrac{b}{a}$。

斐波那契在《计算之书》第 12 章中设有许多"树长问题"，均用单假设法来解决。第 1 题为："有一棵树，它的 $\dfrac{7}{12}$ 部分在地下，地下部分长 21 掌（掌为长度单位），求树长。"相当于解一元一次方程 $\dfrac{7}{12}x=21$。斐波那契的解法如下：假设树长 12 掌，则得地下部分长为 7 掌；那么假设树长为多少，才得 21 掌？将外项 12 与 21 相乘，再除以 7，即得树长 36 掌。

第 2 题为："有一树，它的 $\dfrac{7}{12}$ 部分在地下，剩下的地上部分长 21 掌，求树长。"相当于解一元一次方程 $x-\dfrac{7}{12}x=21$。斐波那契的解法如下：假设树长 12 掌，则地上部分长为 5 掌；那么假设树长为多少，才得 21 掌？将外项 12 与 21 相乘，再除以 5，即得树长 $50\dfrac{2}{5}$ 掌。

很多问题都可以化为树长问题。如年龄问题："一个年轻人现在的年龄未知。如果他继续活同样多年，再活同样年数，再活同样年数的 $\dfrac{7}{12}$，再加一年，他就活了 100 岁。求他现在的年龄。"该题相当于解一元一次方程 $3x+\dfrac{7}{12}x=99$。假设年轻人现在的年龄为 12，则得 43，那么他的年龄为多少时可得 99？由比例式得到 $x=27\dfrac{27}{43}$。

②双假设法

《计算之书》第 13 章专门讨论双假设法的应用。对于一元一次方程 $ax=b$（a 往往为正分数，b 为正数），假设 $x=x_1$，得 b_1；假设 $x=x_2(x_2>x_1)$，得 b_2；即如

果假设的值变化 $x_2 - x_1$，则结果变化 $b_2 - b_1$。那么，在第二次假设的基础上，假设的值变化多少，结果变化 $b - b_2$？于是，原方程转化为比例式 $(x - x_2) : (x_2 - x_1) = (b - b_2) : (b_2 - b_1)$，解得 $x = x_2 + \dfrac{(b - b_2)(x_2 - x_1)}{b_2 - b_1}$。

该章的树长问题为："有一树，它的 $\dfrac{7}{12}$ 部分在地下，剩下的地上部分长 20 掌，求树长。"相当于解一元一次方程 $x - \dfrac{7}{12}x = 20$。斐波那契的解法是：假设树长为 12 掌，则地上部分长为 5 掌；假设树长为 24 掌，则地上部分为 10 掌。因此，假设的值发生 12 掌的变化，结果变化了 5 掌。那么，在 24 掌的基础上，假设的值变化多少，结果会变化 10 掌呢？他将 12 和 10 相乘，除以 5，得 24 掌，加上第二次假设的 24 掌，结果为 48 掌。

中国的盈不足术是通过阿拉伯传到西方的。不难发现，斐波那契的双假设法其实就是盈不足术，只不过上述斐波那契的例子属于"两不足"的情形。

2. 一元二次方程求根公式的历史

（1）古巴比伦的求根公式

早在公元前 1894 年至公元前 1595 年的古巴比伦文献中，就出现了一元二次方程及求根公式。比如在古巴比伦汉谟拉比时期的文献中就记录了用现在数学符号表示的两个不定方程问题 $x^2 + y^2 = 100$，$y = \dfrac{2}{3}x - 10$，解这两个方程就可以得到一个二次方程 $\dfrac{13}{9}x^2 - \dfrac{40}{3}x - 900 = 0$，这是世界上最古老的一元二次方程实例之一。另外，古巴比伦记录文书泥版中也出现了一元二次方程。如耶鲁大学所藏的编号为 YBC6967 的泥板上记载了一道题目："已知依几布姆（$ig\bar{i}bum$）比依古姆（$ig\bar{u}m$）大 7，问依几布姆和依古姆各为多少？"这里依几布姆和依古姆是古巴比伦用来表示互为倒数的特殊的单词。汉语意思是已知两数乘积为 60（古巴比伦采用 60 进制，1 代表 60），它们的差为 7，求这两个数。即相当于解方程 $x - \dfrac{60}{x} = 7$。古巴比伦解决这个问题是这样的：取两数差 7 的一半，得 $3\dfrac{1}{2}$，将 $3\dfrac{1}{2}$ 自乘，得积 $12\dfrac{1}{4}$，这个积加上 60 得 $72\dfrac{1}{4}$，再把 $72\dfrac{1}{4}$ 开方，得 $8\dfrac{1}{2}$，这个数再加上 $3\dfrac{1}{2}$ 得 12，即写成现在算式 $x = \sqrt{\left(\dfrac{7}{2}\right)^2 + 60} + \dfrac{7}{2} = 12$，再算出另一个数是5。不难看出,古巴比伦的算法和现在的二次方程的求根公式是完全一致的,但估计在那么早的时代,应该不是通过求根公式求出的,有学者考证可能通过几何图形法求出(见图4-16)。

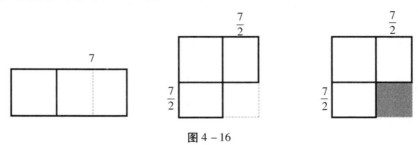

图4-16

分析发现,西方历史文献中的这些题目类似于"两数之积是a,两数之和(或差)是b,求两数"。用现今的符号可表示为一元二次方程$x^2 - bx + a = 0$,解方程得$x = \dfrac{b \pm \sqrt{b^2 - 4a}}{2}$。古希腊欧几里得的《几何原本》(约公元前300年前后)与丢番图的《算术》(约公元3世纪)中对此公式也有所记载。

(2)中国的求根公式

成书于公元1世纪左右的我国古代著名数学著作《九章算术》中就出现了世界上最古老的一元二次方程问题。像勾股章第20题:"今有邑方,不知大小,各中开门,出北门二十步有木,出南门十四步,折而西行一千七百七十五步,见木。问邑方几何?"书中所述解法为:"以出北门步数乘西行步数,倍之,为实。并出南门步数,为从法。开方除之,即邑方。"用现在的数学符号就是一元二次方程$x^2 + 34x = 71000$,解为$x = -17 + \sqrt{17^2 + 71000} = 250$,即相当于求根公式$x = \dfrac{-34 + \sqrt{34^2 + 4 \times 71000}}{2}$,这是我国关于一元二次方程的最原始解法。

公元3世纪,数学家赵爽在其《周髀算经》注文的"勾股圆方图"中写道:"其倍弦为广、袤合,令勾、股见者自乘为其实。四实以减之,开其余所得为差,以差减合,半其余为广。减广于弦,即所求也。"用现代数学语言可理解为:已知一个矩形的面积为一直角三角形的勾(或股)的平方,长(袤)、宽(广)之和为弦的两倍,求此矩形的长和宽。这一问题可以列出方程$x(2c - x) = a^2$,相当于求解一个一元二次方程$x^2 - 2cx + a^2 = 0$。

赵爽的解法如图4-17:大正方形$ABCD$由4个长为x、宽为y、面积$xy = a^2$

的长方形围成,边长是 $x + y = 2c$。大正方形减去这 4 个长方形之后,剩下中间的小正方形 $A'B'C'D'$,边长是 $x - y$,用式子表示出来就是 $\sqrt{(2c)^2 - 4a^2} = x - y$,再与 $x + y = 2c$ 合并,即得求根公式 $x = \dfrac{2c + \sqrt{(2c)^2 - 4a^2}}{2}$。

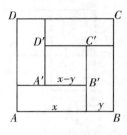

图 4-17

赵爽对于一元二次方程的求解公式是通过图形来论证的,用几何方法找到了形如 $x^2 - bx + c = 0$ 的方程的求根公式,用现今的符号表示为 $x = \dfrac{b - \sqrt{b^2 - 4c}}{2}$,它是世界上最早的一元二次方程求根公式记录。

此后,我国数学家对于一元二次方程解法继续进行了研究。约 5 世纪张丘建所著的《张丘建算经》中就记录了两个一元二次方程:$x^2 + 15x - 594 = 0$,$x^2 + 68\dfrac{3}{5}x - 2 \times 514\dfrac{31}{45} = 0$。但由于书的残缺和叙述的简略,其中解法无从知晓。

8 世纪我国著名天文学家僧一行(683—727),由于研究历法而得到一元二次方程 $x^2 + bx + c = 0$,$b > 0$,$c > 0$,他用公式 $x = \dfrac{\sqrt{b^2 + 4c} - b}{2}$ 求得一根。

13 世纪杨辉所著的《田亩比类乘除捷法》一书,详细记载了多种一元二次方程解法。如其中一题:"直田积(矩形面积)八百六十四步(平方步),只云阔(宽)不及长一十二步(宽比长少一十二步),问阔及长各几步?"这个问题形如一元二次方程 $x^2 \pm bx - c = 0$,杨辉用公式 $x = \dfrac{\pm b + \sqrt{b^2 + 4c}}{2}$ 求得阔二十四步,长三十六步。这一求根公式也被元末朱世杰在 1299 年所著的《算学启蒙》中用过。

分析发现,古代我国求解一元二次方程的类型是按照先求形如 $x^2 - bx + c = 0$ 到 $x^2 + bx + c = 0$,再到 $x^2 \pm bx - c = 0$ 的历史顺序进行的,虽然在一元二次方程求根公式的研究上取得了不小的成就,但始终没有给出一元二次方程的标准求根公式。

（3）印度和阿拉伯的求根公式

在印度和中亚，阿耶波多、婆罗摩笈多、斯里特哈勒等古印度数学家，先后得到形如方程 $ax^2 + bx = c(a \neq 0)$ 的求根公式：$x = \dfrac{-b + \sqrt{b^2 - 4ac}}{2a}$。此公式也被 12 世纪印度著名数学家巴斯卡拉求出。他还进一步用配方法导出方程 $ax^2 + bx = c(a \neq 0)$ 的另外一个公式 $x = \dfrac{-b + \sqrt{b^2 + 4ac}}{2a}$。推导过程为：把方程 $ax^2 + bx = c$ 左右两边同时乘以 $4a$，则有 $4a^2x^2 + 4abx = 4ac$，然后两边同时加上 b^2，得 $4a^2x^2 + 4abx + b^2 = b^2 + 4ac$，可得 $(2ax + b)^2 = b^2 + 4ac$，然后两端开平方取正根即可得到公式 $x = \dfrac{-b + \sqrt{b^2 + 4ac}}{2a}$。

然而，最终一元二次方程的标准求根公式是由阿拉伯数学家花拉子米在其著作《代数学》中给出。花拉子米首次将所有的一元二次方程分为六类：$x^2 = bc$；$x^2 = c$；$bx^2 = c$；$x^2 + bx = c$；$x^2 + c = bx$；$bx + c = x^2$。其实，六种类型可统一归纳为一类，即 $ax^2 + bx + c = 0$。由于已知方程 $ax^2 + bx = c$ 的求根公式为 $x = -\dfrac{b}{2} \pm \sqrt{\left(\dfrac{b}{2}\right)^2 - c}$，对方程 $ax^2 + bx + c = 0$ 的等号两边同除以 a，变形为 $x^2 + \dfrac{b}{a}x + \dfrac{c}{a} = 0$，仿上即得标准求根公式：$x = \dfrac{-b \pm \sqrt{b^2 - 4ac}}{2a}$。

花拉子米进一步给出以上解法的几何证明。以第 4 章第 1 题 $x^2 + 10x = 39$ 为例，他给出了两种几何证明方法。第一种是先将 x^2 看作以 x 为边的正方形，再将 $10x$ 分为四个面积为 $\dfrac{5}{2}x$ 的矩形附在正方形的 4 边（如图 4 - 18），总面积为 39。最后在 4 个角上补上 4 个面积为 $\left(\dfrac{5}{2}\right)^2$ 的小正方形，构成一个大正方形。这步骤相当于配平方，即 $x^2 + 10x + 4\left(\dfrac{5}{2}\right)^2 = (x + 5)^2 = 5^2 + 39$，得 $x = \sqrt{5^2 + 39} - 5 = 3$。

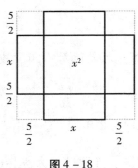

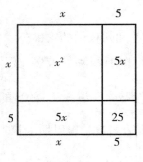

图 4 – 18   图 4 – 19

第二种方法(图 4 – 19)较为简单,将 $10x$ 看作两个面积为 $5x$ 的矩形,附在正方形 x^2 的两边。补上一个边长为 5 的小正方形,就构成一个大正方形。这相当于通常的配平方法,结果和前面一样。

纵观一元二次方程求根公式的历史,我们不难发现,数学家们都是以首项系数为 1 的一元二次方程作为起点,再逐渐开始研究系数不为 1 的情况。

(二)勾股定理证明的历史

几千年来,古今中外的人们一直在研究勾股定理的证明方法,不但有数学家,还有物理学家,甚至画家、政治家。世界上几乎所有文明古国都对此定理有所研究,而勾股定理的证明方法,至今已有 500 余种,包括了几何证法、代数证法、动态证法、四元数证法等方法。

1. 西方文化中的勾股定理

在西方文献中,勾股定理一直以古希腊哲学家毕达哥拉斯的名字来命名,但迄今为止,并没有毕达哥拉斯发现和证明勾股定理的直接证据。据传毕氏学派为了庆祝这条定理的发现曾宰杀百牛祭祀缪斯女神,但这似乎又与该学派奉行的素食主义相悖。在希腊数学中,关于勾股定理的明确证明见于欧几里得的《几何原本》卷 I 命题 47,这是保存至今最早的有关勾股定理的证明。证明方法如图 4 – 20:

在直角三角形 ABC 各边上向外作正方形,连接 CD、FB。因为 $AC = AF$,$AB = AD$,$\angle FAB = \angle CAD$,故 $\triangle FAB = \triangle CAD$。再作 $CL /\!/ AD$,又因 $S_{\triangle FAB} = \frac{1}{2}FA \cdot AC = \frac{1}{2}S_{ACHF}$,$S_{\triangle CAD} = \frac{1}{2}AD \cdot DL = \frac{1}{2}S_{ADLM}$,所以 $S_{ACHF} = S_{MLEB}$,同理可证 $S_{BKGC} = S_{MLEB}$,则 $AB^2 = BC^2 + AC^2$,即 $a^2 + b^2 = c^2$。

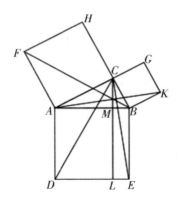

图 4 - 20　欧几里得的证法

欧几里得的证明是勾股定理所有证明中最为著名的,为此,希腊人称之为"已婚妇女的定理";法国人称之为"驴桥问题";阿拉伯人称之为"新娘图"或"新娘的座椅";在欧洲,又有人称之为"孔雀的尾巴"或"大风车"。两千年来世界上《几何原本》不同文字对这一颇具特色的定理都附插图,异文同图,饶有风趣。

2. 中国文化中的勾股定理

(1)《周髀算经》中的勾股定理

在中国古代,关于勾股定理的特例以及一般情形的叙述最早见于公元前2世纪成书的天文数学著作《周髀算经》。在《周髀算经》的开头,记载着一段周公(西周著名的政治家,公元前1100年左右)向商高(周时的贤大夫)请教数学知识的对话:"昔者,周公问于商高曰:'窃闻乎大夫善数也,请问古者包牺立周天历度,夫天不可阶而升,地不可得尺寸而度,请问数安从出?'商高曰:'数之法,出于圆方;圆出于方,方出于矩,……以为勾广三,股修四,径隅五。'"译文:从前,周公问商高说:"我私下听说你善于演算,请问远古者包牺氏(传说中的人物)对整个天空的量度是如何完成的,那天不能由台阶而上,地不能用尺寸来量,请问相关的数据是怎样产生的?"商高说:"数是根据圆和方的计算得来的,圆来自方,方来自直角三角形。当一条直角边(勾)为3,另一条直角边(股)为4,则斜边(弦)为5。"故有人称之为"商高定理"。从以上的对话中可知商高不仅知道勾股定理,还会运用勾股定理。在《周髀算经》卷上之二《陈子模型》中就有这样的记载:"候勾六尺,即取竹,空径一寸,长八尺,捕影而视之。空正掩日,而日应空之孔,由此观之,率八十寸而得径一寸。故以勾为首,以髀为股。

从髀至日下六万里,则八万里。若求邪至日者,以日下为勾,日高为股,勾股各自乘,并而开方除之,得邪至日。"陈子不仅知道和熟练运用勾股定理,还能把勾股定理运用在天体的测量之中。

稍后的《九章算术》则列专章介绍勾股定理的应用。3世纪,赵爽和刘徽分别对勾股定理做了证明,他们运用的都是出入相补原理。

（2）赵爽的证明方法

赵爽为《周髀算经》作注时给出弦图后,有《勾股圆方图说》的短文,除了根据他的弦图对勾股定理给予证明之外,还纵论了勾、股、弦三边的各种关系,给出了一系列公式。该文第一段对其弦图的说明如下:"勾股各自乘,并之为弦实,开方除之即弦。案:弦图又可以勾股相乘为朱实二,倍之为朱实四,以勾股之差为中黄实,加差实亦成弦实。"第一句是勾股定理的一个命题称述。"案"以下的文字,既是对弦图构造的解说,同时也是对勾股定理的一个完整证明。

其中"弦图又可以"说明赵爽弦图之前还有一种不同的弦图,可以推断,它应该是商高的弦图。"亦成弦实"则明确这两种弦图都是在证明勾股定理。如图4-21所示,其中每个直角三角形称为"朱实",中间的一个正方形叫"黄实",以弦为边的正方形 $ABEF$ 叫"弦实"。四个朱实加上一个黄实就等于一个弦实,即 $4 \times \frac{1}{2}ab + (b-a)^2 = c^2$,化简后得 $a^2 + b^2 = c^2$。

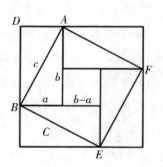

图4-21　赵爽证法

有人认为赵爽的上述证明或许是勾股定理所有证法中最简易的,2002年8月在北京召开的国际数学家大会的会徽就是赵爽所用的弦图。

（三）垂径定理的历史

1. 古巴比伦垂径定理的历史

两河流域的先民很早就知道了垂径定理的结论。在当时的美索不达亚地区,人们已经认识到一些重要的几何关系,如等腰三角形的高平分它的底。因此,在一个已知半径的圆中,给出弦长,就能求出弦心距。他们虽未明确提出垂径定理的具体内容,但在古巴比伦时期(前 1800—前 1600)数学泥版所呈现的数学问题中,我们可以窥见垂径定理的相关应用。

大英博物馆所藏数学泥版 BM85194 上载有如下的问题:"已知圆周长为60,弓形高为2,弦长为多少?"如图 4 – 22,圆的直径为 d,弓形高为 s,弦长为 a,古巴比伦人认为圆周是直径的 3 倍,故 $d=20$,泥版给出计算公式为弦长 $a=\sqrt{d^2-b^2}=12$,其中 $b=d-2s=16$。显然,古巴比伦人已掌握圆的轴对称性质,并且知道"过平行弦中点的直线过圆心且垂直于该组平行弦"这一结论,故根据勾股定理可以求出弦长 a。

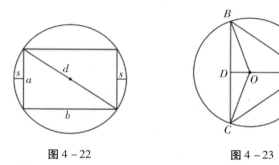

图 4 – 22　　　　　　　　　图 4 – 23

泥版 BM85194 中另载有类似的问题:"已知圆周长为60,弦长为12,弓形高为多少?"此外,古巴比伦时期数学泥版 TMS1 中载有如下问题:"已知三角形的三边长分别为 50,50,60,求三角形外接圆的直径。"如图 4 – 23,设三角形的顶点为 A,B,C,$AB=AC=50$,$BC=60$,过点 A 作高线 AD,外心 O 在 AD 上。

泥版上的解法为:由垂径定理可知,$CD=\dfrac{1}{2}CB=30$。由勾股定理,知 $AD^2=AC^2-CD^2$,故求得 $AD=40$。然后,在 Rt $\triangle OCD$ 中,再次利用勾股定理,解得 $\triangle ABC$ 的外接圆半径 OC 为 $\dfrac{125}{4}$。

2. 古希腊垂径定理的历史

公元前 3 世纪,古希腊数学家欧几里得在《几何原本》第三卷给出如下命题:如果在一个圆中,一条经过圆心的直线二等分一条不经过圆心的弦,则它们成直角;而且如果它们成直角,则该直线二等分这一条弦。命题的后半部分就是我们今天所说的垂径定理的一部分,前半部分在今天的教材中是作为垂径定理推论呈现的,它是垂径定理的逆命题。该命题与现在教材中的表述略有不同,由"垂直"得到"平分"时,未提及"垂直于弦的直径平分弦所对的两条弧"。欧几里得先证由"平分"到"垂直":如图 4 - 24,已知直径 CD 等分不过圆心的弦 AB,在 $\triangle AEF$ 和 $\triangle BEF$ 中,$EA = EB$,EF 为公共边,弦 AB 被点 F 平分,即 $FA = FB$,由《几何原本》第一卷命题 8("SSS"定理),可知 $\angle AEF = \angle BEF$。进一步讲,根据第一卷定义 10(当两条直线相交所形成的邻角彼此相等时,两直线垂直),可知 $CD \perp AB$。

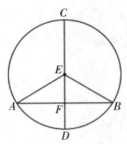

图 4 - 24

再证由"垂直"到"平分":如图 4 - 24,已知 $CD \perp AB$,在 $\triangle AEF$ 和 $\triangle BEF$ 中,$EA = EB$。根据第一卷命题 5(等腰三角形两底角相等),可得 $\angle AEF = \angle BEF$。又因为 $\angle AEF$ 和 $\angle BEF$ 均为直角,EF 为公共边,根据第一卷命题 26("AAS"定理),可知 $AF = BF$。

欧几里得的证明严谨且简单,他分别运用"SSS"定理和"AAS"定理证明两个三角形全等,得到相应的垂直和平分关系,这种证明方法现在也被我国大部分的中学数学教材所采用。

3. 中国垂径定理的历史

(1)《九章算术》中的垂径定理

中国古代数学典籍《九章算术》勾股章所载的"圆材埋壁"问题涉及垂径定理的相关知识。原文为:"今有圆材,埋在壁中,不知大小。以锯锯之,深一寸,锯道长一尺。问径几何? 答曰:材径二尺六寸。术曰:半锯道自乘,如深寸而一,以深寸增之,即材径。"

如图 4 - 25,锯道长为弦 $AD = a$,锯深为弓形高 $CB = s$,欲求直径 d 的长。

《九章算术》给出的解是 $d = \dfrac{\left(\dfrac{1}{2}a\right)^2}{s} + s$。还原其步骤,可知 $d - s = BE = \dfrac{\left(\dfrac{1}{2}a\right)^2}{s}$。

因为 $AD \perp CE$，由射影定理，得 $BE = \dfrac{AB^2}{s}$。故有 $\dfrac{1}{2}a = AB$。可见，此时的数学家已熟悉垂径定理的结论了。

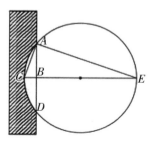

图 4 – 25

（2）刘徽割圆术中的垂径定理

三国时期的数学家刘徽在给《九章算术》方田章"圆田术"作的注中，提出以"割圆术"作为计算圆周长、面积、圆周率的基础。割圆术的要旨是用圆内接正多边形去逐步逼近圆，而在"割圆"的过程中隐含着垂径定理的内容。

如图 4 – 26，设圆的半径为 R，圆内接正 n 边形的边长、面积分别为 a_n, S_n，圆内接正 $2n$ 边形的边长、面积分别为 a_{2n}, S_{2n}。已知 a_n，刘徽用以下公式求出 a_{2n}, S_{2n}，即 $a_{2n} = \sqrt{\left(\dfrac{1}{2}a_n\right)^2 + \left(R - \sqrt{R^2 - \left(\dfrac{1}{2}a_n\right)^2}\right)^2}$，$S_{2n} = \dfrac{1}{2}na_nR$。

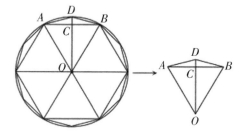

图 4 – 26

这样，从 $n = 6$ 开始，刘徽依次计算边数倍增的圆内接正多边形的边长和面积。上述两个公式都建立在垂径定理的基础之上，可见，刘徽对于该定理的结论是了然于心的。

4. 古印度著作中的垂径定理

6 世纪，古印度数学家阿耶波多（Aryabhata，476—550）在其著作《阿耶波多历算书》中给出了圆的弦、矢与直径三个量之间的关系。如图 4 – 27，圆内有直

径 $CD = d$，弦 $AB = a$，矢 $CE = s$，阿耶波多的结论是 $\left(\dfrac{a}{2}\right)^2 = s(d-s)$。

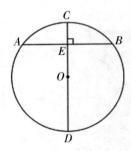

图 4 - 27

12 世纪，婆什迦罗在其著作《莉拉沃蒂》中在阿耶波多的基础上进一步给出了"矢弦法则"："取弦直径和与差之积的平方根，从直径中减之，折半，则为矢也；直径减去矢，乘以矢，取平方根，二倍之，则为弦也；半弦之平方除以矢，加矢则为直径之大小也。往昔之师关于圆之法如是说。"事实上，婆什迦罗所说的"往昔之师"就是阿耶波多。如图 4 - 28，根据垂径定理，当 $CD \perp AB$ 时，$EA = EB$。连接 AD、OA、AC，在 Rt $\triangle ACD$ 中，由射影定理，易得阿耶波多的关系式 $\left(\dfrac{a}{2}\right)^2 = s(d-s)$，即 $a = 2\sqrt{s(d-s)}$，$d = \left(\dfrac{a}{2}\right)^2 \cdot \dfrac{1}{s} + s$。再由勾股定理，可得 $\left(\dfrac{d}{2}\right)^2 = \left(\dfrac{a}{2}\right)^2 + \left(\dfrac{d}{2} - s\right)^2$，故有 $s = \dfrac{1}{2}\left[d - 2\sqrt{(d+a)(d-s)}\right]$。

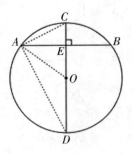

图 4 - 28

5. 近代欧洲著作中的垂径定理

17 世纪，法国数学家巴蒂(I. G. Pardies，1636—1673)在其著作《几何基础》中将垂径定理表述成"弦 bc 被经过圆心 a 的垂线 ad 所平分"。在证明定理之后，巴蒂补充了结论"弧 bc 也被平分"。巴蒂的《几何基础》由法国来华天主教传教士译成满文和汉文，汉文后被收入康熙皇帝主编的《数理精蕴》中。因此，作为一个几何定理,垂径定理在清初传入中国。

1741 年,法国数学家克莱罗(A. C. Clairaut,1713—1765)在《几何基础》第三卷命题 24 中给出垂径定理:如果两条线段彼此垂直,并且其中一条线段是圆的直径,那么另一条线段将被平分。克莱罗仅仅叙述了垂径定理由"垂直"到"平分"的部分,而且只有"弦"被平分,没有"弧"被平分,仅陈述定理内容,没有给出具体的证明,不涉及定理应用。

1794 年,法国数学家勒让德(A. M. Legendre,1752—1833)的《几何基础》出版。此书出版后,取代了欧几里得的《几何原本》作为几何教材的地位,产生了深远的影响。书中给出并证明了垂径定理:垂直于弦的半径平分弦,并且平分弦所对的两条弧。与欧几里得和克莱罗不同的是,勒让德在命题中增加了"半径平分弦所对的两条弧"的结论,首次使垂径定理具有我们在今日教材中所看到的完整形式。

勒让德先证明命题"任何不在线段中垂线上的点到线段两端点的距离不相等"。如图 4 – 29,已知直线 l 为线段 EF 的中垂线,取直线 l 外任意一点 M,连接 ME、MF,ME 与直线 l 交于点 P,连接 PF。在 $\triangle MPF$ 中,$MF < MP + PF$,又因 $MP + PF = MP + PE = ME$,故 $MF < ME$。同理,当点 M 在直线 l 另一侧时,可得 $MF > ME$,即线段 EF 的中垂线外任意一点到 E,F 两点的距离不相等。

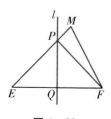

图 4 – 29

接着,勒让德利用命题"任何不在线段中垂线上的点到线段两端点的距离不相等"来证明垂径定理。如图 4 – 30,在圆 C 中,半径 $CG \perp AB$,连接 CA、CB,因为 $CA = CB$,所以点 C 在 AB 的垂直平分线上,即 $AD = DB$。可以合理推测这一步骤的证明,勒让德的依据是真命题"任何不在线段中垂线上的点到线段两端点的距离不相等"的逆否命题"到线段两端距离相等的点在线段的中垂线上"也为真。再连接 GA、GB,显然点 G 在 AB 的中垂线上,所以 $GA = GB$,根据"等弦对等弧",可知弧 GA 与弧 GB 相等。

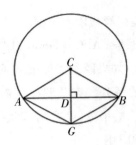

图 4-30

(四)余弦定理的历史

余弦定理最初是以几何定理的形式诞生,是勾股定理的推广形式。16 世纪,开始出现余弦定理的三角形式;17 至 18 世纪,尽管三角形式偶有出现,但人们主要运用韦达定理来解"已知三边求各角"问题,用正切定理来解"已知两边及其夹角求第三边"问题;19 世纪,韦达定理渐渐被抛弃,三角形式的余弦定理逐渐崭露头角;20 世纪,韦达定理销声匿迹,三角形式的余弦定理一统天下。接下来,介绍历史上证明余弦定理的几种常用方法。

1. 欧几里得的证明

余弦定理作为勾股定理的推广与拓展,最早出现于欧几里得的《几何原本》第 II 卷中,分别给出钝角三角形和锐角三角形三边之间的关系:

命题 12:在钝角三角形中,钝角对边上的正方形面积大于两锐角对边上的正方形面积之和,其差为一矩形的两倍,该矩形由一锐角的对边和从该锐角(顶点)向对边延长线作垂线,垂足到原锐角(顶点)之间的一段所构成。

命题 13:在锐角三角形中,锐角对边上的正方形面积小于该锐角两边上的正方形面积之和,其差为一矩形的两倍,该矩形由另一锐角的对边和从该锐角(顶点)向对边作垂线,垂足到原锐角(顶点)之间的一段所构成。

命题 12 相当于说,在图 4-31(1)所示钝角三角形 $\triangle ABC$ 中,$a^2 = b^2 + c^2 + 2cm$(a 为钝角对边)

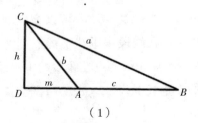

(1)

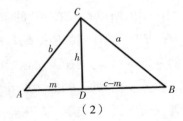

(2)

图 4-31

命题 13 相当于说,在图 4-31(2)所示锐角三角形 $\triangle ABC$ 中,$a^2 = b^2 + c^2 - 2cm$(a 为锐角对边)。该等式对于钝角三角形的锐角对边同样成立。

如图 4-31(1)和 4-31(2),由勾股定理分别可得:

$$a^2 = h^2 + (c+m)^2 = h^2 + m^2 + c^2 + 2cm = b^2 + c^2 + 2cm,$$

$$a^2 = h^2 + (c-m)^2 = h^2 + m^2 + c^2 - 2cm = b^2 + c^2 - 2cm。$$

一类情况 $m = -b\cos A$,另一类情况 $m = b\cos A$,分别带入,即可得余弦定理的三角式:$a^2 = b^2 + c^2 - 2bc\cos A$。

1826 年,美国数学家哈斯勒(F. R. Hassler)在其《解析平面与球面三角学基础》中对欧几里得的方法进行了简化。即根据图 4-31(1)和图 4-31(2)得 $a^2 = (b\sin A)^2 + (c - b\cos A)^2 = b^2 + c^2 - 2bc\cos A$。

2. 托勒密定理的证法

公元 2 世纪,古希腊天文学家托勒密(C. Ptolemy)在其《天文大成》中利用欧几里得的几何命题解决了"已知三角形三边求角"的问题,但他并未明确提出余弦定理。利用托勒密定理,我们的确能轻易证明余弦定理。证明如下:

如图 4-32,在 $\triangle ABC$ 中,过顶点 C 作底边 AB 的平行线,交外接圆于点 D。连接 AD、BD,则 $CD = c - 2b\cos A$。由托勒密定理 $AB \cdot CD + AC \cdot BD = AD \cdot BC$,即 $b^2 + c(c - 2b\cos A) = a^2$,整理得余弦定理的表达式:$a^2 = b^2 + c^2 - 2bc\cos A$。

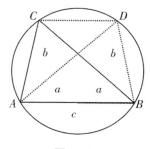

图 4-32

3. 帕普斯的几何证明

西方早期三角学教科书中,关于两角和与差的正弦和余弦公式的最典型的推导方法是利用帕普斯模型,该几何模型源于古希腊数学家帕普斯(Pappus)在《数学汇编》中提出的一个命题。如图 4-33,$\angle AOB = \alpha$,$\angle BOC = \beta$,$(0 < \beta < \alpha < \pi, 0 < \alpha + \beta < \pi)$,$OA = OB = OC = 1$,过点 C 作 $CH \perp OB$,垂足为 H,交半圆于点 E。过点 H 作 OA、CD 的垂线,垂足分别为 G 和 M。再过点 E 作 OA、HG 的垂

线,垂足为 F 和 N。易知 $OH = \cos\beta, HG = \sin\alpha\cos\beta, OG = \cos\alpha\cos\beta, CH = HE$ $= \sin\beta, CM = HN = \cos\alpha\sin\beta, MH = DG = GF = \sin\alpha\sin\beta$。因为 $CD = MD + CM$ $= HG + CM, OD = OG - DG, EF = HG - HN, OF = OG + GF$,故得两角和与差的正弦和余弦公式。

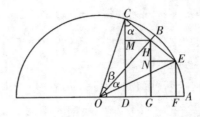

图 4 – 33

4. 韦达的辅助圆证法

1593 年,法国数学家韦达首次将欧几里得的几何命题写成三角形式。在图 $4 - 31(2)$ 中,有 $2cm = b^2 + c^2 - a^2$,故 $\sin(90° - A) = b : m = 2bc : 2cm = 2bc :$ $(b^2 + c^2 - a^2)$。

而在图 $4 - 31(1)$ 中,有 $2cm = a^2 - b^2 - c^2$,故 $\sin(A - 90°) = b : m = 2bc :$ $2cm = 2bc : (a^2 - b^2 - c^2)$。

综合上面两式可得 $2bc : (b^2 + c^2 - a^2) = 1 : \cos A$。

韦达还证明了余弦定理的另一种几何形式。如图 $4 - 34$,在 $\triangle ABC$ 中,$AB >$ $AC > BC$,以 C 为圆心、以短腰 CB 为半径作圆,交 AC 及其延长线于 F、E,交 AB 于 G,由几何知识易知:$AB : AE = AF : AG$,此即 $AB : (AC + BC) = (AC - BC) :$ $(AD - DB)$。

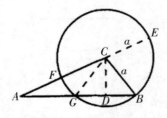

图 4 – 34

韦达的辅助圆证法在 18 世纪的三角学教学中产生了深远影响,绝大多数教科书采用此法。

5. 杨等人的射影证法

1833 年,英国数学家杨(J. R. Young,1799—1885)在三角学著作《平面与球面三角学基础》中最早采用了射影的方式证明。此后美国数学家肖弗内(W. Chauvenet)和英国数学家尼克松(R. C. J. Nixon)也分别借助射影的方式证明了余弦定理。

（1）杨的射影证法

由 $a = b\cos C + c\cos B, b = c\cos A + a\cos C, c = a\cos B + b\cos A$,可得

$$a^2 = ab\cos C + ac\cos B$$
$$b^2 = bc\cos A + ab\cos C$$
$$c^2 = ac\cos B + bc\cos A$$

从而得到

$$a^2 + b^2 - c^2 = 2ab\cos C$$
$$b^2 + c^2 - a^2 = 2bc\cos A$$
$$a^2 + c^2 - b^2 = 2ac\cos B$$

（2）肖弗内的射影证法

由 $a = b\cos C + c\cos B$ 得 $c\cos B = c - b\cos C$,两边平方得

$$c^2 \cos^2 B = a^2 - 2ab\cos C + b^2 \cos C$$

又由 $c\sin B = b\sin C$ 得 $c^2 \sin^2 B = b^2 \sin^2 C$。

上述两式相加得 $c^2 = a^2 + b^2 - 2ab\cos C$,同理可得另两个等式。

（3）尼克松的射影证法

将射影公式写成关于 $\cos B$ 和 $\cos C$ 的方程组

$$\begin{cases} c \cdot \cos B + b \cdot \cos C - a = 0 \\ 0 \cdot \cos B + a \cdot \cos C - (b - c\cos A) = 0 \\ a \cdot \cos B + 0 \cdot \cos C - (c - b\cos A) = 0 \end{cases}$$

则显然有

$$\begin{vmatrix} c & b & -a \\ 0 & a & c\cos A - b \\ a & 0 & b\cos A - c \end{vmatrix} = 0$$

展开即得 $a^2 = b^2 + c^2 - 2bc\cos A$。

6. 德摩根的证法

英国数学家德摩根则在其《三角形基础》中别出心裁地利用和角公式和正弦定理来推导余弦定理。具体方法如下：在 $\triangle ABC$ 中，我们有 $\sin(A+B) = \sin A\cos B + \cos A\sin B$，两边平方得

$$\sin^2 C = \sin^2 A\cos^2 B + \cos^2 A\sin^2 B + 2\sin A\sin B\cos A\cos B$$

$$= \sin^2 A + \sin^2 B - 2\sin^2 A\sin^2 B + 2\sin A\sin B\cos A\cos B$$

$$= \sin^2 A + \sin^2 B + 2\sin A\sin B\cos(A+B)$$

$$= \sin^2 A + \sin^2 B - 2\sin A\sin B\cos C$$

此外，还可以用向量法、复数法、面积法、解析法等等来推导余弦定理。

（五）"点到直线的距离公式"证明的历史

在解析几何中，用代数方法研究几何对象、用方程表示直线后，可以通过方程研究两条直线的位置关系：相交、平行或重合。对于相交直线，定量研究它们的夹角；对于平行直线，则研究它们之间的距离，两条平行直线之间的距离可以转化为点到直线的距离，"点到直线的距离"就成为解析几何研究中的经典内容。

1. 交点法

如图 4-35，先求过点 $P(x_0, y_0)$ 且垂直于 l 的直线与 l 的交点 $Q(x_1, y_1)$ 的坐标，再利用两点之间距离公式得出 $d = \dfrac{|ax_0 + by_0 + c|}{\sqrt{a^2 + b^2}}$。英国数学家 Young（1830）将直线 l、PQ 的方程化成关于 $x - x_0$ 和 $y - y_0$ 的方程，即有

$$\begin{cases} a(x - x_0) + b(y - y_0) = -(ax_0 + by_0 + c) \\ b(x - x_0) - a(y - y_0) = 0 \end{cases}$$

Gibson 等人（1919）将上述两个方程的两边平方之后求和得到 PQ，避免直接求 $x - x_0$ 和 $y - y_0$，这种设而不求的技巧进一步简化了计算。

2. 三角法

英国数学家 Todhunter（1855）将点到直线的距离转化为直角三角形中的边长，用斜边和锐角三角比来表示。如图 4-36，过点 P 作 x 轴的垂线，垂足为 M，交 l 于点 $R\left(x_0, -\dfrac{ax_0 + c}{b}\right)$。设直线 l 的倾斜角为 α，则 $\angle QPR = \alpha$ 或 $\pi - \alpha$，$\cos \angle QPR = \dfrac{|b|}{\sqrt{a^2 + b^2}}\alpha$，故 $d = PQ = PR \cdot \cos \angle QPR = \dfrac{|ax_0 + by_0 + c|}{\sqrt{a^2 + b^2}}$。

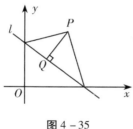

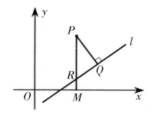

图 4 – 35   图 4 – 36

3. 面积法

英国数学家 Johnston(1893)采用"面积法"求点到直线的距离:将点到直线的距离转化成三角形的高。如图 4 – 37,直线 l 与坐标轴的交点 M,N 的坐标分别为 $\left(-\dfrac{c}{a},0\right)$,$\left(0,-\dfrac{c}{b}\right)$,故 $S_{\triangle PMN}=\dfrac{1}{2}MN\cdot d=\dfrac{1}{2}\left|\dfrac{c}{ab}\right|\sqrt{a^2+b^2}\cdot d$

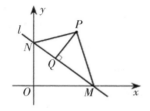

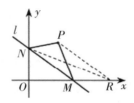

图 4 – 37   图 4 – 38

如图 4 – 38,过 P 作 l 的平行线交 x 轴于 R,直线 PR 的方程为 $a(x-x_0)+b(y-y_0)=0$,故点 R 的坐标为 $R\left(\dfrac{ax_0+by_0}{a},0\right)$,于是 $S_{\triangle RMN}=\dfrac{1}{2}MR\cdot ON=\dfrac{1}{2}\left|\dfrac{ax_0+by_0+c}{a}\right|\cdot\left|\dfrac{c}{b}\right|$。由 $S_{\triangle PMN}=S_{\triangle RMN}$,得 $d=\dfrac{|ax_0+by_0+c|}{\sqrt{a^2+b^2}}$。

4. 向量法

20 世纪 40 年代以后,向量知识的应用逐渐丰富起来,Murnaghan(1946)将点到直线的距离转化为向量的投影。如图 4 – 39,直线 l 的法向量为 $\vec{n}=(a,b)$,在 l 上任取一点 $P_1(x,y)$,则 $\overrightarrow{PP_1}=(x-x_0,y-y_0)$。于是 $d=\dfrac{|\vec{n}\cdot\overrightarrow{PP_1}|}{|\vec{n}|}=\dfrac{|a(x-x_0)+b(y-y_0)|}{\sqrt{a^2+b^2}}=\dfrac{|ax_0+by_0+c|}{\sqrt{a^2+b^2}}$。

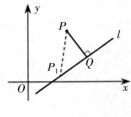

图 4 - 39

5. 最值法

美国数学家泰勒(1959)利用函数的最值来求点到直线的距离:在直线 l 上任取一点 $P(x,y)$,将直线 l 的方程变形为 $a(x-x_0)+b(y-y_0)=-(ax_0+by_0+c)$,则点 P 到直线 l 的距离 d 为二元函数 $f(x,y)=\sqrt{(x-x_0)+(y-y_0)}$ 的最小值。由柯西不等式得 $|a(x-x_0)+b(y-y_0)|\leqslant\sqrt{a^2+b^2}\cdot\sqrt{(x-x_0)^2+(y-y_0)^2}$。于是 $\sqrt{(x-x_0)^2+(y-y_0)^2}\geqslant\dfrac{|a(x-x_0)+b(y-y_0)|}{\sqrt{a^2+b^2}}=\dfrac{|ax_0+by_0+c|}{\sqrt{a^2+b^2}}$(也可以通过消元、配方求一元二次函数最值的思路来推导距离公式)。

点到直线距离公式的推导入口宽,思路丰富,是沟通几何、三角、不等式、函数、向量等知识之间联系的一座桥梁。除以上五种方法外,还有原点距离法、投影法、设而不求法、三角形面积法、坐标平移法和柯西不等式法等等。

(六)二面角的历史

二面角及其平面角的概念是立体几何最重要的概念之一,二面角的概念发展、完善了空间角的概念。而二面角的平面角不但定量描述了两相交平面的相对位置,同时它也是空间中线线、线面、面面垂直关系的一个汇集点。

1. 二面角概念的形成

古希腊数学家欧几里得在其《几何原本》第 11 卷中给出了面面倾角的定义:从两个相交平面交线上的同一点,分别在两平面内各作交线的垂线,这两条垂线所夹的锐角叫作该两平面的倾角(或称交角)。欧几里得并没有提出二面角的概念,他考虑的仅仅是两个平面之间的一种关系。

1829 年,美国数学家沃克(T. Walker)在其《几何基础》中提出了平面角(plane angle)的概念。但沃克对二面角的认识还是模糊的,仍然聚焦于两个平面夹角的度量。二面角及其棱和面的概念以及二面角的记号等都付之阙如。

1859 年,美国数学家格林利夫(B. Greenleaf)在其《几何基础》中指出,二面

角是由两个相交平面所形成的角,并给出示意图(如图 4 - 40)。其虽未指明
"半平面",但其示意图显示的是两个半平面所形成的角。书中提出了一些新的
名称,如二面角(dihedral angle)、二面角的面(face)、二面角的棱(edge),还给出了
二面角的字母表示法。至此,二面角作为几何图形的概念登上了数学历史舞台。

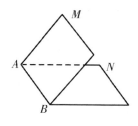

图 4 - 40

1922 年,美国数学家赛克斯(M. Sykes)和康斯托克(C. E. Comstock)在他们
合著的《立体几何》中给出二面角的定义:"两个具有公共边界的半平面所形成
的图形称为二面角。"同时,书中给出的面和棱的概念,以及二面角的命名方式,
与现行教科书一致。

2. 二面角的平面角概念

关于二面角的测量,赛克斯和康斯托克在《立体几何》中提出了"平面角"
的概念:从两个平面的交线上任取一点,过该点分别在两个平面内作交线的垂
线,垂线形成的夹角称为平面角。书中给出了以下两个定理:

定理 1:一个二面角的所有平面角都相等。

定理 2:如果一个平面垂直于二面角的棱,它与两个面的交线形成平面角。

另外,两人还设计了一个操作活动:通过剪切、折叠卡纸来制作一个二面
角,并展示测量该二面角大小的过程(如图 4 - 41)。

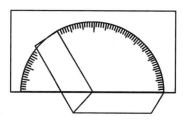

图 4 - 41

3. 二面角平面角合理性之定量研究

勒让德在《几何基础》(1794)中提出,为了说明二面角的平面角定义的合

理性,需要证明若二面角以一定的比例增大或减小,则相应的平面角将以相同的比例增大或减小。因此,若两个二面角的平面角是可公度的,则它们所对应的二面角具有相同的比例。勒让德将证明从平面角可公度的情形扩展到了平面角不可公度的情形。

4.二面角的平面角合理性之定性研究

1879 年,美国数学家温特沃斯(G. A. Wentworth)在其《平面与立体几何基础》中讨论了"平面角的边必须垂直于棱"的缘由。如图 4 – 42,在长方体中,二面角 $F – AB – H$ 是一个直二面角,$\angle CED$ 的两条边分别在平面 AF 和平面 AG 上,并且它们都垂直于直线 AB,所以 $\angle CED$ 是二面角 $F – AB – H$ 的平面角。值得注意的是,图中另外画出的两个角,它们的两条边均不垂直于直线 AB,通过观察可知,$\angle C'E'D'$ 是锐角,$\angle C''E''D''$ 是钝角,都不能合理地刻画直二面角 $F – AB – H$。

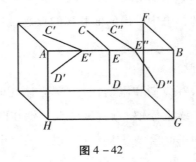

图 4 – 42

第二节　基于数学史的中小学数学教学案例

一、指向核心素养的数学史教学案例

【案例 4 – 1】"埃及分数"教学设计①

【教学目标】

1. 通过分饼的活动,认识"埃及分数"。

2. 通过将埃及分数再写成另两个不同埃及分数之和,将分子是 2 的真分数写成两个不同埃及分数的和,以及将一个真分数写成多个埃及分数之和的形

---

① 陈六一."埃及分数"教学设计［J］.中小学数学(小学版),2018(Z2):59－61.

式,感受古代埃及人的智慧,并通过观察计算规律,积累埃及分数的计算的经验,体验智力思维的乐趣。

3. 通过相关数学故事、数学历史,帮助学生感受埃及分数在生活中的运用,激发学生课后继续探究的欲望。

【教学过程】

1. 认识埃及分数

师:同学们,今天我们一起来研究一个课本上没有的数学知识,愿不愿意挑战?

生:愿意。

师:(出示大屏幕)研究什么?

生:埃及分数。

师:对于埃及分数,你有什么提问的吗?

生:什么叫作埃及分数?

师:容我卖个关子,先考大家一道题目:3 块同样大小的饼,平均分给 4 个同学,每人分得多少块饼?

生:$3 \div 4 = \dfrac{3}{4}$(块)。

师:懂了,我们五年级时是这样思考的,对吧?

(教师出示教材图片。)

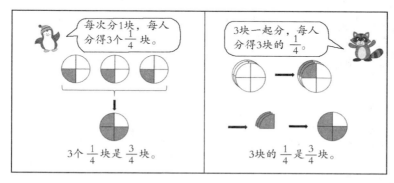

图 4 - 43

师:可是四五千年前的埃及人可不是这样分饼的,他们先将 2 块饼都均分成 2 份,这样每个学生可以取走其中的 1 份,即 $\dfrac{1}{2}$ 块饼;再将剩下的 1 块饼均分成 4 份，每个学生再取走 4 份中的 1 份，即 $\frac{1}{4}$ 块饼。重点来了哦，也就是说古代埃及人在进行分数运算时，只使用分子是 1 的分数，即我们所说的单位分数，所以这样的分数也叫"埃及分数"。对了，谁来回答刚才那位同学的提问：什么叫作埃及分数？

生：分子是 1 的分数，例如 $\frac{1}{2}$、$\frac{1}{4}$ 等等。

师：古埃及人的做法可不是我杜撰出来的，1 英尺高、18 英尺长的《莱因德纸草书》记录了公元前 2000 年至公元前 1800 年之间埃及人的 48 个数学知识，其卷首就记载了一组埃及分数分解表。（出示部分《莱因德纸草书》图片）

【设计意图】首先出示"埃及分数"引起悬念，激发学生的探究欲望，勾起学生想探究"是怎么回事"的念头，同时激发学生思考。

2. 利用埃及分数探究分数运算性质

（1）拆分 $\frac{1}{2}$

师：我们刚才已经知道了既陌生又熟悉的埃及分数了，那我们就来学学古埃及人，先把一个埃及分数看能否写成另两个不同的埃及分数之和呢？

师：我们先来研究一下 $\frac{1}{2}$，谁有主意了？

生：我们可以先试着将 $\frac{1}{2}$ 的分子、分母同时扩大，例如将分子、分母同时乘 3，得到 $\frac{1}{2} = \frac{3}{6}$；这样可有 $\frac{3}{6} = \frac{1}{6} + \frac{2}{6} = \frac{1}{6} + \frac{1}{3}$。

生：我先想到比 $\frac{1}{2}$ 小一点的埃及分数 $\frac{1}{3}$，再用 $\frac{1}{2} - \frac{1}{3}$，结果得到 $\frac{1}{6}$，这样刚好凑成了 $\frac{1}{2} = \frac{1}{3} + \frac{1}{6}$。

师：那大家自主尝试一下 $\frac{1}{3}$ 能拆成哪两个埃及分数之和？

生：$\frac{1}{3} = \frac{4}{12} = \frac{1}{12} + \frac{1}{4}$。

师：$\frac{1}{7}$ 呢？

生：$\frac{1}{7} = \frac{8}{56} = \frac{1}{56} + \frac{7}{56} = \frac{1}{56} + \frac{1}{8}$。

师：厉害。现在老师将大家的结果整理如下：

$$\frac{1}{2} = \frac{1}{3} + \frac{1}{6}; \frac{1}{3} = \frac{1}{4} + \frac{1}{12}; \frac{1}{7} = \frac{1}{8} + \frac{1}{56}。$$

观察这三组算式中的数字，能找到什么秘密吗？

生：一个加数的分母比要拆分的分母大1，另一个加数的分母是前两个分母的积。

师：我们用这个规律再试试看。

（学生汇报并验证。）

生：这个规律可以用字母表示为：$\frac{1}{a} = \frac{1}{a+1} + \frac{1}{a(a+1)}$，其中 a 是大于 1 的自然数。

（2）拆分 $\frac{2}{3}$

师：刚才我们体验了将一些埃及分数再分成两个埃及分数之和，接下来我们将分子是 2 的分数写成两个不同的埃及分数之和的形式怎么样？

生：没问题。

师：我们来一场男女生友谊赛吧，老师写出两个分数，各自认领一个，看谁先解决问题？（教师出示 $\frac{2}{3} = \frac{1}{(\quad)} + \frac{1}{(\quad)}$、$\frac{2}{5} = \frac{1}{(\quad)} + \frac{1}{(\quad)}$。）

生：$\frac{2}{3} = \frac{4}{6} = \frac{1}{6} + \frac{3}{6} = \frac{1}{6} + \frac{1}{2}$。

生：$\frac{2}{5} = \frac{4}{10} = \frac{1}{10} + \frac{3}{10}$，放弃。

生：$\frac{2}{5} = \frac{6}{15} = \frac{1}{15} + \frac{5}{15} = \frac{1}{15} + \frac{1}{3}$。

师：借用了刚才探索的方法对吧，不过，随着分母的变大，需要尝试的次数？

生：也会增多。

师：那你们出一个分母再大一点儿的，看老师的速度怎样？

生：$\frac{2}{15}$。

师：$\frac{2}{15} = \frac{1}{8} + \frac{1}{120}$。不觉得老师似乎有什么窍门吗？我们来共同整理这些计算：

$$\frac{2}{3} = \frac{1}{2} + \frac{1}{6}; \frac{2}{5} = \frac{1}{3} + \frac{1}{15}; \frac{2}{15} = \frac{1}{8} + \frac{1}{120}\text{。}$$

生：后一个加数的分母是前两个分母的乘积。

师：对的。那第一个加数的分母如何确定呢？3,2;5,3;15,8。规律是？

生：先将所要拆分的分母 +1，再将结果除以 2，商就是第一个埃及分数的分母。

师：棒极了！那 $\frac{2}{99} = $ ？

生：$\frac{2}{99} = \frac{1}{50} + \frac{1}{4950}$。

师：$\frac{2}{n} = $ ？

生：$\frac{2}{n} = \dfrac{1}{\dfrac{n+1}{2}} + \dfrac{1}{\dfrac{n(n+1)}{2}}$。

【设计意图】通过拆分"拼"或"凑"，激活了学生的数学思维，同时，培养学生观察和归纳的数学能力。

3. 交流梳理

师：在几番体验之后，大家有些什么收获？

生：整理—观察—归纳是一种很好的学习方法，可以在观察中发现规律，并将规律用数学符号总结，简洁、美观。

师：是否还有一些感受想和大家分享？

生：思考的过程很痛苦，但是思考成功很快乐。

生：玩好数学，数学会很好玩。

4. 验证规律

师：有同学说，老师教我们体验的都是比较特殊的分数，其他分数都可以写成几个埃及分数的和吗？例如 $\frac{5}{6}$。

生：$\frac{5}{6} = \frac{10}{12} = \frac{4}{12} + \frac{6}{12} = \frac{1}{3} + \frac{1}{2}$。

师：但是问题又来了，古埃及人可不懂这样将分子、分母同时乘一个数再去拆分，他们只会实物操作，我们再以分饼为例，$\frac{5}{6}$ 可以变成什么样的问题？

生:5 块饼平均分给 6 位同学,每人分得多少块?

师:那我们穿越到四千多年前,像古埃及人那样实际操作一下如何?

生:先取出 3 块饼,每块平均分成 2 份,每人取 1 份,即得 $\frac{1}{2}$ 块;

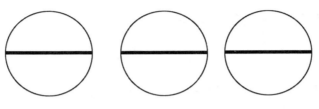

图 4－44

再将剩下的 2 块饼平均分成 3 份,每人取 1 份,即得 $\frac{1}{3}$ 块。

图 4－45

所以 $\frac{5}{6} = \frac{1}{3} + \frac{1}{2}$。

【设计意图】验证任意分数拆成若干个埃及分数之和,体会一般化的数学思想方法。

5. 拓展延伸

今天我们这节课研究的分数都具有特殊性,因为它们都能写成两个不同的埃及分数之和,其实还有很多分数需要用两个以上不同的埃及分数相加而成,而古埃及人却能应用自如,那有没有一个万能的规律呢?这激起了无数数学爱好者和数学家们的兴趣,历经无数次的计算、思考,终于在 800 年前,意大利数学家斐波那契提出了一种求解埃及分数的贪心算法,你想知道这是怎样的一个规律吗?

【案例 4-2】"二面角"教学设计①

【教学目标】

1. 观察现实生活的情境,抽象出二面角的概念,培养数学抽象素养。

2. 探究二面角的平面角的定义,发展学生的逻辑推理素养。

3. 感悟数学概念所蕴含的理性精神。

【教学过程】

1. 情境引入

(教师借助生活中的 3 个情境——翻开的书页、墙面与天花板、打开的笔记本电脑,引入二面角。)

师:借助上述生活中的情境,大家可以抽象出什么数学问题?

生:两个平面的夹角。

师:两个平面的夹角的概念最早由古希腊数学家欧几里得在《几何原本》中给出。

(教师在 PPT 上展示两平面夹角的概念。)

师:两平面所成的对顶角有两对,选哪一对作为它们的夹角?

生:较小的一对。

师:那么,两平面夹角的范围应该是多少?

生:$\left[0, \dfrac{\pi}{2}\right]$。

师:如果两平面夹角的范围是 $\left[0, \dfrac{\pi}{2}\right]$,那么它就不能表示笔记本电脑开合程度较大的情况。我们应该怎样修正这个定义?

(学生陷入沉思中。)

师:如果我们给出一个新的概念:平面上的一条直线将平面分成两个半平面。我们怎样用数学语言描述刚才的情形?

生:两个半平面所成的图形。

师:还有补充吗?

生:两个半平面及其交线所组成的空间图形。

---

① 高振严,韩嘉业. HPM 视角下的"二面角"概念教学设计与实践[J]. 中小学课堂教学研究,2021(12):5-9,37.

师:所以我们将由两个半平面 α 和 β 及其交线 AB 所组成的空间图形称为二面角,记作 $\alpha - AB - \beta$。两个半平面 α 和 β 称为二面角的面,交线 AB 称为二面角的棱。下面请同学们画出开合程度较小和较大的两种情形的二面角。

【设计意图】从学生熟悉的生活情境入手,目的在于使学生能够抽象出两个平面夹角的数学模型。同时,比较模型的不足,引入新概念二面角。

2. 探究新知

本环节设置了 3 个探究活动:通过测量折纸所形成的二面角的大小,引出研究平面角的必要性;通过三种特殊的二面角($0°$、$90°$、$180°$)与其对应的平面角大小的比较探究,定性分析二面角的平面角定义的合理性;通过从内部测量二面角大小的活动,自然地引出二面角的平面角的唯一性问题,并加以证明。

(1)探究二面角的必要性

师:请大家用手中的 A4 纸折出一个二面角,并用量角器测量它的大小。

(学生所折的二面角分成了两类:一类是将 A4 纸对折,纸的边缘与折痕垂直;另一类是斜折,纸的边缘与折痕不垂直。)

师:大家是怎样折二面角的? 又是如何测量的?

生 1:我将 A4 纸对折(如图 4 - 46),然后将量角器紧贴二面角边缘的两边测量。

师:还有不同的折法吗?

图 4 - 46 对折 A4 纸   图 4 - 47 斜折 A4 纸

生 2:我将 A4 纸斜折(如图 4 - 47),然后也是将量角器紧贴二面角边缘的两边测量。

师:我看到有的同学也是斜折,但测量方法不同。

生 3:我也是将 A4 纸斜折,但我觉得测量边缘不方便,所以把纸再次折叠。这次是对折,使之与上一次的折痕重叠,此时新的折痕垂直于原来的折痕(如图 4 - 48),测量新折痕的夹角即可。

图4-48 在斜折基础上再次折叠

师：大家的做法非常好，二面角是一个空间图形，这几位同学测量的是一个平面角还是空间角？

生（齐答）：平面角。

师：为什么是平面角？

生4：大家所量的角都是纸的边缘或折痕的夹角，是两条交于一点的射线所成的角，符合平面角的定义。

师：前几节课，我们在度量异面直线所成的角、线面角等空间角时，都是把空间角转化成平面角进行度量，那么二面角也不例外。

【设计意图】度量是测量在数学中的抽象，测量是度量在现实世界中的应用。通过让学生动手测量二面角的大小，引导学生思考并发现测量的角其实是平面角而非空间角，从而得出立体几何中空间角度量的本质是平面角的度量，让学生体会到引入二面角的平面角的必要性。

（2）探究二面角的合理性

师：刚刚三位同学选择的平面角有何不同？

生5：同学1和同学3选的平面角的两边都垂直于二面角的棱，同学2选的平面角的两边与棱不垂直。

师：你观察得很仔细。大家觉得应该选择哪一种平面角来度量二面角呢？

（大部分学生选择垂直的情况，也有一部分学生觉得垂直、倾斜都可以，还有极少数学生选择倾斜的情况。）

师：大部分同学的选择与历史上数学家欧几里得的选择相同，他就是用这种垂直于棱的平面角来度量两个平面所成角的大小。但是为什么欧几里得选择了垂直的情况，舍弃了倾斜的情况？理由是什么？

生6：如果是倾斜的情况，二面角的两个半平面重合时，两条倾斜的边并不重合（如图4-49）。

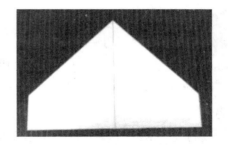

图 4 - 49　倾斜的平面角　　　　　　　　图 4 - 50　反例

生 7：不对，在这种情况下，两条倾斜的边可以重合，例如两边与棱的夹角都是 30°。

生 6：那在这种情况下，将二面角摊平，两个半平面在同一平面上，二面角是平角，此时两条倾斜的边并不在同一条直线上（如图 4 - 50）。

师：两位同学举的反例都非常好。现在我们知道，如果平面角的两边不与二面角的棱垂直，那么平面角就不能正确地表示二面角的开合程度。

生 8：有没有这种可能：倾斜的情况只是不能表示两个半平面重合以及摊平的情况，但是其他情况是可行的。

生 9：不对，倾斜的情况也不能正确地表示两个半平面相互垂直的情况。

（该学生通过测量两个半平面相互垂直时两种倾斜程度不同的平面角的大小，发现一种情况大于 90°，另一种情况小于 90°。这与历史上美国数学家温特沃斯的例证有异曲同工之妙。）

师：综上可知，倾斜的平面角不能正确地反映二面角的开合程度。那么垂直的平面角能正确地反映二面角的开合程度吗？

生 10：可以，我可以用对折的纸来演示说明。

（学生用对折的纸演示平面角垂直于棱的情况。当两个半平面重合时，平面角的两边重合；当两个半平面垂直时，平面角的两边垂直；当两个半平面共面时，平面角的两边共线。）

师：通过刚才的演示可知，平面角的两边均垂直于棱时，它的开合程度与二面角一致。因此，我们选择两边均垂直于棱的平面角来度量二面角。

【设计意图】通过问题串引发学生对二面角的平面角定义合理性的思考，并通过生生交流、师生交流的若干次循环，引导学生定性地得到了二面角的平面角的定义合理性。

（3）探究二面角的唯一性

师:刚才大家所演示的平面角都位于折纸的边缘,然而我看到有的同学构造了位于折纸的内部的平面角。

(学生演示将直角三角板置于折纸内部来构造直二面角的情形。)

师:平面角有时在边缘,有时在内部,随着位置的变化,它的大小会发生变化吗?

(教师在 PPT 上展示两个位置不同的平面角。)

生 1:不会发生变化。

师:理由是什么?

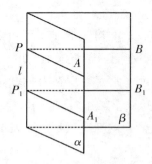

图 4－51　两个位置不同的平面角

生 1:如图 4－51,$AP \perp l$,$A_1 P_1 \perp l$,且 AP 与 $A_1 P_1$ 共面,故 $AP \parallel A_1 P_1$,同理 $BP \parallel B_1 P_1$,根据空间等角定理可得 $\angle APB = \angle A_1 P_1 B_1$。

生 2:不对,根据等角定理,这两个角也有可能互补。

生 1:两组射线 AP 和 $A_1 P_1$、BP 与 $B_1 P_1$ 方向分别相同,所以两角只能相等。

师:由此可见,二面角的平面角的大小和它的顶点在棱上的位置无关。请大家总结一下二面角的平面角的定义。

生 3:在二面角的棱上任取一点,过该点在两个半平面内分别作棱的垂线,所得平面角即为二面角的平面角。

(教师在 PPT 上展示二面角的平面角的概念,学生修正自己提出的概念。)

【设计意图】如何自然地引入二面角的平面角的唯一性证明是教学的难题。当折纸的边缘与折痕不垂直时,有些学生感到无法测量二面角,但学生想到了将三角板内移,让折痕垂直于三角板,构造 45° 或 90° 的二面角,自然地产生了在二面角的棱上选取位置不同的平面角顶点时平面角是否相等的问题,从而顺利地引入平面角唯一性的证明。

3. 深化理解

通过几种特殊情况的折纸活动,说明了平面角为什么不采用倾斜的情况来定义,初步让学生认识到垂直情形的合理性。上述教学环节是对平面角定义的合理性的定性探究,本教学环节继续深入研究,对平面角定义的合理性进行定量分析。

师:刚才我们通过三种特殊的二面角,初步体会了平面角定义的合理性,但是还不够严密。数学史上有严格的证明来论证二面角的平面角定义的合理性,但由于证明比较复杂,我们仅用实物来演示证明过程中的一种情况:可公度的情况。

教师拿出三块大小一样的楔形蛋糕,向学生展示一块蛋糕的两个侧面构成了一个二面角,而蛋糕上沿的两条棱构成了该二面角的平面角。教师拿出两块蛋糕拼在一起,此时两块蛋糕的不重合的两个侧面构成了一个新的二面角。相应地,蛋糕上沿两条不重合的棱构成了新的二面角的平面角。

师:新二面角是原二面角的几倍?

生:两倍。

师:新二面角的平面角是原二面角的平面角的几倍?

生:两倍。

师:我再拿一块蛋糕拼在一起,现在二面角与平面角分别是原来的几倍?

生:三倍。

师:由此我们可以得出什么结论?

生:二面角大小的变化与平面角大小的变化是同比例的。

师:当平面角为0°时,二面角的两个半平面重合;当平面角为90°时,二面角的两个半平面垂直;当平面为180°时,二面角的两个半平面也是平的。又因为二面角大小的变化与平面角大小的变化是同比例的,所以我们可以用二面角的平面角来度量二面角的大小。当平面角为$n°$时,二面角的大小也为$n°$,所以二面角的范围是$0°≤n°≤180°$。

【设计意图】数学史上对二面角的平面角定义的合理性的定量证明,分为可公度情形和不可公度情形两种情况。由于高中生没有接触过公度的概念,所以具体证明过程对他们来说并不易理解。但是,蛋糕模型作为可公度情形的一个简单、直观的例子,可以让学生从定义的角度来理解平面角与二面角大小变化的同比例关系。

4. 例题应用

在本教学环节,教师用两道典型例题(等腰型的二面角、全等型的二面角),让学生掌握二面角的平面角的作图方法,以及如何计算二面角的大小。例题讲解过程略。根据单元教学设计的规划,更多的应用问题将会在下一课时中讲解。

5. 课堂小结

师:本节课大家有什么收获?

生1:学习了二面角的概念以及两种典型二面角的平面角的作图方法。

师:这位同学谈到了在知识和方法上的收获,那么大家在数学思想上有何收获?

生2:学到了化归思想。

生3:体会到了学习立体几何时实践操作的重要性,以及给出数学定义的时候需要考虑严谨性、合理性。

生4:数学的发展不是一蹴而就的,数学家也会犯错误、走弯路,但是数学家们的不懈努力创造了现在的数学成就。

师:大家总结得非常好。我再补充一点,立体几何的概念大都是从现实生活中抽象出来的,因此我们也要重视数学抽象的重要性。

【设计意图】引导学生从知识、方法、数学思想三个层面总结本节课的收获,充分挖掘数学史的德育价值。

二、指向数学思想方法的数学史教学案例

(一)探究式数学史教学设计

【案例4-3】"圆的面积公式"教学设计①

【教学目标】

1. 知道圆面积概念,理解和掌握圆面积的计算公式,并能正确计算圆面积。

2. 通过剪圆的操作过程,培养学生的直观想象能力、动手操作能力、抽象概括能力和自主探索能力;通过交流与分享圆面积公式的推导过程,提升学生的语言表达能力。

---

① 王雅琪,瞿鑫婷. HPM 视角下圆的面积公式教学[J]. 中小学课堂教学研究,2019(6):9-14.

3. 探索圆面积公式,体会"以直代曲""圆出于方"的转化思想和极限思想。

4. 了解历史上数学家推导圆面积公式的方法,理解数学文化的多元性,体会数学背后的人文精神,感悟数学的应用价值。

【教学过程】

1. 复习旧知,引入新课

师:在前几节课中,我们已经学习了圆的什么知识?

生:圆的周长、弧长、圆周率。

师:你们还想知道关于圆的哪些知识呢?

生:我们还想知道如何求圆面积。

师:那今天就让我们一起来探究如何求圆面积。什么是圆面积呢?

生:圆面积是圆所占平面的大小。

【设计意图】在学生已经学习了圆的概念、周长、弧长等内容的基础上,通过简短的问答,激活学生原有的知识和生活经验引入课题。

2. 动手操作,感知极限

本环节设置两个操作环节,目的是让学生通过探究正多边形与圆的关系,知道可以利用正多边形面积无限逼近圆面积,体会极限思想。

探究 1 将方形纸片剪成圆

师:请大家只用剪刀把桌上的方形纸片剪成一个圆形。大家可以怎么剪呢?

生 1:可以四分之一、四分之一地剪(如图 4-52 所示)。

生 2:先将纸对折四次,再剪出稍微平一些的弧(如图 4-53 所示)。

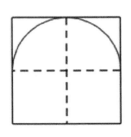

图 4-52 生 1 的方法　　　　图 4-53 生 2 的方法

师:剪完展开后我们发现,这个圆类似花瓣,而且有点坑坑洼洼。你们还有其他方法吗?

生 3:我的方法与生 2 相同,剪完展开后,再将凸起来的地方进行修整。

师：老师发现，有的学生将纸片对折起来，只要剪一个半圆就可以了；有的学生将纸片对折两次，只要剪四分之一圆弧就可以了。那么，如何使剪的路径尽可能短呢？

生：将纸片对折更多次。

师：我们将纸片对折到不能对折为止，那么怎样剪才能使展开的图形更接近圆呢？

生：剪一段不太弯的弧。

师：我们不妨用直线段代替曲线，剪直线段试试（操作展示，如图 4－54 所示）。

生：基本接近圆了。

师：利用圆的对称性，对折的次数越多，剪出的正多边形就越接近圆。我们知道，在纸片上对折的次数是有限的，如果借助技术手段将纸片无限次对折，用剪刀沿着直线段剪后展开，在极限状态下得出的图形就是圆。

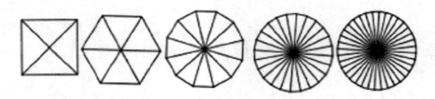

图 4－54　用正多边形逼近圆

探究 2　将圆形纸片剪成正多边形

师：通过剪圆，我们感受到"圆出于方"的思想。这对我们求圆面积有什么启发吗？

生：我们可以把圆面积近似看成一个正多边形面积。

师：虽然正多边形面积近似等于圆面积，但它们之间还有一定的差值。现在我们把圆形纸片剪成正多边形，感受它们之间的差值到底有多大。学生分组操作，将圆对折不同的次数（2 次、3 次、4 次、5 次），剪出圆中最大的正多边形，并比较剪下来的部分。

师：我们发现，当圆对折的次数越多，正多边形面积与圆面积之间的差值就越小。如果圆能够无限次对折，那么正多边形面积与圆面积就相等了。

教师通过几何画板分别作了圆内接正四边形、正八边形、正十六边形、正三十二边形（如图 4－55 所示），让学生更直观地感受多边形的边数越多，圆面积与正多边形面积的差值就越小。当边数无穷多时,正多边形面积近似等于圆面积。

图4-55　圆与内接多边形的面积差

【设计意图】设置两个探究,教师引导学生对折纸片后沿直线段剪,体会"以直代曲"思想。另外,通过比较剪下来图形的面积大小,感受正多边形与圆之间的面积差,体会极限思想。

3. 转化图形,推导公式

师:从圆中剪出正多边形的过程与我国古代数学家刘徽的割圆术十分类似。材料一(多媒体放映)介绍了刘徽利用圆内接正多边形面积无限逼近圆面积,推导出圆面积公式,并求得圆周率的近似值。有没有同学会翻译刘徽的经典名句"割之弥细,所失弥少,割之又割,以至于不可割,则与圆合体而无所失矣"?

生4:割得越细,剩下的面积越少;割了又割,到最后不可以割时,正多边形面积就和圆面积一样了,差值为零。

师:很好!通过动手剪圆操作和刘徽割圆术的启发,我们可以利用正多边形面积近似替代圆面积。而在极限的状态下,正多边形面积就等于圆面积。那么,怎样求正多边形面积呢?

生5:先将正多边形沿半径分割成许多小的等腰三角形,然后展开,最后将这些小三角形倒插起来。

师:很好的思路!老师现在把一个正多边形剪成16个小三角形。你能给大家演示如何将这些小三角形倒插起来吗?(生5演示小三角形倒插过程)请问倒插起来后得到的是一个什么图形?

生5:平行四边形(如图4-56所示)。

师:这个平行四边形的底和高分别是什么?

生5:它的底近似等于圆周长C的一半,它的高近似等于圆的半径r,所以平行四边形面积近似为 $S = \frac{1}{2}Cr$。

师:当圆被分割得越来越细时,平行四边形面积就越来越接近圆面积。在极限的情形下,平行四边形的底等于圆周长 C 的一半,平行四边形的高等于圆的半径 r,其面积为 $S = \frac{1}{2}Cr$,这也是圆面积公式。

教师书写圆面积公式的推导过程:$S = \frac{1}{2}Cr = \frac{1}{2} \cdot 2\pi r \cdot r = \pi r^2$。

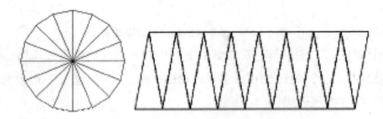

图 4-56 拼接法

学生拼接圆形的方法是将无限接近于圆的正多边形面积转化为平行四边形面积,与刘徽的割圆术有异曲同工之妙。这与课本上将圆分割成许多小扇形,再将这些小扇形直接拼成近似平行四边形的方法不同:课本上的方法所拼成的图形面积始终等于圆面积,其形状是近似的平行四边形;而学生的方法所拼成的图形是真实的平行四边形,其面积是圆面积的近似值。

师:还有其他推导方法吗?

生6:将正多边形沿半径分割成许多小的等腰三角形,求其中一个等腰三角形的面积,再乘三角形的个数就可以了。

师:很好的思路! 假设我们将正 n 边形分割成 n 个相同的小三角形。每个小三角形的底边为 a,用 $C_正$ 表示正 n 边形的周长,那么 $C_正$ 与 a 有何关系?

生6:$a = \dfrac{C_正}{n}$。

师:若设每个小三角形的高为 h,则它的面积 $S_\triangle$ 是多少?

生6:$S_\triangle = \dfrac{1}{2} \cdot a \cdot h = \dfrac{1}{2} \cdot \dfrac{C_正}{n} \cdot h$。

师:那么,正 n 边形的面积是多少?

生6:$nS_\triangle = \dfrac{1}{2} \cdot \dfrac{C_正}{n} \cdot h \cdot n = \dfrac{1}{2}C_正 h$。

师:我们通过剪纸操作可知,当正多边形的边数越多时,正多边形周长 $C_{正}$ 就越接近圆周长 C,小三角形高 h 也越接近圆半径 r(PPT 演示,如图 4 – 57 所示)。在极限的情形下,正多边形周长 $C_{正}$ 变成了圆周长 C。此时,正多边形的面积是多少?

生: $S = \dfrac{1}{2}Cr$,这就是圆面积。

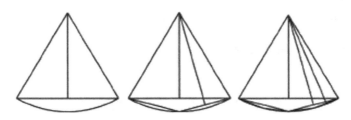

图 4 – 57　小三角形的高越来越接近圆半径的演示

上述虽然没有采用拼图方法,但每次割圆之后计算每个小三角形的面积并将其相加,得到正多边形的面积,实际上是将开普勒的分割变形法置于求极限的过程之中。

师:在推导圆面积公式时,我们运用了数学中著名的极限思想。不论是将圆转化为平行四边形,还是转化成若干个小三角形,都是用直线代替曲线,这也是"以直代曲"数学思想的运用。

教师播放刘徽割圆术的微视频,让学生进一步感知极限思想。此环节后,教师又展示了多个生活中"以直代曲"的例子,让学生感受生活中处处有数学。

【设计意图】渗透"化曲为直""以直代曲""无限逼近"等数学思想,培养学生的直观想象能力和逻辑推理能力。

4. 重温经典,交流分享

本环节让学生回顾历史,重温经典。在阅读历史材料(多媒体放映)中两位数学家推导圆面积公式的小故事后,教师要求学生根据图形的变化,交流分享数学家推导圆面积公式的过程。

生 7:将圆想象成无数个同心圆套在一起,然后沿半径剪开,再沿着剪开的地方"掰开",就可以近似得到一个等腰三角形。等腰三角形的底即圆的最外圈,其长度就是圆的周长 C,而高就是圆的半径 r,可以得到圆面积公式 $S = \dfrac{1}{2}Cr$。

生 7：半径不动，把每个同心圆都拉直，还可以近似得到一个直角三角形。

教师动画演示。

师：阿基米德将圆分割成无数、无限细的同心圆环，这样的极限思想让人佩服。在我们课本的第一节里有一句话"点动成线，线动成面"，其中也蕴含着极限思想。

生 8：先将圆分割成无数个极小的扇形，再把这些扇形展开铺在一条直线上，平移它们的顶点，使面积不变（即等积变换），得到新三角形的底即圆的周长 C，高即圆的半径 r，可得圆面积公式 $S = \dfrac{1}{2}Cr$。

教师动画演示。

师：同学们看，开普勒在自己的婚礼宴会上竟将注意力放在一个葡萄酒桶上，可见他对数学已经达到了痴迷的程度。

在交流分享环节，教师将讲台交给学生。学生通过阅读历史材料，自主探究，进行猜想、推理，升华他们对圆面积公式的认识。在学生讲解之后，教师进行动画演示，让学生直观感受推导圆面积公式的动态过程，体验极限思想。

【设计意图】通过分析交流，引导学生观察、分析、推理，升华他们对圆面积公式的认识。

5. 讲解例题，总结回顾

教师用例题进行回顾。题 1 是《九章算术》方田章圆田问题："今有圆田，周三十步，径十步。问为田几何？"教师要求学生将问题译成现代汉语，并自主解答。题 1 后是关于圆面积公式的若干应用问题。其中有一题将圆面积与圆周长联系在一起：已知一个圆的周长为 62.8 米，求这个圆的面积。教师提示学生可以利用半周长乘半径方法求解。

在课堂小结环节，教师让学生说出最喜欢的数学家，并谈谈自己在这节课中感受到的数学思想。同时，为了延续学生学习数学史的热情，教师可以要求学生课后向家长介绍圆面积公式的探索过程，锻炼学生的语言表达能力。此外，还可以让学生查阅意大利数学家卡瓦列里的棉线法以及其他求圆面积不同的方法，感悟数学家对真理孜孜不倦的探究精神。

【案例4-4】"点到直线的距离"教学设计①

【教学目标】

1. 掌握点到直线的距离公式及两条平行线间的距离公式,并运用公式解决相关问题。

2. 通过探究点到直线的距离公式的推导方法,培养学生合作探究和发散思维的能力。

3. 通过展示多元的推导方法,感受用数形结合、转化等数学思想研究数学问题的优越性,提升学生逻辑推理、数学运算等素养。

【教学过程】

1998年,美国哥伦比亚大学的西格尔(M. Siegel)教授提出数学探究式教学的四个阶段:准备与聚焦、探索与发现、综合与交流、评价与延伸。参照上述四个阶段进行教学设计与实施。

1. 准备与聚焦

上课伊始,教师提出一个实际问题:如图4-58,在铁路附近有一个大型仓库。现要修建一条公路与之接连起来。怎么设计能使公路最短？最短路程是多少？该如何计算呢？

图4-58　铁路与仓库

生:可以先作垂线,然后建立直角坐标系进行计算。

师:非常好,我们可以建立直角坐标系,将几何问题代数化,这也是解析几何的本质。

2. 探索与发现

建立直角坐标系后,实际问题可以抽象成一个数学问题:求点 $P(x_0,y_0)$ 到

① 蔡东山,彭思维,雷沛瑶. HPM视角下的点到直线的距离课例研究[J]. 中小学课堂教学研究,2020(11):7-13,39.

直线 $l: Ax + By + C = 0$ 的距离。结合所学的知识,学生首先独立思考,然后小组探究,最后每个小组由一名学生代表展示证明方法。

探索 1

学生 1 展示了交点法的解题步骤:如图 4 – 59,先算出垂足 $Q(x, y)$ 的坐标,然后利用直线上两点间的弦长公式计算 $|PQ|$。

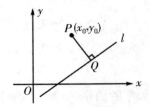

图 4 – 59　点到直线的距离

因为直线 PQ 的方程为 $B(x - x_0) - A(y - y_0) = 0$,联立方程 $Ax + By + C = 0$,可得 Q 点横坐标为 $x = \dfrac{B^2 x_0 - AC - AB y_0}{A^2 + B^2}$,所以利用弦长公式可得 $|PQ| =$

$$\sqrt{1 + k^2} \cdot |x - x_0| = \sqrt{1 + \frac{B^2}{A^2}} \frac{A |Ax_0 + By_0 + C|}{A^2 + B^2} = \frac{|Ax_0 + By_0 + C|}{\sqrt{A^2 + B^2}}。$$

有一个小组则展示了另一种交点法,计算出点 Q 的横坐标和纵坐标,再利用两点间的距离公式求出距离。这也是人教版教材上给出的一种推导方法。

师:刚刚两个小组都采用了先算交点、再算距离的方法,我们把这类方法称为交点法。当交点计算出来后,利用两点间的距离公式计算会比利用弦长公式麻烦,交点法总的来说计算量还是比较大的。那我们接下来看看下一个小组的方法。

探索 2

学生 2 给出了面积法的解题思路,即利用同一个三角形面积的不同计算方法计算距离。

如图 4 – 60,作 $PA /\!/ x$ 轴交 l 于点 A,作 $PB /\!/ y$ 轴交 l 于点 B,于是得出 $A\left(-\dfrac{By_0 + C}{A}, y_0\right)$,$B\left(x_0, -\dfrac{Ax_0 + C}{B}\right)$,计算可得 $|PA| = \left|\dfrac{Ax_0 + By_0 + C}{A}\right|$,$|PB| =$

$\left|\dfrac{Ax_0 + By_0 + C}{B}\right|$。根据三角形面积的不同计算公式 $S_{\triangle APB} = \dfrac{1}{2} AP \cdot BP = \dfrac{1}{2} AB \cdot$

d，可得 $|PQ| = \dfrac{|PA||PB|}{|AB|} = \dfrac{|PA||PB|}{\sqrt{|PA|^2 + |PB|^2}} = \dfrac{|Ax_0 + By_0 + C|}{\sqrt{A^2 + B^2}}$。

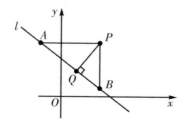

图 4-60　面积法1

师：非常好，你们小组是利用三角形的面积推导公式，我们把这种方法称为面积法。那除了可以构造直角三角形求面积，根据我们以前学习行列式的过程，还可以怎样求面积？

生：已知三点的坐标，利用行列式可以求这三点围成的三角形的面积。

师：很好，那我们就可以选择易于计算的点来构造三角形，比如，选择直线 l 与 x 轴、y 轴的交点 A、B，用行列式求面积。

如图 4-61，设直线 l 与 x 轴、y 轴分别交于点 A、B，易知 $A\left(-\dfrac{C}{A}, 0\right)$，$B$

$\left(0, -\dfrac{C}{B}\right)$，$|AB| = \left|\dfrac{C}{AB}\right|\sqrt{A^2 + B^2}$，则 $S_{\triangle PAB} = \dfrac{1}{2}\begin{vmatrix} x_0 & y_0 & 1 \\ -\dfrac{C}{A} & 0 & 1 \\ 0 & -\dfrac{C}{B} & 1 \end{vmatrix} = \dfrac{1}{2}$

$\left|\dfrac{C(Ax_0 + By_0 + C)}{AB}\right|$，这样也可得出 PQ 的长度。

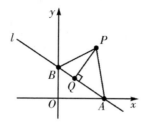

图 4-61　面积法2

探索3

学生 3 给出了三角法的推导步骤：构造直角三角形，利用三角比求解。

如图 4-61，有 $|PA| = \left| \dfrac{Ax_0 + By_0 + C}{A} \right|$，$|PB| = \left| \dfrac{Ax_0 + By_0 + C}{B} \right|$，$\cos \angle QPB$

$= \cos \angle PAB = \dfrac{PA}{PB} = \dfrac{|B|}{\sqrt{A^2 + B^2}}$，于是 $|PQ| = |PB| \cos \angle QPB = \dfrac{|Ax_0 + By_0 + C|}{\sqrt{A^2 + B^2}}$。

探索 4

学生 4 也采用了三角法，但推导思路与学生 3 有所不同，其借助平行线将所求的距离进行转化。过点 $P(x_0, y_0)$ 作直线 $l: Ax + By + C = 0$ 的平行线 $l': Ax + By - Ax_0 - By_0 = 0$。如图 4-62 所示，有 $PQ = MN$，$\angle PJO = \angle KMN = \theta$。易知 $\tan \theta = -\dfrac{A}{B}$，则 $\cos \theta = \dfrac{|B|}{\sqrt{A^2 + B^2}}$，$|MN| = |KM| \cdot \cos \theta = \dfrac{|Ax_0 + By_0 + C|}{\sqrt{A^2 + B^2}}$，即为 $|PQ|$。

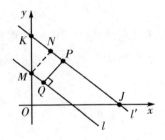

图 4-62 三角法

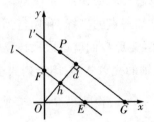

图 4-63 原点距离法

师：很好，构造直角三角形，借助三角比，我们把这种方法称为三角法。还有另外一组同学也采用了三角法，但他们借助平行线，将距离进行转化，这样也减少了计算量。其实通过平行线，我们也可以利用相似三角形来求解。

如图 4-63，考虑到原点到直线的距离这一特殊情形。设直线 l 与 x 轴、y 轴分别交于点 E，F，则 $E\left(-\dfrac{C}{A}, 0 \right)$，$F\left(0, -\dfrac{C}{B} \right)$，再由三角形面积恒等式 $\dfrac{1}{2} EF \times h = \dfrac{1}{2} OE \times OF$ 得 $h = \dfrac{|C|}{\sqrt{A^2 + B^2}}$。由 $l \parallel l'$ 可知 $\dfrac{d}{h} = \dfrac{EG}{OE}$，于是

$$d = \dfrac{EG}{OE} \times h = \dfrac{|Ax_0 + By_0 + C|}{|A|} \div \left| \dfrac{C}{A} \right| \times \dfrac{|C|}{\sqrt{A^2 + B^2}} = \dfrac{|Ax_0 + By_0 + C|}{\sqrt{A^2 + B^2}}。$$

探索 5

学生 5 则直接令 $Q(x_2, y_2)$，利用向量的数量积推导公式。过 P 点作 $PQ \perp l$，根据向量的知识，有 $|\overrightarrow{PQ}| = \dfrac{|\overrightarrow{PQ} \cdot \vec{n}|}{|\vec{n}|} = \dfrac{|A(x_2 - x_0) + B(y_2 - y_0)|}{\sqrt{A^2 + B^2}} =$

$$\frac{|Ax_2 + By_2 - Ax_0 - By_0|}{\sqrt{A^2 + B^2}}, 即\ |PQ| = \frac{|Ax_0 + By_0 + C|}{\sqrt{A^2 + B^2}}。$$

师：这组同学直接借助向量知识解决问题，我们称其为向量法。非常好，方法越来越多了，我们再来看看其他小组的方法。

探索 6

学生 6 给出了从函数的视角推导公式的思路：点到直线的距离可以看成点 $P(x_0, y_0)$，与直线 $l: Ax + By + C = 0$ 上任意点 $M(x, y)$ 的最小值，即 $|PM| = \sqrt{(x-x_0)^2 + (y-y_0)^2}$。要求 $\sqrt{(x-x_0)^2 + (y-y_0)^2}$ 的最小值，利用柯西不等式，有 $(A^2 + B^2)[(x-x_0)^2 + (y-y_0)^2] \geq [A(x-x_0) + B(y-y_0)]^2 = (Ax_0 + By_0 + C)^2$，当且仅当 $\dfrac{x-x_0}{A} = \dfrac{y-y_0}{B}$ 时等号成立，所以 $d = \dfrac{|Ax_0 + By_0 + C|}{\sqrt{A^2 + B^2}}$。

探索 7

学生 7 也是从函数的视角看问题，但求解 $\sqrt{(x-x_0)^2 + (y-y_0)^2}$ 最小值的方法是先将其转化为二次函数，再利用对称轴求得两点间距离的最小值。

师：很好，点线距离实际上是点到直线上任一点的最小值，所以我们可以从函数的角度来看问题，利用求最值的方法求得最小值，用柯西不等式也可以，这能减少计算量，非常巧妙。那有没有同学还有其他的方法？

师：刚刚我们一起探究了许多方法去推导点到直线的距离公式，接下来我们就运用这个公式来解决一些问题。

3. 综合与交流

在本教学环节，教师引导学生利用推导的公式解决相关问题，并思考新的问题：两条平行线间的距离公式是什么？如何推导这个公式？

例 1　求点 $P(3, 6)$ 到直线 $5x - 12y + 8 = 0$ 的距离。

解：将 $P(3, 6)$ 代入公式，得 $d = \dfrac{|15 - 72 + 8|}{\sqrt{5^2 + 12^2}} = \dfrac{49}{13}$。

例 2　已知 x, y 满足 $5x - 12y + 8 = 0$，求 $\sqrt{x^2 + y^2 - 6x - 12y + 45}$ 的最小值。

解：将 $\sqrt{x^2 + y^2 - 6x - 12y + 15}$ 转化为 $\sqrt{(x-3)^2 + (y-6)^2}$，则可以看成直线 $5x - 12y + 8 = 0$ 上一动点到点 $P(3, 6)$ 距离的最小值，即点 $P(3, 6)$ 到直线 $5x - 12y + 8 = 0$ 的距离，因此最小值为 $\dfrac{49}{13}$。

例 3 求直线 $l_1:x+3y-4=0$ 和直线 $l_2:2x+6y-9=0$ 的距离。

解：由于两条直线为平行线，因此可将距离转化为直线 l_1 上一点到 l_2 的距离，$P(4,0)$ 为直线 l_1 上一点，利用点到直线的距离公式可得两条直线的距离为

$$d=\frac{|2\times4-9|}{\sqrt{2^2+6^2}}=\frac{\sqrt{10}}{20}。$$

教师还可以引导学生探究以下问题：求两条平行线 $Ax+By+C_1=0,Ax+By+C_2=0$ 的距离 d，由点到直线的距离公式可得 $d=\frac{|C_1-C_2|}{\sqrt{A^2+B^2}}$。

4. 评价与延伸

教师播放微视频，介绍西方早期教科书中的推导方法，将历史上数学家的证明方法与学生的证明方法进行对比，对学生的表现给予积极评价，并在此基础上进一步延伸新的方法。

师：其实刚才大家所想出的各种方法都是历史上数学家们用过的方法。其中的交点法，就是作垂线求交点坐标，再用两点间的距离公式进行计算。但刚刚同学们用弦长公式来求距离，实际上简化了数学家的方法，减少了计算量。还有三角形面积法，数学家是用行列式做的。几位同学都觉得向量法很巧妙，但这种方法在历史上出现得很晚，而你们也是最后想出来的。当然，如果大家对刚才这些方法还觉得不够满意的话，自己可以去查阅更多的数学文献。

教师展示早期教科书的相关文献，学生看后发出感叹，课堂气氛活跃。

师：在以上各种方法中，大家觉得柯西不等式运算最简便，其实数学史上还有一种比较巧妙的方法，我给大家简单介绍一下。

设点 Q 的坐标为 (x_1,y_1)，因为 Q 在直线 PQ 上，所以 Q 点坐标满足 $B(x_1-x_0)-A(y_1-y_0)=0$①。因点 Q 也在直线 l 上，则有 $Ax_1+By_1+C=0$，也可写为 $A(x_1-x_0)+B(y_1-y_0)+Ax_0+By_0+C=0$，即 $A(x_1-x_0)+B(y_1-y_0)=-(Ax_0+By_0+C)$②。

由①² + ②² 可得 $(A^2+B^2)[(x_1-x_0)^2+(y_1-y_0)^2]=(Ax_0+By_0+C)^2$，即

$$d^2=(x_1-x_0)^2+(y_1-y_0)^2=\frac{(Ax_0+By_0+C)^2}{A^2+B^2}。$$

接着，教师对本节课进行小结，请学生欣赏多种推导方法并对这些方法进行评价。

师:首先,本节课学习了点到直线的距离公式,掌握了它的多种推导方法,同时我们也与数学家们进行对话,领略了数学史上各种点到直线的距离公式精彩的推导方法。其次,本节课我们学习了多种数学思想,如数形结合、转化、从函数的视角看问题等。最后,通过历史上数学家一个又一个精彩的推导方法,一方面我们理解了点到直线的距离公式的内涵,感受到数学公式推导的巧妙之处;另一方面也能感受到其中浸润着的数学家们对知识孜孜不倦、力求创新的探索精神。

师:同学们,历史上如此丰富多彩的方法,大家也想出来了很多种,你们最喜欢哪一种?

生1:我最喜欢柯西不等式,我觉得计算简便,而且太巧妙了。

生2:我最喜欢向量法,因为它将向量用得很灵活,计算也挺简便。

生3:我最喜欢设而不求法,因为我不太能想到这么巧妙的方法。

师:看来每位同学的看法都不一样,那大家还能不能想出其他方法呢? 这个问题就留给大家课后思考。

(二)问题链式数学史教学案例

【案例4-5】"两角和与差的余弦公式"教学设计①

【教学目标】

1. 能够对两角和与差的余弦公式进行简单且正确的应用(主要是化简、求值),能够进行简单三角恒等变换。

2. 经历两角和与差的余弦公式的推导和证明过程,体验探究之乐,理解公式的多种证明方法,进一步感受方法之美。

3. 领会数形结合思想以及转化思想,培养学生直观想象素养和逻辑推理素养。

4. 感受数学文化的魅力,感悟数学的人文精神。

【教学过程】

根据帕普斯模型,设计了由11个问题组成的问题串。

1. 课题引入

问题1　如何求30°和45°这些特殊角的正弦值和余弦值?

---

① 马艳荣,汪晓勤. HPM 视角下"两角和与差的余弦公式"课例研究[J]. 中小学课堂教学研究,2020(3):8-12,18.

生1：用计算器。

生2：通过测量。

生3：利用勾股定理。

生4：画出一个斜边为1的直角三角形，根据三角形的特殊性质，利用勾股定理得出各边的长度，然后用对边比斜边可得 $\sin 30° = \dfrac{1}{2}$，$\sin 45° = \dfrac{\sqrt{2}}{2}$，邻边比斜边可得 $\cos 30° = \dfrac{\sqrt{3}}{2}$，$\cos 45° = \dfrac{\sqrt{2}}{2}$。

问题2 能否利用45°和30°的正弦值和余弦值求 $\cos 15°$ 呢？

师：若用锐角 α 和 β 分别代替45°和30°，那么是否可以用 α 和 β 的正弦和余弦来表示 $\cos(\alpha - \beta)$ 呢？

生：$\cos 45° - \cos 30° = \dfrac{\sqrt{2}}{2} - \dfrac{\sqrt{3}}{2}$，但 $\cos 15° = \cos(45° - 30°) \neq \cos 45° - \cos 30°$。因此，对任意角 α 和 β，等式 $\cos(\alpha - \beta) = \cos \alpha - \cos \beta$ 不成立。

师：那究竟如何用 α 和 β 的正弦和余弦来表示 $\cos(\alpha - \beta)$ 呢？带着这样一个问题，我们一起走进今天的课题——两角和与差的余弦公式。

2. 公式探究

问题3 如图4-64，给定斜边均为1、一个内角分别为 α 和 β 的两个直角三角形 AOC 和 $BO'D$，如何构造出 $\alpha - \beta$？

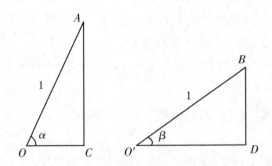

图4-64 两个斜边等长的直角三角形

生1：将两个直角三角形拼在一起，使顶点 O 和 O' 重合。

师：如何得到 $\alpha - \beta$？

生2：顶点 O 和 O' 重合，OC 和 $O'D$ 部分重合，则 $\angle AOB = \alpha - \beta$（如图4-65）。

生3:顶点 O 和 O' 重合,OC 和 $O'B$ 部分重合,则 $\angle AOD = \alpha - \beta$(如图4 – 66)。

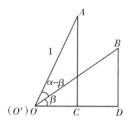

图4 – 65　$\alpha - \beta$ 的构造方法一

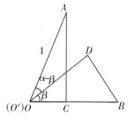

图4 – 66　$\alpha - \beta$ 的构造方法二

生4:顶点 O 和 O' 重合,OA 和 $O'D$ 部分重合,则 $\angle BOC = \alpha - \beta$(如图4 – 67)。

生5:顶点 O 和 O' 重合,OA 和 $O'B$ 重合,则 $\angle DOC = \alpha - \beta$(如图4 – 68)。

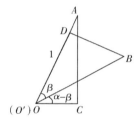

图4 – 67　$\alpha - \beta$ 的构造方法三

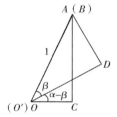

图4 – 68　$\alpha - \beta$ 的构造方法四

师:由于时间关系,我们只选择方法一和方法三进行研究。

问题4　能否利用 α 和 β 尽可能地将图中的线段长度表示出来?

(教师将学生分成两组,一组根据图4 – 65 进行研究,一组根据图4 – 67 进行研究。)

生:$AC = \sin \alpha$,$OC = \cos \alpha$,$BD = \sin \beta$,$O'D = \cos \beta$。

问题5　通过添加辅助线,能否找到一条线段,使其长度等于 $\cos (\alpha - \beta)$?

生1:过点 A 作 OB 的垂线,垂足为 N(如图4 – 69),则 $ON = \cos (\alpha - \beta)$。

生2:过点 B 作 OC 的垂线,垂足为 N(如图4 – 70),则 $ON = \cos (\alpha - \beta)$。

师:很好,要研究 $\cos (\alpha - \beta)$,就需要研究线段 ON 的长度。

问题6　如何用 α,β 的正弦和余弦来表示线段 ON 的长度?

在教学中,教师发现,学生求图4 – 69 中线段 OQ 和线段 QN 的长度,以及图4 – 70 中线段 OC 和线段 CN 的长度,都遇到了困难。

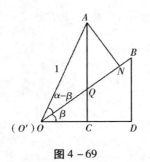

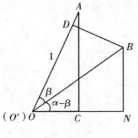

图 4-69   **图 4-70**

师:同学们解题遇到了困难,看来还需要添加新的辅助线,对线段 ON 进行分割。

生 1:如图 4-71,过点 C 作 OB 的垂线,垂足为 E,则 $OE = OC\cos\beta = \cos\alpha\cos\beta$,$ON = OE + EN$。

生 2:如图 4-72,过点 D 作 ON 的垂线,垂足为 E,则 $OE = OD\cos\alpha = \cos\alpha\cos\beta$,$ON = OE + EN$。

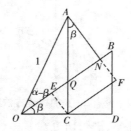

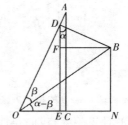

图 4-71   线段 EN 的求法一   **图 4-72   线段 EN 的求法二**

问题 7   如何利用已知的三角比来表示线段 EN 的长度?

生 1:如图 4-71,过点 C 作 AN 的垂线,垂足为 F,在 Rt $\triangle AFC$ 中,$CF = AC\sin\beta = \sin\alpha\sin\beta$。

生 2:如图 4-72,过点 B 作 DE 的垂线,垂足为 F,在 Rt $\triangle DFB$ 中,$BF = BD\sin\alpha = \sin\alpha\sin\beta$。

问题 8   能否利用已表示出来的线段长度建立 $\cos(\alpha-\beta)$ 与 α 和 β 的正弦和余弦之间的关系?

生 1:如图 4-71,$ON = OE + EN = OE + CF$,即 $\cos(\alpha-\beta) = \cos\alpha\cos\beta + \sin\alpha\sin\beta$。

生 2:如图 4-72,$ON = OE + EN = OE + BF$,即 $\cos(\alpha-\beta) = \cos\alpha\cos\beta + \sin\alpha\sin\beta$。

问题 9　如图 $4-72$,以上推导是建立在 α 和 β 为锐角的前提下的。如果 α 和 β 为任意角,结论是否成立?

生:当 α 和 β 在其他范围内时,可以利用诱导公式,证明公式也成立。

教师板书,即 $C_{(\alpha-\beta)}:\cos(\alpha-\beta)=\cos\alpha\cos\beta+\sin\alpha\sin\beta\,(\alpha,\beta$ 为任意角$)$。

问题 10　除了以上的几何推导方法,推导两角差的余弦公式,还有其他简便方法吗?

师:回忆刚才锐角情形下的帕普斯模型和任意角的定义,能否找到一个更简便的几何模型,直接得到任意角情形下的两角差的余弦公式呢?

教师播放微视频 1,并板书展示用两点间距离公式进行推导的方法。微视频 1 内容如下:

帕普斯模型为我们带来了直观感知,但古代数学家仅仅满足于锐角的情形。随着角的推广,数学家开始关心两角差的余弦公式是否适用于任意角的情形。利用帕普斯模型得出的公式,还需借助诱导公式加以推广,比较烦琐。1941 年,美国数学家麦克沙恩(E. J. McShane)对两角差的余弦公式重新进行了推导。如图 $4-73$ 所示,在单位圆中,α 和 β 为任意角,它们的终边与单位圆交于点 B 和 C,其坐标分别为 $B(\cos\alpha,\sin\alpha)$,$C(\cos\beta,\sin\beta)$。将 $\triangle BOC$ 沿顺时针方向旋转,使得 OC 与 OA 重合,OB 与 OD 重合,此时 $\angle AOD$ 就是与 $\alpha-\beta$ 终边相同的角。点 D 的坐标为 $[\cos(\alpha-\beta),\sin(\alpha-\beta)]$,由 $AD=CB$,利用两点间距离公式得到两角差的余弦公式。这也是教科书中所提供的证明方法。由形到数,两点间距离公式的推导方法也适用于任意角的情形。

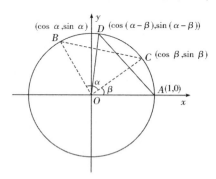

图 $4-73$　利用两点间距离公式推导两角差的余弦公式

问题 11　知道两角差的余弦公式,你能直接得出两角和的余弦公式吗?

生:$\cos(\alpha+\beta)=\cos[\alpha-(-\beta)]=\cos\alpha\cos(-\beta)-\sin\alpha\sin(-\beta)$。

教师板书,即 $C_{(\alpha+\beta)}:\cos(\alpha+\beta)=\cos\alpha\cos\beta-\sin\alpha\sin\beta(\alpha,\beta$ 为任意角$)$。

3. 历史回眸

教师播放微视频2,内容如下:

打开20世纪以前的任何一部西方三角学著作,我们发现公式中至少有一个是用几何方法推导证明的。公元2世纪,古希腊著名数学家托勒密在编制弦表的过程中,发现并提出了后人以其名字命名的定理:圆内接四边形两条对角线乘积等于两组对边乘积之和。利用该定理可推导出两角和与差的余弦公式。公元3世纪末,古希腊数学家帕普斯为我们提供了许多三角公式的几何模型。20世纪中叶以前,绝大多数三角学教科书都采用了帕普斯模型来证明锐角情形下的两角和与差的余弦公式,然后利用诱导公式,证明任意角的情形。我们刚才课堂上带领大家探索的两角差的余弦公式的几何模型正是帕普斯模型为我们带来的灵感。而今天,我们对两角和与差的余弦公式证明方法的探索仍未止步,不少学者还利用出入相补原理,推导出面积视角下的两角和与差的余弦公式。

4. 公式应用

例1 利用两角和与差的余弦公式求 $\cos 15°$ 和 $\cos 75°$ 的值。

例2 化简 $\cos\alpha\cos(60°-\alpha)-\sin\alpha\sin(60°-\alpha)$。

例3 求证下列恒等式。

$$(1)\cos\left(\frac{\pi}{2}-\alpha\right)=\sin\alpha;(2)\sin\left(\frac{\pi}{2}-\alpha\right)=\cos\alpha。$$

【设计意图】教师请学生作答,让学生熟练运用公式,并体会三角代换的思想,为下节课学习两角和与差的正弦公式做铺垫。

5. 小结延伸

教师和学生一起总结本节课的内容。

(1)三种方法。基于帕普斯模型的两种方法的核心思想是通过构造直角三角形,找出相应的三角函数线段,直观性比较强;而麦克沙恩的旋转法的优点在于简洁方便,可以直接得出任意角的两角差的余弦公式,突破了帕普斯模型从锐角到钝角的局限性。

(2)两类素养。通过两个几何模型推导两角差的余弦公式,培养学生逻辑推理素养和直观想象素养。

(3)一个专题。微视频2呈现了"两角和与差的余弦公式"的历史,拓宽了学生的视野,让学生感悟数学的人文精神。

最后,教师让学生课后解决以下问题。

(1)利用公式 $\cos(\alpha \mp \beta) = \cos\alpha\cos\beta \pm \sin\alpha\sin\beta$,$\cos\left(\dfrac{\pi}{2} - \alpha\right) = \sin\alpha$ 和 $\sin\left(\dfrac{\pi}{2} - \alpha\right) = \cos\alpha$,推导关于 $\sin(\alpha \pm \beta)$ 的公式。

(2)利用 $\alpha - \beta$ 的构造方法二和方法四,能否推导两角差的余弦公式?

三、指向数学理解的数学史教学案例

(一)概念课数学史教学设计

【案例 4 – 6】“锐角三角比”教学设计①

【教学目标】

1. 经历锐角三角比概念的形成过程,经历将校园生活中“不可测问题”转化为数学问题,再抽象出数学概念的过程,学会抓住事物的本质属性。

2. 掌握锐角三角比的概念,能根据直角三角形中两边的长,求解锐角三角比的值。

3. 在概念形成的探究过程中,体会初中和高中数学内容、数学与其他学科、数学与生活之间的紧密联系,培育善于思考、严谨求实的理性精神,增强“学数学、用数学”的实用数学观,欣赏多元的数学文化。

【教学过程】

1. 创设情境

基于校园生活中发现的“不可测问题”,转化为对应的数学问题。

师:在校园中,已知 A、B 两点之间有一障碍物(情况一,如图 4 – 74),周围是空地,如何测量 A、B 之间的距离(即 AB 的长度)呢?

生:可以把这个问题转化成数学问题,通过构造直角三角形来解决问题。如果能找到一点 C,使得 $\angle ACB = 90°$(如图 4 – 75),只要测量出 AC、BC 的长度,由勾股定理就可以求出 AB 的长度。

---

① 王进敬,余庆纯.巧探古今生活,浸润数学文化:以“锐角的三角比的意义”教学为例[J].中小学课堂教学研究,2021(2):5 – 10.

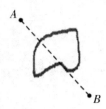

图 4 – 74　情况一的示意图

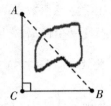

图 4 – 75　构造直角三角形

师:很好。如果无法直接构造出直角三角形,如何解决这个问题呢? 请设计一个可行的方案,求出 A、B 之间的距离(情况二,如图 4 – 76)。

生:可以在 AB 所在的平面内找一个点 C,使 $\angle ACB$ 是特殊的角度,比如 30°、45°、60° 或 90°,利用特殊角解决问题。

生:通过类比的方法,可以构造出特殊的三角形来解决问题。

师:很好。如果 $\angle ACB$ 是任意一个确定的角度,你有什么方法来解决这个问题。

生:可以构造全等三角形,求出 AB 的长度(如图 4 – 77)。

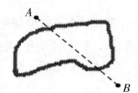

图 4 – 76　情况二的示意图

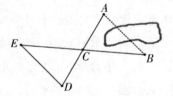

图 4 – 77　构造全等三角形

生:还可以构造出平行线(含中位线)来解决问题,取靠近 C 点的 AC 三等分点 M(或 AC 的中点),取靠近 C 点的 CB 三等分点 N(或 BC 的中点),则 MN // AB,$\dfrac{MN}{AB} = \dfrac{CM}{CA}$(如图 4 – 78)。

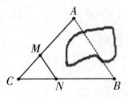

图 4 – 78　构造平行线

师:不错。这两种方法的本质是相同的。在适当的位置确定一点 C,那么 AC、BC、$\angle C$ 的大小随之确定,即 $\triangle ABC$ 是确定的,再利用三角形的全等或相似,

求出 AB。

师：假设无法直接构造出直角三角形，那么在图纸上过 A 作 $AD \perp BC$ 于 D（如图 4-79），你能求出 AD 的长度吗？如果能够求出 AD 的长度，那么依据勾股定理也可以求出 AB 的长度。

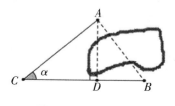

图 4-79　构造垂线

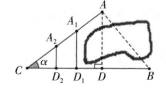

图 4-80　类比构造平行线

生：可以的。求一条线段的长度，通常将其放在三角形中进行求解。在 Rt $\triangle ACD$ 中，$\angle C$（即 α）的大小是确定的，AC 的长度是确定的，所以 Rt $\triangle ACD$ 是确定的。按道理来讲，AD 是可求的。

生：（类比思想）当点 C 确定时，$\angle C$（即 α）的大小是确定的，仿照前面可以类比构造出平行线（如图 4-80），得到 $\dfrac{AD}{AC} = \dfrac{A_1 D_1}{A_1 C}$，且 AC、$A_1 D_1$、$A_1 C$ 亦可测量得到，进而能够求得 AD。同理，由 $\dfrac{DC}{AC} = \dfrac{D_1 C}{A_1 C}$ 可以求得 CD。由勾股定理，求出 AB 的长度。

师：当 $\angle C$（即 α）的大小确定时，任意作垂线，上述的结论都成立吗？

生：成立，即 $\dfrac{AD}{AC} = \dfrac{A_1 D_1}{A_1 C} = \dfrac{A_2 D_2}{A_2 C}$，$\dfrac{DC}{AC} = \dfrac{D_1 C}{A_1 C} = \dfrac{D_2 C}{A_2 C}$。

师：也就是说，当 $\angle C$（即 α）的大小确定时，它的对边与斜边、邻边与斜边之比是固定的（如图 4-81）。你能用数学的文字语言来描述这种关系吗？

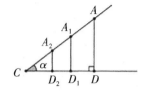

图 4-81　α 变化时的比值情况

生:当锐角$\angle C$(即α)确定时,$\dfrac{锐角\angle C的对边}{斜边}$与$\dfrac{锐角\angle C的邻边}{斜边}$是一个定值,且$\dfrac{锐角\angle C的对边}{锐角\angle C的邻边}$与$\dfrac{锐角\angle C的邻边}{锐角\angle C的对边}$也是一个定值。

师:在直角三角形中,当锐角α变化时,上述比值是否发生变化?现以$\dfrac{锐角\angle C的对边}{锐角\angle C的邻边}$为例进行分析(如图4-82)。

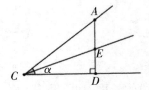

图4-82 α变化时的比值情况

师:在直角三角形中,$\dfrac{锐角\angle C的对边}{锐角\angle C的邻边}$随$\alpha$的变大而变大、随$\alpha$的变小而变小。当锐角$\alpha$确定时,$\tan\alpha$也确定,这里很像我们学过的函数。

师:很棒。锐角三角比不仅架起三角形边与角的关系桥梁,而且蕴含了高中三角的数学雏形,为大家以后学习三角函数奠定了基础。此外,锐角三角比在天文学、航海学等跨学科领域中均有非常广泛的应用。

2. 解析概念

如图4-83,在直角三角形中,当锐角α确定时,$\dfrac{锐角\alpha的对边}{锐角\alpha的邻边}$与$\dfrac{锐角\alpha的邻边}{锐角\alpha的对边}$比值是定值,将这些定值赋予新的名称——正切、余切,它们属于锐角三角比。

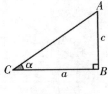

图4-83

教师将上述概念整理成表格(见表4-2),便于学生记忆。

表4-2　正切、余切的概念

中文名称	英文名称	符号表示(在直角三角形中)
正切	tan	$\tan \alpha = \dfrac{锐角\ \alpha\ 的对边}{锐角\ \alpha\ 的邻边} = \dfrac{AB}{BC} = \dfrac{c}{a}$
余切	cot	$\cot \alpha = \dfrac{锐角\ \alpha\ 的邻边}{锐角\ \alpha\ 的对边} = \dfrac{BC}{AB} = \dfrac{a}{c}$

注意:tan、cot 本身无意义,只有与角度结合在一起才有意义。

3. 辨析巩固

本教学环节对正切、余切的知识进行判断辨析与归纳巩固,回顾校园中的"不可测问题",揭示锐角三角比的科学价值、应用价值与审美价值。

判断:请判断下列语句是否正确。

(1)当锐角 α 确定时,它的正切和余切是确定的值,与其所在的三角形类型无关。

(2)当锐角 α 确定时,只有把 α 放在直角三角形中,它的正切和余切才是确定的值。

(3)对于同一个锐角 α 而言,$\tan \alpha \cdot \cot \alpha = 1$。

(4)在 Rt$\triangle ABC$ 中,$\angle A + \angle B = 90°$,$\tan \angle A = \cot \angle B$(余切是余角的正切)。

归纳:虽然正切、余切是在直角三角形中定义的,但当锐角 α 的度数确定时,无论直角三角形是否能够构造出来,锐角 α 的正切值、余切值也能随之确定。

师:学习了正切、余切的知识,大家能否归纳、概括校园"不可测问题"的解决方法呢?

生:这可以归纳为两类解决方法。一是构造相似三角形,借助边的比例来解决问题;二是构造直角三角形,建立边与角的联系来解决问题。

师:很好,大家刚刚提到的这两种解决方法,其实可以用一张图来归纳概括(如图4-84)。锐角三角比是相似三角形的产物,可以简化三角形中问题解决的过程。在直角三角形的相似问题中,正切、余切等定量地刻画了直角三角形中锐角的大小与其两直角边的长度的比例关系,揭示了三角形中角与边的本质联系。

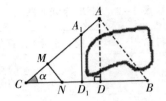

图 4 - 84　方法总结图

4. 联系古今

教师播放微视频,介绍锐角三角比在现实生活中的实际应用。教师首先介绍锐角三角比与日晷的密切联系;接着展示江苏常州天宁寺的两座日晷(分别为垂直式日晷、平面式日晷)、复旦大学与上海交通大学校园里的日晷,激发学生学习的兴趣,感受日晷中运用锐角三角比等数学知识来测量时间、记录节气的重要作用;最后首尾呼应,展示校园中"不可测问题"的具体操作,揭示锐角三角比的古今联系。

5. 课堂小结

本节课建构了三角形边与角的转化桥梁,学生学习了正切、余切等锐角三角比,根据直角三角形中两边的长求解锐角三角比的值,感悟初中和高中数学内容、数学与其他学科、数学与生活之间的紧密联系。

(二)复习课数学史教学设计

【案例 4 - 7】"圆的基本性质(复习课)教学设计"①

【教学目标】

1. 能对该法律问题发表自己的观点,知道问题的历史解决方案,并知道法律问题的解决需要满足公平、公正和可操作的原则。

2. 能通过建立数学模型,根据圆的基本性质和相关知识解决该问题的延伸问题串,培养学生分析问题和解决问题的能力。

3. 在问题解决过程中,体会数学的应用价值。

【教学过程】

1. 数学史引入

教师将数学史上的原法律案例进行了改编(将分割线 OA、OB 由原本的弧

---

① 余立海,栗小妮. HPM 视角下的初中数学单元整体复习教学:以圆的基本性质复习为例[J]. 中小学课堂教学研究,2021(5):4 - 8.

线改成了线段），如图 4 - 85，并在上课前一天发放学习单，让学生自行设计分割方案。学习单中案例如下：

1355 年，意大利法律教授巴托鲁斯（Bartolus）讨论过一个关于淤积地分割的案例：如图 4 - 85，具有公共边界 OC 的甲、乙两块土地的主人都想获得洪水过后所产生的一块肥沃的淤积地 OAB（其中甲、乙两块土地与淤积地接壤的边界为不规则曲线 AOB，河岸线 AB 也为不规则曲线），双方该如何分割淤积地呢？

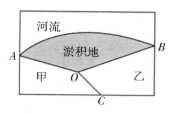

图 4 - 85　改编后的淤积地分配问题

课上，教师投影部分学生的分配方案，然后让对应的学生说明自己设计的分配方案的依据，教师在学生表达自己的观点后与其他学生一起进行评价。

师：根据收集上来的统计情况，同学们的分配方案主要有平均分配、补差分配、按比例分配、按分割线分配等，其中大部分同学都是按分割线分配，可见大家都喜欢从数学的角度来思考问题。教师选了一些比较典型的分割线分配方案，请同学们自己来说一说这样分配的依据。

生 1：我想尽量平均分配，方法是连接 AB，取 AB 中点 D，连接 OD 并延长至河岸线交于点 E，OE 为分割线（如图 4 - 86）。

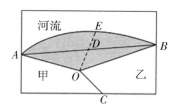

图 4 - 86　学生 1 的分割方案

师：这位同学表述非常规范，用了"尽量"平均，因为他这样操作并不一定能平均。

生 2：我也是想尽量平分面积，方法是取河岸线 AB 的中点 C，连接 OC 即为分割线。

师：这位同学也用了"尽量"平分，因为他这样操作也并不一定能平分，而且

不规则曲线 AB 的中点很难找到。

　　生3:我想尽量按比例分,方法是过点 O 作一条分割线使得 $S_a : S_b = S_甲 : S_乙$。

　　师:由于不规则,这位同学的分割线也很难准确得到。

　　生4:我是想尽量平分面积,方法是连接 AB,作 AB 的中垂线,中垂线与河岸和边界的交点连线作为分割线(如图4-87)。

　　师:这位同学也想平分这块淤积地的面积,但这样的操作也无法真正平均分配。

　　师:听了同学们的讲解,我发现大多数同学都希望平均分配,都希望公平、公正地解决这个问题,但具体的操作和同学们所想的依据并不完全符合。而按比例分配可能会造成多的越多、少的越少的情况,也无法得到甲、乙双方的认可,而且操作起来非常困难。那么当初这个问题又是如何解决的呢? 我们一起来看一下。

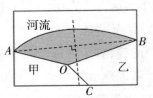

图4-87　学生4的分割方案

　　教师先出示巴托鲁斯教授的分配依据——就近(淤积地中的任何区域,离谁家原有土地更近,就归属谁家),并说明此依据当初得到了甲、乙双方的一致认可,然后介绍在这样的依据下的具体操作:若边界线 AOB 是一条线段,那么,分割线就是过点 O 作垂直于 AB 的线段;若边界线 AOB 构成一个角(如图4-87),那么,分割线就是 $\angle AOB$ 的角平分线;若边界线 AOB 构成圆弧,则分割线是圆心与点 O 的连线。接着提出新的问题。

　　师:巴托鲁斯教授这样操作为什么符合离谁原有土地边界近就归谁这个依据呢?

　　生:他利用角平分线的性质,角平分线上的点到角两边的距离相等。

　　师:那为什么角平分线右边的点离乙的边界 OB 更近呢?

　　生:假设任意取点 P,先向两个边界作垂线段,记作 PM、PN,量取后进行比较即可。

师:你说的方法能解决点 P,但其余的点呢? 我们都靠量取的话这个工作能做得完吗?

生:如图 $4-88$,我们可以记 PM 与角平分线的交点为 C,过点 C 再作 OB 的垂线,与 OB 交于点 M',由角平分线的性质可得 $CM=CM'$。所以根据三角形两边之和大于第三边,以及在同一三角形中斜边大于直角边可以得到 $PM=PC+CM=PC+CM'>PM'>PN$。

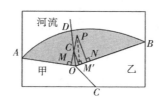

图 $4-88$　学生对操作方案的解释

师:同学们借助数学知识科学地解释了点 P 离分界线 OB 比较近,由于点 P 的任意性我们可以说明角平分线右侧的点都离分界线 OB 比较近,反之也可以用同样的方法去说明左侧的点离分界线 OA 比较近,这样就能解释他的操作是符合当时的分配依据的。

2. 情境再创

由于本节课的目标是复习圆的基本性质,而且学生之前的分割方案中已涉及圆的相关性质,所以教师采用情境再创的方式对学生的分割方案进行问题设计,这样既可以缩短理解新问题的时间,又可以提高学生的学习兴趣。

问题1　如图 $4-89$,在学生做法的基础上,连接 AB,分别作 AB 与 OB 的垂直平分线,并交于点 D,若此时淤积地的法定分割线恰为 OD 的一部分,判断原边界线 OA 和 OB 的数量关系。

生1:如图 $4-89$,过点 D 作 AO 的垂线交 AO 于点 M,因为 $DN \perp BO$,且 DO 是角平分线,则由角平分线的性质定理可得到 $DM=DN$。作图可知点 D 是 $\triangle ABO$ 的外接圆圆心,所以根据圆心角定理的逆定理可以直接得出 $AO=BO$。

生2:由 DO 是角平分线,则 $\angle AOD=\angle BOD$,又因为点 D 是 $\triangle ABO$ 的外接圆圆心,所以根据圆周角定理的推论——在同圆或等圆中,相等的圆周角所对的弧相等,可以得到与弧 AO 和弧 BO 度数互补的弧相等,则 $\overset{\frown}{AO}=\overset{\frown}{BO}$,再根据圆心角定理逆定理可以得到 $AO=BO$。

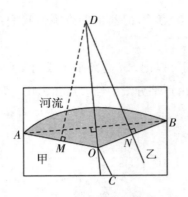

图 4 – 89 问题 1 的解法

生 3：还可以先证明 $\triangle DOM \cong \triangle DON$，得到 $MO = NO$，然后由垂径定理得到 $AO = 2MO$，又由条件知 $BO = 2NO$，得到 $AO = BO$。

师：很好，同学们用到了圆周角定理的推论、圆心角定理逆定理、垂径定理以及三角形全等的数学知识证明 $AO = BO$。

3. 问题迁移

在不改变分割规则的前提下，教师通过改编原始图形设计问题，让学生在解决问题的过程中，进一步复习圆的相关性质。

问题 2 如图 4 – 90，边界线 AOB 为长度 80 米的线段，且河岸线为一段半径为 50 米的圆弧，则淤积地的法定分割线如何画？

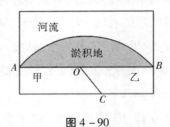

图 4 – 90

生 1：只要过点 O 作 AB 的垂线交弧 AB 于点 H，OH 即为所求分割线，其实还是角平分线，只是现在是一个平角而已。

师：非常好，这位同学不仅给出了分割线，还解释了原因。那这个法定分割线 OH 的长度可求吗？

生 1：会随着 O 点位置的改变而改变，只有点 O 确定才可求。

师：那我们选一个特殊的位置，比如中点，然后试着计算它的长度。

生 2：如图 4 – 91，延长 HO，由 HO 是弦 AB 的中垂线，根据找圆心的方法可

知圆弧 *AB* 所在圆的圆心一定在射线 *HO* 上。假设为点 *D*，连接 *BD*，由勾股定理可得 *DO* = 30 米，则 *HO* = 20 米。

师：那如果不是中点，而是 *AO*∶*BO* = 1∶3，还可以求吗？

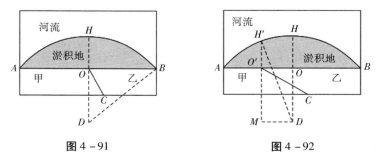

图 4 – 91　　　　　　　　　图 4 – 92

生 3：如图 4 – 92，在原来的基础上假设有一点 *O'* 满足 *AO'*∶*BO'* = 1∶3，再构造一个由半径、半弦、弦心距组成的 Rt△*DMH'*，和刚才一样利用勾股定理就可以求解。

师：非常好，从方法上来看，在知道半径和弦长的情况下，只要知道 *AO*∶*BO* 的值，就可以求出此时分割线 *OH* 的长度。请同学们课后思考 *AO*∶*BO* = 1∶*n* 时的情况。

4. 变式深化

在不改变分割规则的前提下，教师在问题 2 的基础上，进一步改编原始图形，将边界线改为圆弧，让学生寻找解决问题的方案。

问题 3　如图 4 – 93，若边界线 *AOB* 为圆弧，该如何分配淤积地？

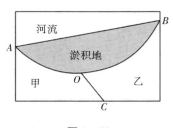

图 4 – 93

师：如果我们继续改变边界线和河岸线的形状，若边界线 *AOB* 为圆弧，则按照刚才的分配依据，你能不能把分割线画出来？

生 1：如图 4 – 94，在淤积地区域任意找个点 *P*，那么从图中点 *P* 的位置可以猜想点 *P* 与边界 *AO* 的最近的点就是点 *O*，即 *PO* 的长；而点 *P* 与边界 *BO* 最近的点是过圆心 *D* 时直线 *DP* 与边界 *BO* 的交点 *H*，即 *PH* 的长，目测 *PH* < *PO*，所

以分割线是 DO 上的一段。

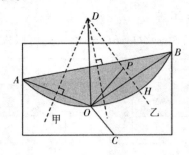

图 4 - 94

师：谁能借助已学的数学知识用推理的方式解释 $PH < PO$ 呢？

生2：根据三角形中任意两边之和大于第三边得 $PD + PO > OD = DH = PD + PH$，即 $PH < PO$。

师：也就是说，淤积地中任意一个点与圆心 D 连接的直线与边界线的交点在哪家边界上就离哪家的边界近，这样就能解释为什么分割线是 DO 上的一段。

5. 回顾总结

在该教学环节，教师引导学生从以下几个方面进行总结。

（1）一个原则。淤积地分割问题的解决原则是对双方都公平、公正，即双方都认可的分配方案且具有可操作性。从最初的淤积地分割到教师改编的问题2、问题3都遵循了一个基本准则——就近。

（2）一块知识。本节课利用淤积地分割问题整体复习了与圆的性质有关的知识。在分配方案的解决过程中，主要运用了以下数学知识：①角平分线上的点到角两边的距离相等；②三角形的两边之和大于第三边；③直角三角形的斜边大于直角边。在问题1的解决过程中，主要复习的数学知识有：①不在同一直线上的三点确定一个圆；②圆心角逆定理——在同圆或等圆中，相等的弦心距所对的弦相等；③圆周角定理的推论——在同圆或等圆中，相等的圆周角所对的弧相等；④圆心角逆定理——在同圆或等圆中，相等的弧所对的弦相等；⑤全等三角形的判定方法（AAS）；⑥垂径定理——垂直于弦的直径平分弦，并且平分弦所对的两条弧。

问题2和问题3都对原情境进行了改编，增加了学生的思维难度，考查学生综合利用知识的能力。问题2主要运用的数学知识包括垂径定理推论，即垂直于弦（弦非直径）并平分弦的直线过圆心，以及与圆有关的计算；问题3在新的情境下寻找分配方案,本质上是圆内一点到圆周的最短路径问题,学生需通过仔细审题,将现实问题抽象为数学问题后再寻求解决方法。

（3）一种思想。基于历史上的法律问题设计问题串,用数学知识来分析和解决现实问题。在不同的情境下,用数学方法来解释"就近"原则,体现了数学的模型思想和应用价值,让学生学会用数学的眼光看待世界,用数学知识解决现实问题,用数学语言描述现实世界。

参考文献

［1］汪晓勤,樊校.用字母表示数的历史［J］.数学教学,2011（9）:24－27,50.

［2］王青建.古代的分数记法［J］.辽宁师范大学学报（自然科学版）,1990（2）:25－31.

［3］华鉴煜.多元文化数学:案例开发与教学策略［D］.金华:浙江师范大学,2010.

［4］季璇,徐章韬.基于数学史的"圆的周长"教学设计［J］.湖南教育,2014（10）:34－36.

［5］高燕,胡媛.圆的面积:从历史到课堂［J］.上海中学数学,2014（5）:1－3.

［6］齐丹丹,洪燕君,汪晓勤.一元一次方程求解的历史［J］.中学数学月刊,2016（7）:42－45,56.

［7］皇甫华,汪晓勤.一元二次方程求解的历史［J］.湖南教育,2007（12）:42－44.

［8］章勤琼,张维忠.多元文化下的方程求解［J］.数学教育学报,2007,16（4）:72－74.

［9］王芳,张维忠.多元文化下的勾股定理［J］.数学教育学报,2004,13（4）:34－36.

［10］陈碧芬.不同文化中的三角形面积公式［J］.中学教研（数学）,2006（5）:28－30.

［11］王娟,汪晓勤.垂径定理:从历史到课堂［J］.中国数学教育（初中版）,2020（12）:35－40.

［12］汪晓勤.20世纪中叶以前的余弦定理历史［J］.数学通报.2015,54（8）:9－13.

［13］杨懿荔,汪晓勤."点到直线的距离":基于认知基础,选择历史方法［J］.教育研究与评论（中学教育教学）,2017（2）:60－64.

第五章 数学史与数学教育研究

数学史与数学教育(HPM)是数学教育研究的重要领域。然而,目前关于如何深入地开展数学史与数学教育课题研究及相关论文撰写可参考的资料不多,更缺乏统一的研究范式。基于此,本章首先分析了数学史与数学教育研究课题的类型及选题策略,然后结合已发表的成果对数学史与数学教育学术论文的类型进行了评述,最后对学术论文撰写的步骤和过程进行了详细阐述,以期为从事数学史与数学教育研究的初学者和一线教师提供参考。

第一节 数学史与数学教育研究的选题

数学史与数学教育研究的课题范围很广,可以是研究者在综合、借鉴别人科研成果的基础上,从一定的理论高度来观察、分析、研究并提炼出来的带有一定研究价值的问题,也可以是研究者在实践中碰到的尚未解决的问题或尚未被认识的问题。

一、数学史与数学教育研究的课题类型

按照不同的分类标准有不同的分类,以下主要从价值和功能的角度重点介绍两类课题。

(一)理论性课题

理论性课题的界定主要是从该课题可能做出的理论贡献的大小,看其对数学史融入数学教育的理论体系有何突破和发展,并在什么程度上突破和发展等情况来加以考虑的。一般而言,理论性课题包括:

一是对构成数学史融入数学教育的理论体系有突破性研究的课题。比如华东师范大学汪晓勤主持的上海市 2008 年教育科学研究项目"数学史与数学教育关系研究(B08014)"、山东师范大学傅海伦主持的全国教育科学"十二五"规划 2013 年度重点课题"数学史应用于数学教育的方法论研究

（DHA130273）"，这类课题具有开创性和全局性，属于难度较高的课题。由于要求具有较高的理论素养和搜集资料及驾驭全局的能力，故研究者一般以数学史与数学教育研究界的专家和学者为主。

二是对数学史与数学教育研究某一领域中已形成的研究成果做进一步梳理或探讨，使之更完善和具体的课题。如西北师范大学吕世虎主持的全国教育科学规划2011年度数学教育专项课题"改革开放以来中国中小学数学课程发展史研究（GIA117002）"。研究者只要掌握了有关的资料，具有分析、综合的思维能力，并且对某个问题有自己的感受和见解，就能承担这类课题的研究。这类课题是理论研究中数量最多的，从事数学史与数学教育研究的人都可以进行这类课题的研究。但从现实来看，这类研究也多以高等院校研究者为主。

（二）应用性课题

应用性课题是指将现有的数学史融入数学教育的理论与方法应用到解决实践问题的过程中，其价值取决于它对实践可能产生的影响，以及所解决问题的创新性和针对性。一般而言，应用性课题包括：

一是涉及数学史融入数学教育实践中的某些全局性问题。比如华东师范大学王建磐主持的国家社会科学基金"十一五"规划2010年度教育学重点课题"主要国家高中数学教材比较研究（ADA100009）子课题——教材中的数学史与数学文化"，通过对主要发达国家高中数学教材中的数学史内容进行比较，从而为我国高中数学教材中的数学史内容编写的修订和完善提供帮助。这类课题要求能提出前人未提出过的解决问题的思路和方法，并能在较大范围内加以推广，对数学史融入数学教育实践的发展具有直接的推动作用。

二是涉及数学史与数学教育研究实践中的具体问题。比如西北大学曲安京主持的全国教育科学"十五"规划国家级课题"数学史与中学数学课程整合的实验研究（BHA050023）"、天津市教育科学"十二五"规划课题"HPM视角下的小学数学教学实验研究（BEYP5005）"、江苏省教育科学"十二五"规划2013年度重点资助课题"数学史视野下的小学数学教学的案例研究"。此类课题是数学史与数学教育研究的原理和方法在数学教育领域中的应用，不涉及这些原理和方法本身。应用性课题是指对于研究者来说具有发展价值的课题，即研究者所选择的课题能够引出一系列对于自身能继续进行研究的课题。研究者选择了这样的课题,经过一定的努力,往往会产生一系列的成果,从而成为某一方面的专家。因此,这类课题比较适合一线教师进行研究。

三是涉及数学史与数学教育研究实践中的个别问题。如云南师范大学吴骏主持的云南省教育厅科学研究基金项目"数学史融入中学统计概念教学的理论与实践(2012Y411)"、浙江师范大学朱哲老师的博士毕业论文"数学教科书中勾股定理单元的编写与教学实验研究"等。目前基于数学史的教科书编写的实验研究较少,未来应该成为一个研究方向。

总的来看,应用性课题研究成果适用的范围更小,大多局限在与该课题的研究条件接近的范围内提出解决问题的方法,并往往局限在一些操作性问题上。这类课题在现实中大量存在,每一位研究者都可以在自己的实践活动中找到相应的课题。

二、数学史与数学教育研究选题的策略

所谓选题,就是选择所要研究解决的问题。爱因斯坦曾言:"提出问题往往比解决问题更重要。"能否寻找到一个有价值的选题,将直接决定着论文的成败。只有选题有价值,形成的学术论文才有意义。否则,即使下再大的功夫进行写作,也是徒劳无功的。一般来说,选题几乎不可能完全从头脑中凭空产生,而是建立在文献资料研读或实践经历基础上的。具体来说,选题主要有两个来源:(1)从文献资料中提出问题;(2)从实践经历中提出问题。

(一)题目宜小不宜大

对于数学史与数学教育研究的初学者来说,所选的课题不宜太大。那种大而空、笼统模糊、针对性不强的选题往往科学性差。只有对问题有清晰透彻的了解,才能为建构指导研究方向的参照系提供最重要的依据,因此不宜把题目选得太宽、太大、太复杂。小题目的素材容易集中,层次结构比较简单,而且立意清晰,易于创新,不致落入俗套。

(二)题目宜新不宜旧

没有新意的重复研究,不能称之为研究,正所谓"学林探路贵涉远,无人迹处有奇观"。选题的创新性主要表现在三个方面:一是解决前人完全没有研究过的问题,因而对该问题的研究本身就是尝试填补空白的一项科研活动,此种选题创新性程度最高;二是解决前人没有完全解决的问题,或尚有未解决、未关注到的方面,选题试图有所突破,从而在一定程度上发展或补充前人的研究,这种选题创新程度处于中间地位;三是解决前人已经做了较为全面的研究的问题,但在研读这些研究成果的过程中发现,这些研究中的某些结论可能是错误的,因而尝试用新的材料或新的方法来验证这些结论,或得出不同的结论,这种选题创新性相对低些。

需要说明的是,选题的创新性是相对而言的,没有哪一项研究是绝对的创新。任何创新都是基于已有研究的,是相对的创新。另外,对于初学数学教育研究的人来说,其研究过程更大的意义在于感受、学习与实践数学教育研究,不能对其数学史与数学教育研究的创新性提出不切实际的要求。

(三)内容宜熟不宜生

选题要扬长避短,发挥自己的优势,避免选择自己陌生、缺乏基础、体会不深的题材。必须从实际出发,不好高骛远,写自己熟悉领域的内容,才能得心应手,容易取得良好的效果。因此,作者要根据自己的学识水平、业务专长和兴趣、特点所在来确定选题,以使研究工作能够积极、自觉、充满热情地进行。同时要考虑到对选题有无专业优势,是否有能力完成。比如对于一线教师来说,选择如"基于数学史的函数概念教学研究"的论文题目就比选择"数学史融入数学教育的意义"这样的题目要好。

(四)题目宜重不宜轻

由于数学史与数学教育研究是一个新兴的研究领域,在该领域中有许多问题和空白,因而数学史与数学教育研究的题材很多。因此,选题时,要注意国内外研究的发展趋势,把握当前的讨论热点,尽可能选择那些有全局性意义,符合时宜并对数学史与数学教育研究领域体系的发展产生巨大推动作用的论题。比如当前数学史与中学数学教育研究成果相对较多,研究领域较完善,而数学史与小学数学教育及大学数学教育研究成果相对较少,故论文选题就应向此方向倾斜。

第二节　数学史与数学教育研究的基本方法

一、文献研究法

文献研究法就是阅读大量数学史与数学教育研究相关的文献,再将这些文献进行归纳和整理,得出结论,并在此基础之上提出作者自己的想法。目前,刊载数学史与数学教育类论文的期刊主要有三类:一是数学教育类专业杂志,主要刊载有关数学史与数学教育研究的论文、综述、研究报告、评述与动态。比如《数学教育学报》《数学通报》《数学教学》《中学数学月刊》《中学数学教学参考》等,但这些杂志侧重点有所不同,有的偏重数学史与数学教育理论研究,有的偏重数学史与数学教学实践研究。二是教育学类期刊、集刊、丛刊、汇刊及各师范高校的学报。比如《课程·教材·教法》《内蒙古师范大学学报(教育科学版)》等,这些期刊也会发表数学史与数学教育类论文,但学术性和专业性都比较强。三是文摘及复印资料,这是一种资料汇编性的综合索引刊物。比如中国人民大学报刊复印资料《小学数学教与学》《初中数学教与学》和《高中数学教与学》,专门收录中小学数学史与数学教学类重要文章及信息资料,可供数学教育研究人员及中小学数学教师做教学参考。

二、文本分析法

文本分析法是研究者用来诠释文字记载与视觉讯息特征的一种研究方法,由研究者从文本中找出意义,这个意义可能是文本自身的意义,也可能是研究者通过观察和搜索给出的意义。文本分析法可描述文本内容的结构和功能,多用于分析教材文本或已发表的数学史相关纸质资料。比如,针对中小学数学教材中的数学史特征分析普遍采用文本分析法,这是由于教材文本形成后在一定时期内具有稳定性、明确性,结论具有可重复性,可信性高的特点决定的。

三、问卷调查法

问卷调查法简称问卷法,是设计者根据调查目的提出各种问题,采用问卷的形式,向调查对象了解所需要的信息或咨询建议的调查方法。问卷调查法是通过书面的形式给出问题,要求调查对象按照要求作答后收集、整理、分析信息的一种研巧方法。设计者将所要调查的问题设计成选择题或问题表格,发放给调查对象,从而了解调查对象对所研究问题的认识和看法。比如,针对数学史融入高中函数的教学现状就可以使用问卷调查法,可以选取所教班级的学生,分别从学生和教师两个角度来调查数学史融入高中函数教学的现状,然后对调查结果进行统计和分析,了解学生和教师对数学史融入高中函数教学的看法和意见,从而帮助学生从函数历史发展的视角深刻理解函数概念的本质。

四、访谈法

访谈法也称谈话法,是指设计者为了了解某些事实的真相或调查对象的真实想法,直接与调查对象沟通交流,并收集信息和整理信息的研究方法。它是数学史与数学教育研究中最常用、最简洁的研究方法之一,也是最原始、最古老的收集数据和信息的方法。需要说明的是,访谈法不是随便的交流,而是具有研究性质的谈话,是有目的、有计划、有策略的沟通,并且在实施过程中有确定的指向性,自始至终围绕着研究主题开展。比如,针对数学史融入数学教学对教师数学认识信念的影响研究,就可以从多个数学认识信念维度编制课堂观察量表,并进行一个学期的跟踪研究,然后根据实践过程中收集到的教学设计文本、课堂教学观察记录编制访谈提纲进行访谈,最后进行质性分析,以此探索教师的数学认识信念在实践过程中的变化情况。

五、行动研究法

行动研究法源于美国,是 1945 年美国社会工作者柯立尔首次使用的名词。在 20 世纪 70 年代,行动研究的思想在教育领域受到人们的广泛关注和借鉴,其中最有影响的倡导者是美国学者柯雷,第一次将行动研究运用到教育领域。行动研究是研究者为加强对所从事的社会工作的理性认识、为加深对实践活动及其依赖背景的理解而进行的反思研究。对于数学史与数学教育研究来说,就是数学教育研究者为了解决某一个数学史融入数学教育或教学问题,通过制定计划、具体实施、观察效果、总结反思、修正设计而循环往复获得结论的研究方法。比如,针对已有研究成果,研究者可以根据导数概念的历史发展过程开发教学设计,然后对某高中的普通班与对照班实施数学史融入导数教学的行动研究,再对行动研究的数据进行分析并提出教学建议。

第三节　数学史与数学教育学术论文的写作

在中国知网 CNKI 搜索"数学史"或"HPM",可查到文献 1800 多篇,其中涉及专门研究"数学史与数学教育"的文献有 1500 多篇。最早出现关于数学史研究的文献在 1953 年,而最早强调把数学史引入数学教育的文献在 1958 年,此后直到 2001 年,文献总数仅有 200 多篇;而从 2001 年至今,特别是 2003 年普通高中实施新课程改革以后,数学史与数学教育研究的文献数逐年递增,平均每年保持在 100 篇左右。可见,随着我国数学教育教学水平的不断提高,数学史不再默默无闻,越来越多的人发现数学史是一颗璀璨的明珠,对数学教育有着极其重要的作用,相关研究如同雨后春笋般蓬勃发展。

一、数学史与数学教育学术论文的类型

论文通常有多种分类方法。按写作要求可分为期刊论文和学位论文;按照篇幅数量可分为单篇论文和系列论文;按照研究的特点、层次和水平又可分为经验性论文、研讨性论文、评述性论文、学术性论文等等。这里所说的论文专指发表于学术期刊的单篇论文,针对数学史与数学教育研究的实际情况,主要讨论如下几类论文:

(一)数学史与数学教育评述类论文

评述类论文是指作者对围绕一个数学史与数学教育研究主题的一组文章的研究结果进行分类,然后分门别类地概述、陈述、分析和评论的文章,也称作综述型论文。论文多以"××回顾/反思/展望""××研究现状""××述评/综述""××文献计量分析/量化分析"等名称命名。评述类论文的写作要求作者必须阅读大量的相关文献,并将高质量的论文筛选出来(一般刊登在高级别的刊物上),按某种标准进行分类,然后分别论述,这样就会使文章结构严谨、层次分明、内容全面。按照研究方法具体又可分为两类:

一是纯文字描述型评述论文,即对一组已经发表的同一研究主题的论文全部采用文字叙述的方式进行评析,整篇文章中没有进行任何数据统计和量化分析。比如《HPM 研究现状与趋势分析》(《全球教育展望》2013 年第 2 期)、《国外数学教学中引入数学史的研究概述》(《数学教育学报》2013 年第 4 期)、《国外数学史融入数学教学研究述评》(《比较教育研究》2013 年第 8 期)、《数学史应用于数学教育:发展历程与研究展望》(《广东第二师范学院学报》2013 年第 5 期)、《数学史与数学教育研究现状及展望》(《首都师范大学学报·自然科学版》2018 年第 3 期)等均属于此类论文。

　　例如《国外数学史融入数学教学研究述评》①,该文是纯文字综述型论文,作者从"为何融入数学史"和"如何融入数学史"两大方面对国外学者关于数学史融入数学教学的理论和做法进行了详细梳理,为数学史与数学教育的研究者提供了一份有价值的参考资料。首先,作者系统梳理了自 19 世纪以来西方学者对数学史融入数学教学缘由的观点,发现国外学者强调在数学教学中融入数学史,不仅有数学本身的因素,还有情感、文化和认知等方面的因素。其次,作者从"数学史融入数学教学的材料""数学史融入数学教学的方法""数学史融入数学教学的模式""数学史融入数学教学的实验研究"四个方面对国外学者如何在数学教学中融入数学史的实践探索进行了梳理。最后,作者对未来 HPM 研究提出了自己的思考。

　　二是数据量化分析型评述论文,即对一组已经发表的同一研究主题的论文进行综述时,既有数据编码和统计,又有文字描述、分析和评论。比如《对我国"数学史与中小学数学教育"研究的现状分析与思考》(《数学教育学报》2009 年第 5 期)、《中国数学史研究状况与趋势——基于 2001—2010 年数学史文献的计量分析》(《自然辩证法通讯》2012 年第 3 期)、《国内数学史与数学教育研究的热点与趋势——基于 CiteSpace 的知识图谱分析》(《内江师范学院学报》2021 年第 4 期)、《近二十年我国数学史融入数学教育研究综述——基于 CiteSpace 知识图谱分析》(《西北成人教育学院学报》2022 年第 2 期)、《国际数学史与数学教育(HPM)发展历程及启示》(《上海教育科研》2022 年第 4 期)等均属于此类论文。

　　以《国内数学史与数学教育研究的热点与趋势——基于 CiteSpace 的知识图谱分析》②为例,该论文是具有代表性的数据量化分析型评述文章,不仅运用

---

① 吴骏,汪晓勤.国外数学史融入数学教学研究述评[J].比较教育研究,2013,35(8):78 – 82.

② 张雁冰,邓翰香,张冬莉.国内数学史与数学教育研究的热点与趋势:基于 CiteSpace 的知识图谱分析[J].内江师范学院学报,2021,36(4):20 – 25.

文献计量法,还应用当前比较热门的科学知识图谱分析的方法,利用 CiteSpace 软件对中国知网数据库 1960—2020 年有关 HPM 的 1761 篇中文文献进行定量分析。论文首先交代了研究方法与数据来源,然后从研究成果年度、研究作者、研究机构三个方面进行数据分析,接着借助 CiteSpace 软件绘制出关键词共现知识图谱来探寻 HPM 研究的热点,并导出高频关键词频次统计表进行研究热点和前沿分析,最后对未来研究进行了展望。研究结果表明:国内 HPM 研究的核心主题有数学史育人功能的研究、数学史融入数学教学的研究、数学史融入数学教材的研究以及数学史对数学教师专业素养提升的研究。作者最后从构建研究集群、开发应用课例、完善教材学材、培育师资队伍四个方面对国内 HPM 研究提出了建议。

(二)数学史与数学教育理论探索类论文

探索类论文是作者对某一个数学史与数学教育问题进行深入思考,从而提出自己的创新观点,有充足论据作为支撑的论文或根据实践探索的经验总结成理论的论文。探索类论文的学术性要求较高,要求作者有较强的创新意识和创造性思维能力。按照对探索的程度大致分为三种类型:

一是理论应用类论文,即数学史与数学教育研究的理论应用于数学教育的实践形成的论文。比如,《HPM 视域下的概念教学——以"比的意义"为例》(《上海教育科研》2015 年第 3 期)一文,就是以 HPM 理论为指导,从"比"的历史发展过程出发进行教学设计,让学生在学习中真正经历"比"的概念形成,从而实现"比"这个概念的"再创造"过程。类似的《捕捉数学史中的教育基因——以"用字母表示数"的教学为例》(《人民教育》2008 年第 6 期)、《HPM 视角下的初中函数概念教学设计》(《中学数学·初中版》2015 年第 10 期)、《HPM 视角下的对数概念教学》(《教育研究与评论》2014 年第 9 期)、《HPM 视角下"任意角三角函数的概念"教学研究》(《首都师范大学·自然科学版》2014 年第 6 期)、《HPM 视角下的等比数列前 n 项和公式教学》(《数学通报》2016 年第 7 期)等都是运用 HPM 的理论进行教学设计和实践。

二是理论思索类论文,即探索对某种理论进行改造和完善成为数学史融入数学教育的理论基础或对数学史融入数学教育研究中的若干问题进行理论思考而形成的论文。比如,《数学史在数学教育中的教育价值》(《数学教育学报》2009 年第 4 期)一文,就是典型的数学史与数学教育研究理论思索类论文。该文从数学史与数学教育的关系出发,认为数学史对于良好数学观的形成、学习热情和数学思想方法的培养有重要的作用。同时,数学史不但是人文思想教育的主要手段,而且是教师数学素养提升的精神源泉。另外,《关于数学史与数学教育整合的思考》(《数学教育学报》2009 年第 6 期)、《明理、哲思、求真:数学史教育价值三重性》(《西南大学学报·社会科学版》2010 年第 3 期)、《数学·数学史·数学教育》(《课程·教材·教法》2012 年第 6 期)、《数学教育中数学史融入策略研究》(《中国教育学刊》2014 年第 9 期)、《论数学史在小学数学教育中的价值》(《内蒙古师范大学学报·教育科学版》2016 年 3 期)等都是这类论文,由于需要较高的理论功底,一般适合数学史与数学教育研究的专家和学者进行撰写。

三是理论建构类论文,即在已有研究和自己相关研究的基础上建立一种新的数学史与数学教育研究理论,这类论文需要长时间和系统的研究,一般较少。比如《法国初中数学教材中的数学史》(《数学通报》2012 年第 3 期)一文,在借鉴 Tzanakis、Arcavi 以及 Jankvist 研究结果的基础上,按照数学史与数学教学内容的关联程度,将数学教学中运用数学史的方式分成四类:附加式、复制式、顺应式、重构式。这四种分类方式目前被数学史与数学教材的研究者所采用。

（三）中小学数学课程与教材数学史研究

该类论文主要包括两大方面。一是从宏观上对数学史进入中小学数学课程的现状、途径、方式及意义进行探讨。比如,《课改新视域:数学史走进新课程》(《课程·教材·教法》2005 年第 9 期)、《HPM 视野下的数学新课程内容构成》(《课程·教材·教法》2007 年第 9 期)、《数学史与数学课程整合的实现路径》(《山东师范大学学报·自然科学版》2008 年第 4 期)、《数学史融入数学课程》(《数学教育学报》2008 年第 4 期)、《数学史与数学课程融合的现状分析》(《数学通报》2008 年第 5 期)、《数学史的小学课程形态:现状、问题与优化》(《教育科学研究》2020 年第 5 期)等均属于此类研究。

二是对我国或国外某一版本教材中的数学史内容分布状况进行量化分析,或者对多个版本教材中数学史进行比较研究。从整体上看(见表 5 - 1、5 - 2、5 - 3),针对小学、初中和高中数学教材中的数学史内容统计研究的成果分布不均衡,小学较少,初中和高中较多,尤其高中最多;缺乏对我国和外国小学数学教材中的数学史内容分布状况进行整体对比研究,以及对初中和高中数学教材中某一数学史专题的编排及比较研究。

表 5-1　新课改以来小学数学教材数学史研究部分期刊论文

论文名称	发表期刊	发表时间
小学数学教材中数学史的内容及呈现方式探析	数学教育学报	2007
我国小学数学教科书中数学史料的分析与批判	全球教育展望	2008
数学史在我国小学数学教材中的渗透	现代中小学教育	2013
不同小学数学教材"负数"数学史编排的对比研究	教学与管理	2014
小学数学教材中数学史内容设计的研究	广西教育	2017

表 5-2　新课改以来初中数学教材数学史研究部分期刊论文

论文名称	发表期刊	发表时间
中国、新加坡、美国初中数学教材中数学史内容的对比分析及启示	中学数学教学参考	2006
北京师范大学版初中数学教材中数学史的研究	数学教育学报	2007
人教版初中数学教材中数学史的调查分析	中学数学杂志	2011
浙教版初中数学教科书中数学史料的分析与建议	中学数学月刊	2011
初中新课标教材中数学史内容比较研究——以人教版、北师大版、华东师大版教材为例	中学数学	2011
法国初中数学教材中的数学史	数学通报	2012
中、法数学教材"方程"内容中的数学史	数学通报	2012
数学史怎样融入数学教材——以中、法初中数学教材为例	课程·教材·教法	2012
数学史与初中数学教材的整合分析——以人教版、北师大版和苏教版为例	郑州师范教育	2013
中日初中新教材中数学史融入的比较研究——以日本东京版数学教材与人教版初一数学教材为例	中学数学月刊	2013
初中数学教科书中数学史内容设置的比较研究——以人教版与北师大版为例	长春师范大学学报	2016
我国初中数学教科书中的数学史及其启示	当代教育与文化	2018
初中数学教科书数学史习题的比较与启示——基于改革开放 40 年来五套人教版教科书的分析	内江师范学院学报	2019

续表 5 - 2

论文名称	发表期刊	发表时间
"华师版"与"湘教版"初中数学教科书数学史内容的比较研究	数学教学通讯	2020
中日初中数学教材中数学史内容设置的比较研究——以人教版和东京版为例	中学数学月刊	2020
中国数学教育的统一性与多样性——基于大陆现行初中数学教科书中数学史内容现状分析及思考	数学教育学报	2021

表 5 - 3 新课改以来高中数学教材数学史研究部分期刊论文

论文名称	发表期刊	发表期数
高中数学不同版本新教材习题的比较研究——以人教 A 版、北师大版、苏教版高中新教材"数学 1"为例	中学数学杂志	2006
中日高中新课程数学史与数学教学内容整合的比较研究	数学教育学报	2009
上海高中数学教材中的数学史	数学教学通讯	2011
中日高中"数学史"教科书的差异及启示——以"古埃及、古巴比伦以及古希腊"部分为例	数学教学研究	2011
高中数学教材中数学史分布的特征和模式研究——以北师大版数学必修教材为例	数学教育学报	2012
高中数学必修教科书中数学史内容的呈现方式研究——以人教版 A 版	数学教育学报	2012
对苏教版高中数学教科书中数学史的分析与反思	中学数学	2013
香港数学教科书中数学史的编排特征与启示	数学教育学报	2013
俄罗斯高中数学教科书中的数学史及其启示	吉林师范大学学报·自然科学版	2013
文化视野下高中数学教材数学史分布的比较研究	教学与管理	2014
高中数学教科书中的数学史呈现研究——以人教 A 版、北师版和苏教版为例	数学教育学报	2015
高中数学必修教科书中数学史内容的比较研究——以人教 A 版、北师大版、湘教版为例	中学数学教学参考	2016

续表 5 - 3

论文名称	发表期刊	发表期数
数学史融入数学教材的编写研究——以 2019 年鄂教版普通高中数学教科书为例	中国数学教育·高中版	2020
高中数学教材中数学史内容对比研究的一个框架——以新人教 A 版高中数学必修册和北师版高中数学必修册为例	中学数学杂志	2022
中国大陆和中国台湾高中数学教科书中数学史的比较研究	数学教育学报	2022

（四）中小学数学史教学研究

1. 中小学数学史教学素材开发研究

该类论文主要利用数学史相关文献对与中小学相关的某一数学史专题进行研究,目的是为中小学数学教学提供数学史素材。比如,华东师范大学汪晓勤团队在《数学教学》发表的《泥版上的数列问题》(2009 年第 12 期)、《纸草书上的数列问题》(2010 年第 1 期)、《斐波纳(那)契〈计算之书〉中的数列问题》(2010 年第 2 期)、《犹太数学文献中的数列问题》(2010 年第 4 期)、《用字母表示数的历史》(2011 年第 9 期)、《古代数学文献中的勾股问题》(2012 年第 12 期)、《英美早期教科书中的一元二次方程的解法》(2021 年第 10 期)、《指数函数概念的历史》(2022 年第 2 期),在《数学通报》上发表的《椭圆方程之旅》(2013 年第 4 期)、《20 世纪中叶以前的余弦定理历史》(2015 年第 8 期)、《20 世纪中叶以前的正弦定理历史》(2016 年第 1 期)及在《中学数学月刊》上发表的《同底数幂运算律的历史》(2015 年第 1 期)、《三角形中位线定理的历史》(2016 年第 9 期)、《椭圆第一定义是如何诞生的?》(2017 年第 6 期)、《乘法公式:从历史到课堂》(2018 年第 4 期)等均属于此类论文。由于只需要做大量的统计和翻译等工作,适合数学史与数学教育初学者撰写,但是这类论文需要大量的数学史原始文献,因而在资料搜集上存在一定难度。

2. 中小学数学史教学现状调查研究

该类论文分为两种类型:一是对当前中小学数学课堂中的数学史教学现状开展调查研究。比如《当前课改中数学史教学现状的调查分析》(《中学数学月刊》2006 年第 9 期)、《数学史融入小学数学教学的现状调查与分析》(《小学教学·数学版》2010 年第 4 期)分别对江苏省 28 名高中教师、80 名高一学生,杭州市上城区 22 所小学 84 位教师的数学史融入课堂教学现状进行了问卷调查。二是对中小学在职数学教师或师范生的数学史知识现状开展实证研究。比如，《新课改背景下高中数学教师数学史与数学文化知识的现状调查》（《数学教育学报》2013 年第 2 期）、华东师大博士论文《基于数学史课程的职前教师教学知识发展研究》（2014）、东北师大硕士论文《准教师数学史知识的调查研究：以东北师范大学为个案的研究》（2010）、扬州大学硕士论文《初中数学教师数学史知识掌握与来源现状的调查研究》（2016）等均属于此类研究。这类研究由于与舒尔曼的学科教学知识（PCK）联系紧密，未来应该成为一个相对实用的研究方向。

3. 基于历史相似性的中小学数学教学实验研究

该类论文主要是从概念的历史现象学出发，用实证研究的方法，对认知的历史发生原理进行检验，就历史上人们对某个概念的理解与当下学生对该概念的理解做比较研究，或者就某个概念的历史发展水平与学生的认知发展水平做比较研究。比如，《初中生对符号代数的理解：历史相似性初探》（《中学数学月刊》2013 年第 4 期）一文，分别按照代数发展的三个阶段（修辞代数、缩略代数、符号代数）编制三类测试题，选取上海市某中学 6—9 年级共 515 名学生作为样本，采用问卷调查的研究方法，对初中生的符号代数理解过程进行调查，得到如下结论：（1）今天的初中生已经接受过符号代数的教学与训练，但对应于代数学历史三阶段的三种方法仍然出现于不同年级的学生中；（2）相当多的初中生未能用字母来表示已知数或一类数；（3）在成功解决古希腊代数问题的被试中，绝大多数学生已经完成了从修辞代数到符号代数的过渡，但对于那些未能解决古希腊代数问题的被试而言，即使经过教学的干预，这样的过渡仍然需要经历缓慢的过程而非一蹴而就；（4）只有随着年级的增高，初中生才能逐渐理解和接受符号代数。结果表明，学生对符号代数的认识过程与符号代数的历史发展是相似的。类似的研究还有《中学生对函数概念的理解——历史相似性初探》（《数学教育学报》2007 年第 4 期）、《概率论前史中"投掷问题"的历史相似性研究》（《数学教学》2008 年第 5 期）、《学生对字母的理解：历史相似性研究》（《数学教育学报》2012 年第 3 期）、《中学生对棱柱的理解：历史相似性探究》（《数学通讯》2016 年第 12 期）、《高中生对平面的理解：历史相似性研究》（《数学教学》2017 年第 10 期）等等。目前这类研究主要集中在中学的相关数学概念上，对小学数学概念的历史相似性研究较少。

4.基于数学史的中小学教学设计研究

当前数学史融入数学教学设计和教学实验研究已经成为一线中小学数学教师的研究热点,未来仍然是研究重点。这是由中小学数学教学的课型决定的,如概念课、命题课、习题课、单元小结课和专题小结课等重要课型都可以基于数学史进行教学设计。目前,对于基于数学史的小学数学教学设计研究相对较少(见表5-4)。"数与代数"领域的研究课题主要有"用算盘表示数""认识厘米""时间单位""计量单位""平均数""分数的意义""小数的意义""方程""用字母表示数"等。"图形与几何"领域有"角""用位置表示数""圆的面积"等。"统计和概率"领域的数学课题研究很少见到。

表5-4　基于数学史的小学数学教学设计期刊论文

论文名称	发表期刊	发表时间
数学史视角下"分数的意义"教学设计	湖南教育	2009
基于数学史的"圆的面积"教学案例设计	湖南教育	2010
课堂中的历史只能是经典的那几步——以"计量单位数学史"的教学运用为例	小学数学教师	2015
让智慧绽放在"规定"与"创造"之上——以"时间单位数学史"的教学运用为例	小学数学教师	2015
定义,不是最重要的——以数学史背景下的"方程"教学为例	小学数学教师	2015
引领学生触摸数学的本质——基于数学史的"平均数"教学改进纪实	小学数学教育	2015
"小数的意义"教学的重构:数学史的视角	小学教学·数学版	2016
从数学史中汲取营养——《用字母表示数》教学设计	小学教学设计·数学	2016
HPM视角下"角"的教学	小学数学教师	2016
数学史视野下"方程意义"的教学重构	小学教学·数学版	2017
数学史"重构式"融入小学数学教学的研究——以"认识厘米"为例	课程·教材·教法	2017
故事串联　探究为重——数学史融入"位置的表示方法"的教学	小学教学·数学版	2017

续表 5 − 4

论文名称	发表期刊	发表时间
探历史之脉,构儿童成长之课堂——基于数学史的"用算盘表示数"教学实践与思考	小学数学教育	2017
触摸概念的本质——基于数学史视角的"平均数"教学设计	教学月刊·小学版	2019
运用数学史玩转单位分数	中小学课堂教学研究	2020

　　相对而言,基于数学史的初中数学教学设计研究较多。"数与代数"领域(见表 5 − 5)的主题有"无理数""负数""函数""平方根""分式方程""一元二次方程求根公式""平方差公式""加减消元法""反比例函数"等。"图形与几何"领域(见表 5 − 6)的主题有"勾股定理""图形旋转""扇形面积""平面直角坐标系""角平分线""全等三角形应用""三角形内角和""平行线的判定"等。"概率与统计"领域的数学史教学设计偏少,有"平均数""加权平均数""中位数""中数"等。

表 5 − 5　基于数学史的初中"数与代数"教学设计期刊论文

论文名称	发表期刊	发表时间
基于数学史的平均数和中位数的教学案例设计	中学数学教学参考	2007
基于数学史的无理数概念的教学设计	湖南教育	2010
运用数学史进行"重构式"教学——正负数,从历史到课堂	数学教学	2013
"平方差公式":以多种方式融入数学史	教育研究与评论	2014
基于数学史的中位数和众数的教学实践	中学数学杂志	2014
数学史融入"字母表示数"的教学	上海中学数学	2015
基于数学史的加权平均数的教学实践	中学数学杂志	2015
"可化为一元一次方程的分式方程":按五项原则融入数学史	教育研究与评论	2015
算术平方根的 HPM 教学设计	中学数学教学参考	2015
HPM 视角下的分式方程教学设计	上海中学数学	2015
HPM 视角下的一元二次方程求根公式教学设计	中学数学·高中版	2015
HPM 视角下的初中函数概念教学	中学数学月刊	2016

续表 5 - 5

论文名称	发表期刊	发表时间
结合数学史的负数概念教学	中学数学研究	2016
HPM 视角下课堂教学的"虚"与"实"——以"一元二次方程的解法——配方法"为例	数学教学通讯	2016
数学史融入"加减消元法"的课堂教学	数学教学	2017
追根溯源生成概念——HPM 视角下的初中函数概念的教学	中学数学研究	2017
"反比例函数":实验重构数学史,故事凸显价值观	教育研究与评论	2017
HPM 视角下的初中数学教学设计探索——以"负数"一课的教学设计为例	数学教学通讯	2021
基于 HPM 的初中数学教学设计研究——以配方法解一元二次方程为例	理科考试研究	2022

表 5 - 6　基于数学史的初中"图形与几何"教学设计期刊论文

论文名称	发表期刊	发表时间
Do it use it:将数学史隐性融入勾股定理教学的尝试	中学数学教学参考	2007
数学史在"扇形面积"教学中的运用	数学教学	2007
运用数学史的"全等三角形应用"教学	中学教研·数学	2012
HPM 视角下的"图形旋转"问题探究	数学通报	2012
基于数学史的勾股定理教学探究	数学教学通讯	2014
HPM 视角下"角的和、差、倍"的教学	中学数学月刊	2014
HPM 视角下的"角平分线"教学	教育研究与评论	2014
"三角形内角和":在多个环节中渗透数学史	教育研究与评论	2015
数学史融入初中数学课堂教学的探讨——《勾股定理(第一课时)》课堂实录及评析	初中数学教与学	2016
运用数学史的三角形内角和教学	上海中学数学	2016
HPM 视角下的"平面直角坐标系"教学	上海中学数学	2016
HPM 视角下的"三角形的内角和"教学	黑龙江教育	2016
HPM 视角下全等三角形应用的教学	数学教学	2016

续表 5 – 6

论文名称	发表期刊	发表时间
"平行线的判定"：基于相似性,重构数学史	教育研究与评论	2017
HPM 视角下的初中数学单元整体复习教学——以圆的基本性质复习为例	中小学课堂教学研究	2021

目前针对数学史与高中数学教学设计的相关研究是最多的,大致可分为片段式设计、问题情景式设计、一课一评式设计和专题研究式设计四大类,主要研究涉及两个方面的数学主题的教学设计(见表 5 – 7)。代数主题方面有集合、函数、数列、导数、不等式、数学归纳法、微积分等;几何主题方面有平面、角、椭圆、抛物线、球体积等。

表 5 – 7   基于数学史的高中数学教学设计期刊论文

论文名称	发表期刊	发表时间
基于数学史的等差数列前 n 项和教学设计	数学教学	2008
基于数学史的数学归纳法的教学案例设计	数学通讯	2008
基于数学史的弧度制概念的教学设计	湖南教育	2008
基于数学史的平面概念的教学案例设计	数学通讯	2009
融数学史于高中复数概念的教学	高中数学教与学	2011
一堂基于数学史的教学设计课例:复数(第 1 课)	中学数学月刊	2012
HPM 视角下椭圆概念教学的意义	中学数学月刊	2012
HPM 视角下"任意角三角函数的概念"教学研究	首都师范大学学报·自然科学版	2014
借数学史之力　解概念难点之疑——一堂基于数学史的"弧度制"设计及感悟	数学教学研究	2014
基于数学史的"两角和与差的余弦"的教学设计	数学通讯	2014
HPM 视角下的"导数应用"教学	数学通报	2014
基于数学史的对数概念教学设计	中学数学研究	2015
高中生对平面概念的理解:数学史的视角	成都师范学院学报	2015
基于 HPM 视角下的集合概念教学研究	中学教学参考	2015
抛物线概念教学:重构数学史	教育研究与评论	2015

续表 5 - 7

论文名称	发表期刊	发表时间
数学史融入中学数学教学初探——以"等比数列求和公式推导"为例	数学通讯	2016
数学史融入高中对数概念教学中的实践与思考	中学数学研究	2016
数学史视角下的探究性学习——"函数的奇偶性"教学设计与思考	教育研究与评论	2016
导数概念:借鉴数学史,融合数与形	教育研究与评论	2016
HPM 视角下的"对数概念及其运算"的教学	数学教学	2016
HPM 视角下的分数指数幂教学	中学教研·数学	2016
HPM 视角下的函数概念学习单设计	中小学数学	2016
基于数学史视角的球体积教学设计思考	教学与管理	2016
"倾斜角与斜率":重构数学史,体会合理性	教育研究与评论	2016
平面概念:基于相似性,重构数学史	教育研究与评论	2016
APOS 理论视角下数学史与数学教学的融合——以复数的教学为例	数学通讯	2017
数学史视角下"数系的扩充和复数的概念"教学思考	数学通报	2017
HPM 视角下均值不等式的教学设计	中学数学研究	2017
基于数学史视角下的双曲线及其标准方程教学设计	教育教学论坛	2020
基于数学史视角的教学设计——以等差数列概念及通项公式为例	数学学习与研究	2022
基于历史名题的高中数学单元复习课教学——以"鳖臑"引领的"立体几何初步"单元复习课为例	数学教学通讯	2022

5. 中小学数学史试题及解题研究

随着数学课程标准对以数学史和数学文化为载体落实"立德树人"根本任务和开展数学学科德育及文化自信教育的明确要求,数学史走进中高考数学试题已成为一种新常态。研究发现,近几年各省中考数学史试题数量明显增加,题型更加丰富,知识领域涉及广泛。另外,无论是各省市高考自主命题的地方卷,还是新课标全国卷,均出现了以数学史为背景的试题,成为新高考的一道亮丽风景,逐渐形成了"依托数学史料,嵌入数学名题,彰显数学文化"的高考数学

命题特色和亮点。因此,加强数学史试题研究对当前试题命制及其教学具有重要的导向价值。可以从以下三个方面开展研究:

一是进行数学史试题开发的理论与实践研究。比如,《刍议数学史背景试题的类型、特点及启示》(《教学月刊·中学版》2022 年第 6 期)、《基于数学史的新题开发方法研究》(《中小学教学研究》2010 年第 5 期)属于此类论文。目前这方面的研究较少,由于试题开发是中高考命题的基础,故未来值得深入研究。

二是对中高考数学史试题及其命题进行研究。比如《近五年湖北高考数学试题中的数学史题浅析》(《中学数学》2016 年第 3 期)、《2007—2016 十年间基于数学史的高考数学试题分析》(《教育研究与评论》2017 年第 5 期)、《数学史融入高考数学试题的研究——以 2011—2018 年高考数学真题为例》(《课程教学研究》2018 年第 10 期)、《基于数学史谈高考命题及试题赏析》(《中学数学教学参考》2020 年第 18 期)、《近十年高考数学文化命题的特征分析及思考》(《数学通报》2017 年第 1 期)等均属于此类论文,目前这类研究对考试中的数学史试题评述的多,至于采取何种有效的方式在考试题中命制数学史试题,提出建议和尝试的研究论文较少。

三是开展基于数学史或历史名题的解题教学研究。比如,《数学史融入高中数学解题教学意义重大》(《中国教育学刊》2013 年第 12 期),华东师大硕士论文《数学史背景下高中数学解题教学的行动研究》(2010)等属于此类论文。总体来看,该类研究较少,可以把数学解题和培养学生的数学素养结合起来,适合一线教师大力进行实验研究。

二、数学史与数学教育学术论文写作的基本步骤

一般来说,数学史与数学教育学术论文可以按照收集资料、拟订题目、拟定提纲、撰写引言、撰写正文、撰写结论、提炼摘要、选取关键词、修改初稿等步骤依次展开写作。

(一)收集资料

收集资料是对原始资料和前人研究成果(文献资料)的搜寻和采集,目的是让研究者把握现状,避免重复劳动(见图 5-1)。另外,通过收集资料还可以较为全面地知悉别人已经采用了哪些方法,尤其是别人进行研究设计的方法、收集原始资料的方法、测量的方法、统计分析的方法、论证的方法等具体方法和技术,从而为自己提供方法借鉴,提高研究的科学性。

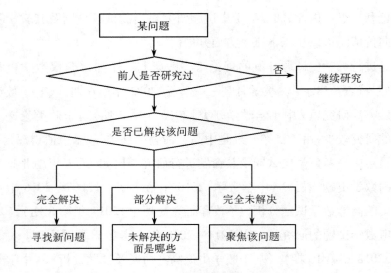

图 5 - 1　收集资料流程图

一般来说,文献资料的收集可以采用工具法、追溯法和综合法三种方法。工具法是利用各种检索工具查找文献资料的方法。比如利用中国知网、重庆维普、万方数据库、中国人民大学复印报刊资料、超星数字图书馆等专业网站,或者利用《中国教育学刊》《课程·教材·教法》等基础教育类核心期刊及《数学教育学报》《数学通报》《中学数学教学参考》等数学教育类的核心期刊,也可以利用如《数学教学》《中学数学月刊》等各个省级师范或综合性大学主办的数学教学类期刊查找数学史与数学教育相关文献。追溯法是通过阅读已经查找到的文献的注释或参考文献来进一步寻找同数学史与数学教育相关文献的方法。追溯法在一定程度上可以将工具法可能遗漏的某些重要文献补充进来。综合法是将工具法和追溯法交替使用的一种文献资料收集方法,即先利用检索工具找到一些文献资料,再利用这些文献资料的注释或参考文献来查找另一些文献资料。一般来说,工具法和追溯法能够相互补充,因而将两种方法交替使用的综合法是最好的文献资料收集方法。

(二)拟订题目

一般来说,研究者查阅论文或编辑部审读来稿时,首先看的是论文题目。论文题目在一定程度上影响着读者是否愿意阅读这篇论文。可见,论文题目直接起到吸引读者的作用,因而题目拟订就是论文写作过程中必须认真对待的一件事。概括地看,论文题目的拟订需遵循三个方面要求:

1. 题目要精确

所谓精确,即题目必须准确、全面地反映论文主要内容,既不能过于宽泛和空洞,又不能过于繁杂和琐碎,亦不能似是而非和模棱两可。比如,"有效利用数学史素材,提高数学教学质量"就属于大而空的题目,同时表述也不够准确;若改为"数学史与初中数学教学整合的策略——以×××为例",则题目范围更小,研究主题更聚焦。

2. 简洁性

如果题目太长,容易给读者留下烦琐和啰唆的印象,进而影响到读者的阅读兴趣和对论文质量的评价。因此,题目应该做到惜字如金,用最少的文字精确概括出论文的主要内容,中文论文的题目最好不超过 25 个汉字,英文论文的题目最好不要超过 100 个字符。题目如果用一行文字能表达完,就尽量不要用两行。

3. 清晰性

题目要能清晰地反映出论文的主要内容,让读者一看就理解。拟订题目时,要尽量避免用艰涩的词汇、不常用的公式、专业术语或自己发明的中、英文缩写词,否则容易让读者费解。题目通常由名词性的短语构成,如果有动词也大多以动名词或分词的形式出现。

(三)拟定提纲

在撰写数学史与数学教育研究学术论文时,有些作者不太愿意写提纲,习惯于直接写初稿。如果作者在头脑中已经把提纲拟好,那也未尝不可。但如果作者头脑中还没有形成清晰的写作思路和明确的结构安排,那么拟写提纲就是不应被省略的一个重要步骤。提纲是正式动笔行文前的必要准备,体现了作者对整篇论文思路和框架的构思。学术论文需要运用大量的文献资料或原始资料,逻辑严密、层次清楚、结构合理地展开论述,从而严谨科学地论证主要观点或得出基本结论。而有了一个较为成熟的提纲,就能够做到纲举目张,确保论文结构的完整、层次的分明和逻辑的一致,并能够按照提纲中各个部分的具体需要来选择资料,将资料的作用尽可能充分地发挥出来。提纲分为简单提纲和详细提纲。简单提纲往往比较简略,只涉及论文要点,对于每个要点具体应如何展开则不加描述,因而经常只有一级提纲。如果作者已经深思熟虑,就可采用简单提纲,否则,就应采用详细提纲。详细提纲是将论文的要点和每个要点怎样展开都详细列出,因而往往会形成三级提纲。

拟写提纲时,主要应从三个方面加以把握。第一,要以问题为中心,始终围绕学术论文所要解决的问题拟订框架,防止所列条目偏离主题。第二,要考虑提纲的逻辑性,注意各个部分之间的逻辑关系,这一点很关键。在拟写提纲时,内在逻辑结构的安排方式问题不容忽视。一般来说,数学教育研究学术论文的内在逻辑结构主要有三种:并列结构、递进结构和综合结构。并列结构是指学术论文的各个部分之间是并列关系,不存在主从之分或逐层展开的关系。采用并列结构的学术论文的各个部分之间可以调换位置而不影响逻辑性。递进结构是指学术论文的各个部分之间存在逐层深入、逐步展开的内在逻辑关系,即每一部分均由前一部分自然地引出,各个部分之间的位置不可随意调整,否则就会造成逻辑混乱。综合结构是指在学术论文中交叉采用并列结构和递进结构的结构安排方式。第三,要确立全局观念,从整体上明确各个部分的地位和作用,进而确定各个部分的比例分配和全文的篇幅,做到各个部分的比例分配与其地位和作用保持一致,全文的篇幅长短与研究主题保持协调。

(四)撰写引言

引言就是引出论文正文部分的文字,有时也叫"问题的提出",位于论文的开头部分,字数在500—800字,最长不超过1000字。作为引导性的文字,引言一般包括以下几个方面:

1. 交代研究缘由

研究缘由主要是凸显论文关注主题的研究价值,言简意赅,一两句话即可,主要目的是回答"为什么要研究"的问题,即让读者理解论文研究的必要性。

2. 介绍研究概况

研究概况是简要介绍论文关注主题已经做了哪些研究,研究到何种程度,这些研究存在哪些不足或忽视了什么问题,从而揭示出论文的理论价值。有时研究概况和研究缘由可以合并,叫作研究背景。

3. 阐明研究问题

在研究概况中,通过对研究成果的概要回顾来发现既往研究的不足或忽视了的问题,从而引出论文尝试解决的总问题。作者需要对引出的总问题进行初步阐释,让读者对这个总问题形成准确、全面的理解。在阐释中,有时不仅要对总问题本身进行解释,而且要围绕总问题层层剥离出一个个子问题。其中的总问题犹如一棵树的树根,由总问题进行第一次分解所形成的子问题犹如主要树干,将第一次分解出的子问题再进行第二次分解形成子问题的子问题,依此类推,就形成了一棵"问题树"。

4. 明晰基本概念

对基本概念的界定在引言中并非必不可少。如果撰写的论文涉及的基本概念是在学术界已基本达成共识或为同行所熟知的,就没有必要对论文所用概念加以界定。如果论文涉及的基本概念是学术界尚存争议或比较新颖的,就有必要对概念做出厘定。这样做的好处是既便于读者理解,又利于始终围绕论文界定好的概念内涵展开研究,避免因滑向概念的其他含义而造成逻辑上的矛盾或不统一。

5. 交代研究方法

研究方法的重要性不言而喻。在引言中应当对撰写的论文为了解决所研究的问题而采用的方法做交代,否则,哪怕论文的基本观点或研究结论非常引人注目和令人振奋,但读者也可能因不明白论文究竟采用了什么研究方法而对观点和结论的可靠性产生怀疑。当然,如果论文所用的研究方法比较传统和常规,那么只需一带而过地论及所用方法对解决研究问题的适切性,而无须对方法本身做过多阐释。如果论文所用方法比较新颖和不为同行所熟知,那么还应对方法本身进行简明扼要的解释。这种解释只要让读者明白该方法究竟是什么即可,不应过多展开,以免偏离主题。值得说明的是,如果研究方法需要过多的阐述交代,也可以不在引言中出现,可以单独在文章结构中成为和引言并列的部分。

6. 阐述研究意义

研究意义包括理论意义和实践意义,主要是凸显论文研究的应用推广价值,一般在引言的末尾处呈现,有时也可以和研究缘由放在一起进行阐述,也是一两句话即可。

特别强调的是,并不是每篇论文的引言都是严格包括以上六个方面,可以从六个里面进行选择自由组合,有的引言内容可能是六选三,如包括研究缘由、研究问题和研究意义;有的引言内容可能是六选四,如包括研究缘由、研究概况、研究问题和研究意义。比如案例 5-1 的引言就是按照研究缘由、研究概况、研究问题、研究方法和研究意义的顺序书写:

【案例 5 - 1】《数学史怎样融入数学教材：以中、法初中数学教材为例》引言①

【研究缘由】数学史具有重要的教学价值,已得到理论与实践两个层面的普遍认同。然而在实践教学中,却出现了史料及意识的"无米之炊"以及对数学史"高评价,低利用"的现象。教材中运用数学史可直接为教学提供史料素材,改变"无米之炊"的现状;而以何种方式呈现将决定数学史的使用水平,这对数学教育目标的达成具有重要影响。数学史进入数学课程有显性和隐性两种形式,而尤以隐性融入为瓶颈。

【研究概况】一些学者认为我国教材对数学史的处理方式,因存在简单化倾向,即对数学史料理解单一、内容选择单一、史料编排形式单一等不足,使得数学史内容未能真正"融入"教材,数学史料和教学主题与内容之间在形式及本质上仍处于分离状态。另外,因受教师认识水平等因素影响,数学史在教学中常处于低水平使用甚至被忽略的状态。数学史激发学生学习兴趣、帮助学生深入理解数学本质等多重资源价值与教学功能未能得到充分发挥。新课程的深入实施,使得数学史融入数学教材成为一个备受关注、颇有争议并富有挑战意义的课题。

【研究问题】数学史融入数学教材的"正文"的各个环节已成为理论研究与实践需要的共同呼声。如今,新课程实施已逾十年,我国教材亦几经改进,教材中的数学史使用情况如何? 以怎样的方式融入教材才能更好地发挥数学史的多重价值与功能? 扎根本土,深入分析我国教材已有做法的成功与不足之处,学习借鉴他国长处不失为一条有效的途径。

【研究方法】本研究将在比较、分析中国与法国初中数学教材运用数学史的内容、方式和水平的基础上,探讨为什么要对数学史内容进行重构、怎样重构等问题。

【研究意义】期望能对数学史素材在教材中的融入提供思路和内容参照。

（五）撰写正文

正文是数学教育研究论文的主体部分。正文的写作过程是在提纲基础上,进一步推敲和明晰论点,并选取恰当而充分的材料加以论证的过程。在写作时,提纲不是一成不变和必须严格遵循的,而应根据写作时获得的新认识灵活

---

① 蒲淑萍,汪晓勤. 数学史怎样融入数学教材:以中、法初中数学教材为例[J]. 课程·教材·教法,2012(8):63 - 68.

地调整。写作过程中,要紧紧围绕怎样运用专业的语言提炼出新的论点,怎样运用新的材料和新的方法对新论点做出准确、深入、客观的论证这两个问题展开,并注意论述时语言的流畅性、行文的规范性和逻辑的严密性。

在撰写正文时,尤其要注意论点与论据的统一性、论据与论证方法的契合性。一方面,使用的论据包括理论论据和事实论据,这些论据既要真实可靠,又要与论点紧密结合、浑然一体,从而增强论点的说服力;另一方面,论据必须借助合适的论证方法,才能起到证明论点的作用。论证方法主要有引证法(直接引用、间接引用)、例证法(直接证明、诠释证明)、推理法(归纳推理、演绎推理、引申推理)、比较法(横向比较、纵向比较、综合比较)、分析法(因果分析、结构分析、层次分析、角度分析、定量分析、定性分析)。应根据论据的具体内容,酌情选用上述论证方法中的某一种或某几种。

(六)撰写结论

结论是学术论文的最后一个部分,也可称为"结论与讨论"。该部分主要包括五个方面:

1. 陈述论文的基本观点或研究结论

通常情况下,在论文的不同部分已经相应地包含着作者的观点或结论。本部分只需将这些观点或结论进行归纳和总结,并集中地呈现给读者。这种归纳和总结必须是高度概括性的,不应展开,否则就容易与正文中的某些内容重复。

2. 说明论文的长处和短处

在高度凝练地陈述论文的观点或结论后,随后应对论文的长处和短处做一个全面的说明。尤其不应忽视论文的短处,因为对读者特别是研究者或审稿人来说,他们往往非常注意短处,以作为研究的新起点或提修改意见的切入点。因此,如果作者对论文的短处避而不谈,那么一旦被读者发现,就可能导致他们对观点或结论的可靠性产生怀疑,从而造成不良影响。

3. 剖析论文与其他研究,比较其长处和短处

在就论文自身谈其长处和短处之后,还需将论文与既往研究加以比较。比较的目的绝不是要夸耀自己的研究如何比既往研究更好,而是为了客观地分析论文与既往研究相比存在的优势和劣势。在比较中,最忌讳的是掩盖论文的缺陷,最重要的是要讨论论文与既往研究在观点或结论上存在什么差别以及为什么会存在这种差别。假如通过比较后实在搞不清为什么会存在差别,那么宁愿

省略差别的原因分析,也不要妄自断言自己论文的观点或结论是正确的,既往研究的观点或结论是错误的。

4. 阐释论文的理论意义和应用前景

本部分还应对论文形成的观点或结论在理论上的价值和实践中进行应用的可能前景做出中肯的剖析,并清楚地交代论文的创新之处和重要性。

5. 交代论文未解答的问题和可能的努力方向

本部分最后还应简要指出本论文中没有解答的问题,并指明解决这些问题可能的努力方向,从而为他人以此为基础进行后续研究提供参考。

(七)提炼摘要

摘要是对论文主要内容择其要点加以介绍。摘要的作用在于,读者通过阅读摘要就能大致了解该论文所要解决的问题、得出的基本观点或研究结论。摘要分为报道性摘要和提示性摘要。报道性摘要主要介绍论文的研究目的、研究方法、基本观点或研究结论,相对更为全面。提示性摘要只介绍论文的基本观点或研究结论,不提及研究目的和研究方法,相对更为简洁。一般来说,在中文论文中,多数期刊采用的是提示性摘要;在英文论文中,往往采用报道性摘要。提炼摘要的基本要求有:

1. 完整性

如果是报道性摘要,就应当把研究目的、研究方法、基本观点和研究结论都加以介绍,不应有遗漏,尤其是不能漏掉某一个或某几个基本观点或研究结论。如果是提示性摘要,因为只介绍论文的基本观点或研究结论,所以更不能有遗漏。

2. 重点性

对报道性摘要而言,研究目的和研究方法不应省略,可以一带而过,并重点介绍基本观点或研究结论,其他内容则无须涉及。对提示性摘要而言,基本观点或研究结论是唯一的重点,无须再提及其他内容。

3. 简洁性

摘要的写作必须字斟句酌,文字精练,点到为止,无须展开。中文论文的摘要长度通常在 100—200 字之间。

4. 客观性

报道性摘要就是对研究目的、研究方法、基本观点或研究结论的客观陈述,提示性摘要就是对基本观点或研究结论的客观介绍。写作两种摘要时,自己应站在旁观者的角度进行价值祛除式的提炼,而不应进行主观评价,也无须通过与既往研究进行比较来凸显本论文的价值,更不能自我褒扬甚至吹嘘。考虑到这一点,摘要一般用第三人称来写,不要出现"本文""本研究""我们""作者""笔者"等主语,以免影响表述的客观性。

(八)选取关键词

关键词是论文的文献检索标识,是体现文献主题概念的词或词组。关键词通常从论文题目、层次标题和正文中选取。可以选作关键词的词或词组通常包括叙词和自由词两类。叙词是指我国编制出版的《汉语主题词表》中的经过规范化的词或词组。自由词是指在《汉语主题词表》中找不到的词,如体现该论文主题的新学科、新理论、新概念等新的名词术语就可能尚未收入《汉语主题词表》,因而无法从表中找到。关键词的数量通常为3—5个。关键词的选取需遵循专指性规则、组配规则和自由词标引规则。

(九)修改初稿

论文修改有广义和狭义两种含义。广义的论文修改是指在论文写作的每一步所做的修改。它既包括论文初稿形成后针对初稿进行的修改,又包括论文从收集资料开始直至初稿完成之前的每个步骤所做的修改。收集资料的过程虽然没有正式动笔写,但也可能存在对收集资料的范围、方法等进行调整的活动。由于这个活动也是论文写作的一个步骤,因而亦可视为论文修改的一个有机组成部分。狭义的论文修改仅指论文初稿形成之后针对初稿所做的修改。对于修改初稿而言,其修改的范围主要包括观点的修改、结构的修改、材料的修改、语言的修改、标题的修改五个方面。修改初稿时应着重从这五个方面反复修改,直至达到相应的要求,方能定稿。

1. 标题的修改

标题是论文的"眼睛"。论文的标题包括论文题目和具体标题。前文已经指出,论文题目应做到精确、简洁、清楚。这个要求同样适用于具体标题。在检查和修改论文标题时,应严格对照这三点要求进行。一是按照"精确"这个要求,检查标题是否准确、全面地反映了论文的内容,如果发现题不配文,就需修改,直至符合要求为止。二是按照"简洁"这个要求,检查标题是否精练。如果发现标题太长或啰唆,就需按要求修改。三是按照"清楚"这个要求,检查标题是否存在笼统、含糊、词不达意的问题,是否存在使用生造的或生僻的词汇、不常用的公式和专业术语等问题。针对笼统、含糊、词不达意等问题,需仔细推敲和修改用词和表达;针对使用生造的词汇等问题,需改换词汇,用更加通俗易懂的文字替换掉不常用的公式和专业术语。

2. 结构的修改

结构是论文的"骨架"。结构合理与否,直接影响到论文内容表达的效果。论文结构的修改应着重从三个方面着手。一是思路和层次是否清晰。对思路和层次的检查既要从具体标题之间的关系来把握,也要从自然段与自然段之间的关系来进行。第一,对具体标题之间关系的把握主要看论文标题与标题之间是否符合并列结构、递进结构或综合结构的要求。尤其是当论文采用递进结构时,要看具体标题的顺序是否颠倒。如颠倒了就会导致逻辑混乱,因而必须调整顺序。第二,对自然段与自然段之间的关系,主要看相邻自然段之间是否符合起承转合的要求,在意思上是否连贯顺畅。如果自然段之间意思贯通不畅,就需重新整理思路,并对相关阐述加以梳理贯通,有时需增加一些过渡性的话语,有时需对自然段的位置或其中某些内容的位置进行调整,有时还需增补一些内容。总之,对思路和层次的修改直至阅读时产生一气呵成之感,方算达到基本要求。二是结构是否完整。一篇论文通常由引言、正文和结论三大部分组成。每个部分都有应包含的具体内容。修改时应对照这些内容,将缺少的内容补充完整。当然,引言、正文和结论中的具体内容也是相对的,如果通读全文时,发现缺少个别内容并不影响全文的完整性,那么也可省略。三是结构是否紧凑。如果论文结构比较松散,就需将多余的材料删除,将可有可无的材料缩减或删去,将偏题、添枝加叶或无关紧要的句子删掉;同时要对每个部分之间的衔接、过渡、照应和语气贯通等进行审查和修改。

3. 观点的修改

观点是论文的"灵魂"。一篇论文如果观点方面存在缺陷,那么其质量就会大受影响。鉴于此,修改初稿时,最为重要的是对论文观点的正确性、深刻性、新颖性加以推敲。故要立足全篇,理性审视论文的中心观点是否正确、深刻和具有创新性,如若没有,则需对中心观点进行修正、完善,甚至要重写论文。在中心观点完善后,接着需要考察分观点与中心观点是否一致,分观点是否准确、全面。如果不准确,就需修改,如果不全面,就需补充,直至达到要求为止。

4.材料的修改

材料是论文的"血肉"。材料的修改是指对初稿中所用的材料进行调整、删节或增补。由于材料是证明论文观点的论据和使观点充实化、丰满化的重要支撑,因而所用材料必须符合三个方面要求。一是必不可少。选用的证明观点的材料对证明论点应该是不可或缺的,换言之,少了该材料之后,论点就无所依托。如果材料并非必不可少,而是可有可无,那么就应删节。二是真实可靠。材料作为证明观点的论据,如果不够真实可靠,就会大大影响观点的可信性和正确性。假如材料的真实可靠性存在问题,就必须对这个材料进行调整甚至替换。三是恰到好处。为了证明观点所引用的材料既应恰当贴切,又要不多不少。如果材料不能准确有力地论证观点,就需对材料进行调整;如果材料过于冗长和芜杂,就需进行提炼和简化;如果材料太过粗略或陈旧,就需细化或替换。总之,为了做到恰到好处,必须逐字逐句地对材料进行推敲,然后酌情调整、删节、增补,直至能恰如其分地证明观点为止。

5.语言的修改

语言是论文的"细胞"。论文的形成必须以语言为基本载体,论文的观点和结论必须靠语言来呈现。对论文语言的基本要求是准确、简练、可读。为了达到这个要求,在修改初稿时,必须对语言进行反复推敲修改。具体来说可以从三个方面努力。一是准确性。需要对论文中用词不当的情况加以改正,需要把似是而非、含糊不清的语句改为准确的文字,需要仔细校对和改正错别字和标点符号错误,需要对论文中出现的符号、公式、图标等进行仔细校正。二是简练性。需要逐字逐句地审阅,删去重复的或可用可不用的词句,并将啰唆冗长的语句改为精练的文字。三是可读性。需要把拗口的词句改为流畅的词句、把平淡的语言改为生动的语言、把晦涩的文字改为明快的文字,需要把搭配不当、结构残缺、结构混乱等有语法错误的病句改为符合语言规范的句子,需要理顺句子与句子之间的内在逻辑关系以实现上下贯通、前后一致、逻辑自洽。

参考文献

[1]叶立军,斯海霞.数学课程与教学论[M].2版.杭州:浙江大学出版社,2016.

[2]刘超,代瑞香,陆书环.数学史与数学教育[M].杭州:浙江大学出版社,2013.

[3]孙庆括,潘腾,徐向阳.数学教育研究方法与案例[M].南昌:江西高校出版社,2022.